Literaturwissenschaft

Studium – Wissenschaft – Beruf

Akademie Studienbücher

Literaturwissenschaft

Herausgegeben von
Iwan-Michelangelo D'Aprile

Ursula Kocher, Carolin Krehl

Literaturwissenschaft

Studium – Wissenschaft – Beruf

Akademie Verlag

Die Autorinnen:
Prof. Dr. Ursula Kocher, Jg. 1968, Professorin für Neuere deutsche Literatur an der Freien Universität Berlin
Carolin Krehl, M. A., Jg. 1980, Persönliche Referentin der Vizepräsidentin der Freien Universität Berlin

Bibliografische Information der Deutschen Nationalbibliothek
Die Deutsche Nationalbibliothek verzeichnet diese Publikation in der Deutschen Nationalbibliografie; detaillierte bibliografische Daten sind im Internet über http://dnb.d-nb.de abrufbar.

ISBN 978-3-05-004413-2

Einband- und Innenlayout: milchhof : atelier, Hans Baltzer Berlin
Einbandgestaltung: Kerstin Protz, Berlin, unter Verwendung des Holzschnitts
  Der Büchernarr aus: Sebastian Brant, *Narrenschiff*, 1494.
Satz: Druckhaus „Thomas Müntzer" GmbH, Bad Langensalza
Druck und Bindung: CS-Druck CornelsenStürtz GmbH, Berlin

Printed in Germany

Literaturwissenschaft
Studium – Wissenschaft – Beruf

1 Nichts geht über Studieren –
Studium und Universität

Abbildung 1: M.(aurits) C.(ornelis) Escher: *Relativity (Relativität,* 1953)

Der Künstler M.C. Escher war ein Meister der Sinnestäuschung und Verzerrung. Das Bild verwirrt, weil es einerseits völlig überzeugt, man aber andererseits sofort sieht, dass die Darstellung nicht realistisch ist. 16 Figuren leben in parallelen Welten. Aus ihrer jeweiligen Perspektive ist ihre Welt in Ordnung, betrachtet man aber die drei Welten im Vergleich, stellt man fest, dass nichts mehr stimmt. Am deutlichsten wird dies im Bildzentrum. Die Figur, die mit einem Sack auf dem Rücken eine Treppe nach oben steigt, hat mit der Figur, die wenig entfernt auf einer Bank sitzt, nichts zu tun. Dennoch teilen sie sich denselben Raum, der aber für sie nicht dasselbe ist. Was für den Gehenden eine Wand ist, betrachtet der Sitzende als Boden. Das Bild signalisiert: Alles ist relativ, aber mit dieser Relativität kann man gut zurechtkommen, wenn man in ihr lebt. Irritierend ist hier nur die Perspektive von außen auf das Bild.

Verwirrend kann auch der Dschungel Universität sein, wenn man von den relativ geordneten und überschaubaren Verhältnissen der Schule kommt. Schnell kann der Eindruck entstehen, man lebe, wie die Figuren auf dem Bild Eschers, in parallelen Welten, alle anderen würden dieselben Gegenstände anders benennen und keiner kümmere sich um die Belange des Einzelnen, wenn nicht ein gewisses Maß der Verbindlichkeit erzeugt wurde. Aber auch hier ist alles relativ. Der Blick auf das Bild von Escher mag verwirrend sein, wenn man sich aber in die Perspektive der Figuren im Bild hineinversetzt, erkennt man, welche ungeahnten Wege sie plötzlich einschlagen können, wie spektakulär ihre Möglichkeiten zur Richtungsänderung sind. Nicht anders wird es Ihnen in Ihrem Studium ergehen, wenn Sie seine Vorzüge erkennen und nutzen. Die Universität bietet Ihnen den Zugang zu allen Arten von Wissen und eine Fülle von Kontakten und Eindrücken. Sie müssen sich lediglich auf die Unternehmung Studium voll und ganz einlassen.

1.1 Was und wie studieren?
1.2 Die Universität – das unbekannte Wesen

1.1 Was und wie studieren?

„Das Problem am Anfang war, dass ich überhaupt keine Vorstellungen bezüglich eines Studiums hatte." (Fragebogen 2007, Studentin der Germanistik, 5. Semester)
So wie dieser Bachelorstudentin geht es vielen Neuimmatrikulierten. Enttäuschungen und Frustrationen sind damit vorprogrammiert. Hätte die Studentin sich nicht besser informieren können? Sie meint, nein:

„Die Informationen von den Homepages der Unis, die in Frage kamen, trugen mehr zur Verwirrung als zur Klärung von Fragen bei." (Fragebogen 2007, Studentin der Germanistik, 5. Semester)
Es ist wichtig, sich – nachdem man sich für seine Studienfächer entschieden hat – genau darüber zu informieren, wie diese Fächer an unterschiedlichen Universitäten vermittelt werden. Hier kann es eklatante Unterschiede geben. Gehen Sie zu Informationsveranstaltungen, besorgen Sie sich Studienführer, drucken Sie sich die Studien- und Prüfungsordnungen aus (zugänglich über das Internet), sprechen Sie mit Vertretern der Institute, mit Studierenden, mit Ehemaligen. Messen Sie der Nähe zur Familie oder der Attraktivität der Stadt nicht zu viel Bedeutung bei. Ermitteln Sie das Betreuungsverhältnis an den Instituten – wie viele Professoren sind für wie viele Studierende verantwortlich?

Informationen sammeln

Ganz besonders wichtig ist, dass Sie für sich klären, was Sie eigentlich in Ihrem Studium lernen und erreichen wollen.

Ziele setzen

„Mir ist es am wichtigsten, das eigenverantwortliche wissenschaftliche Arbeiten zu erlernen, Texte zu verstehen und wiederzugeben sowie eine eigene Meinung zu entwickeln und zu vertreten (wird nicht überall an der Uni gefördert!)." (Fragebogen 2007, Studentin der Germanistik, 5. Semester)
Die Studentin, die diese Ansprüche an ihr Studium formuliert hat, ist sich klar, dass sie das Gelernte nicht automatisch auf einen konkreten Beruf vorbereitet, „aber ich glaube, die erwähnten Punkte zu beherrschen, würde mir in jedem Fall weiterhelfen". (Fragebogen 2007, Studentin der Germanistik, 5. Semester)
Bemühen Sie sich darum, nicht nur die Fachinhalte zu lernen, sondern auch Ihre Schlüsselkompetenzen (→ KAPITEL 7–13) weiterzuentwickeln, denn schließlich hat der Germanistikstudent des fünften Semesters recht, wenn er sagt:

Schlüsselkompetenzen weiterentwickeln

„Ich glaube, dass mir im Beruf vor allem die erlernten *soft skills* weiterhelfen können, denn um alles zu lernen, was mein Fach beinhaltet, ist die Zeit viel zu kurz. Wahrscheinlich würden mir diese Kenntnisse in meinem Traumberuf – Journalist – auch nur bedingt weiterhelfen." (Fragebogen 2007, Student der Germanistik, 5. Semester)

Vergleichen Sie sich nicht mit Ihren Kommilitonen, sondern nur mit sich selbst. Überlegen Sie, wo Sie sich Hilfe holen können, wenn Sie bei etwas nicht weiterkommen. Bitten Sie von Anfang an auch Ihre Dozenten um Rat und Hilfe – mehr als wegschicken kann man Sie nicht. Sitzen Sie niemals ein Semester unglücklich in einem Seminar, ohne Ihre Zweifel zu artikulieren. Wenn Sie das nicht im Seminar machen wollen, dann sprechen Sie das Problem in der Sprechstunde des Dozenten an.

Organisation Studieren Sie organisiert und geizen Sie nicht mit Zeit an der falschen Stelle. Das Studium der Literaturwissenschaft wird Ihnen eine Unmenge an Papier einbringen. Kaum eine Aufgabe aber ist wichtiger als das ökonomische Archivieren von Kopien. Überlegen Sie sich rechtzeitig ein System, nach dem Sie bibliografieren und abheften. Planen Sie Ihr Studium und Ihre Woche, überlegen Sie, wann Sie welche Texte lesen und wann Sie welche Hausarbeit abschließen wollen. Klären Sie Termine rechtzeitig. Besonders in der vorlesungsfreien Zeit sind Dozenten nicht immer greifbar.

Diese Kaskade an Ratschlägen ist nötig, weil sich das Lernen an einer Hochschule von dem an der Schule trotz Bachelor und Master immer noch erheblich unterscheidet. Die Lehrenden an der Universität gehen davon aus, dass Sie selbst entscheiden, was und wie viel Sie lernen wollen. Brechen Sie ein Seminar vorzeitig ab, wird es dem Seminarleiter zwar auffallen, er wird aber nicht unbedingt nach den Gründen forschen – selbst wenn er Ihre Anwesenheit vermisst.

Selbstbestimmtes Arbeiten In diesem selbstbestimmten Lernen und Arbeiten besteht Ihre Freiheit, und diese Möglichkeit sollten Sie nutzen. Denn egal, welchen Beruf Sie eines Tages ergreifen – so frei werden Sie nie wieder über Ihren Arbeitsprozess entscheiden dürfen. Auch wenn Sie, vor allem im Bachelorstudiengang, viel zu tun haben, so entscheiden Sie doch selbst, wo Sie sich innerhalb des vorgegebenen Rahmens spezialisieren und wo Sie sich stärker engagieren. Fast alle literaturwissenschaftlichen Bachelorstudiengänge Deutschlands sind so aufgebaut, dass Sie zu Beginn wesentliche Grundlagen lernen sollen, um sich mit jedem weiteren Semester mehr spezialisieren zu können. Dies geht einher mit einer Reduzierung der Seminare und Vorlesungen.

Grundlagenphase Die meisten neuen Bachelorstudiengänge an deutschen Universitäten beginnen mit einer Grundlagenphase (1. und 2. Semester), das heißt Sie sollen die grundlegenden Kenntnisse Ihres Faches erwerben. In den fremdsprachlichen Fächern gehört hierzu der vertiefende Erwerb der Fremdsprache, in der Germanistik lernen Sie mindestens eine ältere Sprachstufe des Deutschen kennen (meist Mittelhochdeutsch). Weiterhin gewinnen Sie einen Überblick über die Literaturgeschichte des betreffenden Faches, machen sich mit den entscheidenden Aspekten der Sprache vertraut (linguistischer Bereich) und lernen Zugangsweisen (beispielsweise die Textanalyse) sowie systematische Kernbereiche (wie Gattungen oder Motive) kennen. Diese Phase ist erfahrungsgemäß zeitlich sehr aufwendig und lernintensiv. Die meisten Veranstaltungseinheiten werden mit Klausuren abgeschlossen, da es vor allem um das Vermitteln und Prüfen von Inhalten geht.

Daran anschließend werden Sie in einer Aufbauphase (3. und 4. Semester) schrittweise an das wissenschaftlich-forschende Arbeiten herangeführt. Sie lernen historische Randbereiche kennen, erschließen sich exemplarisch eine Epoche oder eine Gattung, experimentieren mit unterschiedlichen Theorien und Methoden. Auf diese Weise können Sie herausfinden, in welchen Teilbereichen Ihres Faches Sie besondere Stärken haben und welche Ihnen besondere Freude bereiten. Da dies durch Klausuren eher schlecht zu ermitteln ist, schreiben Sie in dieser Phase vor allem Hausarbeiten (→ KAPITEL 11), das heißt strukturierte, etwa 10- bis 15-seitige schriftliche Darlegungen eines Themas. Wenn Sie davon einige geschrieben haben, werden Sie vielleicht Ähnliches bemerken wie dieser Student:

Aufbauphase

> „Ich stelle froh fest, wie viel Spaß mir das wissenschaftliche Arbeiten bringt. Dazu trägt das Schreiben der Hausarbeiten bei." (Fragebogen 2007, Student der Germanistik, 6. Semester)

Wenn Sie auf diese Weise in Ihrer wissenschaftlichen Herangehensweise an Ihr Fach geübt und halbwegs gefestigt sind, können Sie in der Vertiefungsphase (5. und 6. Semester) beginnen sich zu spezialisieren. In der Regel heißt das, dass Sie sich auf einen historischen oder systematischen Abschnitt Ihres Faches konzentrieren. Um Ihnen hier möglichst viel Entfaltungsmöglichkeiten zu geben, haben Sie in dieser Phase weniger Seminare zu besuchen, die zudem innerhalb des Leistungspunkte-Systems höher bepunktet sind. Daran können Sie sehen, dass die Dozenten in diesem Studienabschnitt davon ausgehen, dass Sie selbstständig viel Zeit mit Forschen verbringen. Aus einem der Veranstaltungsblöcke (Module) wird dann wahrscheinlich Ihre Abschlussarbeit hervorgehen. Mit ihr sollen Sie belegen, dass Sie in der Lage sind, sich in ein Thema einzuarbeiten, die Inhalte wissenschaftlich aufzubereiten und gut strukturiert sowie argumentativ

Vertiefungsphase

überzeugend zu präsentieren. Mit dieser Arbeit empfehlen Sie sich für ein weiterführendes (Master-)Studium.

Natürlich kann kein Studienprogramm alles lehren. Dazu ist die Literaturwissenschaft zu umfangreich und zu vielfältig. Aber darum geht es auch nicht. Geboten werden Ihnen Einblicke und erste Zugänge. Ob und wie Sie sie nutzen, ist Ihre Sache. Sie können sich auf den Standpunkt stellen, dass Sie den Stoff niemals beherrschen werden. Sie können aber auch positiv überrascht sein von der Tatsache, „dass man kein Wissensgebiet jemals völlig erschließen kann". (Fragebogen 2007, Student der Germanistik, 5. Semester)

Machen Sie sich bei der Wahl des Faches unabhängig von angeblichen Chancen auf dem Arbeitsmarkt. Notwendige Schlüsselkompetenzen erwerben Sie in allen literaturwissenschaftlichen Fächern – ob es sich um Byzantinistik oder Italianistik handelt. Ein Arbeitgeber, der Sie nicht vorrangig Ihrer Kenntnisse der byzantinischen Kultur oder der italienischen Lyrik wegen kennenlernen möchte, wird sich möglicherweise sogar eher dafür interessieren, wie Sie ihm gegenüber die Wahl Ihres Studienfachs begründen – ob Sie letztendlich mit einem Studienabschluss in der einen oder der anderen Literaturwissenschaft vor ihm im Bewerbungsgespräch sitzen, ist dann zweitrangig. Wirklich erfolgreich und glücklich werden Sie in jedem Fall nur in und mit dem Fach werden, das Sie aus echtem Interesse gewählt haben.

Chancen auf dem Arbeitsmarkt

1.2 Die Universität – das unbekannte Wesen

Die eigene Schule kennt man. Eine Universität aber ist sehr viel größer und komplexer aufgebaut und mit zahlreichen hierarchischen Ebenen versehen. Ein Student bekommt normalerweise nur einen kleinen Ausschnitt der Universität zu Gesicht und nimmt diesen kleinen Teil auch lediglich aus seiner Perspektive wahr. Zum Beispiel glaubt er vielleicht, die Wissenschaftler, auf die er in Seminaren trifft, bilden die einzige Gruppe der Forscher an einer Universität und deren vorrangige Aufgabe sei es, Studierende auszubilden. Weit gefehlt. Zu Gesicht bekommen Studierende zwar in der Regel nur diejenigen Wissenschaftler, die eine Lehrverpflichtung haben, daneben gibt es aber zahlreiche wissenschaftliche Beschäftigte in unterschiedlichen Projekten.

An der Spitze einer Universität steht das Rektorat bzw. das Präsidium, das regelmäßig neu gewählt wird. Der Rektor (der Präsident)

Rektorat / Präsidium

und die übrigen Mitglieder von Rektorat oder Präsidium einer Hochschule sind meist selbst Universitätsprofessorinnen oder -professoren. (Dass in diesem Buch sonst nur männliche Formen verwendet werden, ist allein der Lesbarkeit geschuldet.) Der Rektor (der Präsident) vertritt die Universität nach außen, was bedeutet, dass er auch auf politischer Ebene agieren muss, etwa wenn es klarzumachen gilt, dass er keine weitere Mittelkürzung für seine Hochschule hinzunehmen gewillt ist. Er ist also alles andere als reiner Repräsentant. Er entscheidet über die zukünftige Struktur der Institution, der er vorsteht, greift in Entscheidungen unterer Ebenen ein und ist verantwortlich dafür, den guten Ruf der Universität zu sichern. Unterstützt bei seiner Arbeit wird er durch Stellvertreter, kontrolliert durch den Senat, dem mehrheitlich andere Hochschullehrer angehören.

Senat

Die einzelnen Fächer sind häufig in Instituten organisiert. Diese werden geleitet durch Geschäftsführende Direktoren – Professoren des Instituts, die dieses Amt abwechselnd für ein oder zwei Jahre übernehmen. Mehrere Institute bilden einen Fachbereich (bzw. eine Fakultät), dem (der) ein Dekan vorsteht. Dieser ist ein Professor, der vom Fachbereichsrat gewählt wurde. Er ist für die reibungslose Erfüllung der Aufgaben des Fachbereichs zuständig, organisiert in Absprache mit der Fachbereichsverwaltung Sitzungen und Kommissionen. Normalerweise wird er durch einen oder zwei Prodekane unterstützt.

Institut

Fachbereich

Eine Universität weist demnach drei Ebenen auf: Institut – Fachbereich/Fakultät – Rektorat/Präsidium. Auf allen diesen Stufen haben die Professoren den größten Einfluss. Der Beruf des Professors ist ein seltsames Konstrukt. Normalerweise ist ein Professor Beamter auf Lebenszeit – allerdings gibt es eine Reihe von Professuren, die zeitlich befristet sind. In jedem Fall aber ist ein Professor sein eigener Chef. Der Direktor des Instituts und der Dekan können zwar versuchen, ihn zu einer Meinung zu bringen oder von etwas zu überzeugen – weisungsgebunden ist der Professor jedoch nicht. Nach dem Ideal des Wissenschaftlers und Politikers Wilhelm von Humboldt aus dem 19. Jahrhundert soll der Professor seine Arbeitskraft auf zwei Bereiche aufwenden, die miteinander verknüpft sein sollten: Forschung und Lehre. Zu diesen beiden Bereichen ist inzwischen ein dritter hinzugekommen, der sich schleichend ausbreitet: die Selbstverwaltung. Professoren müssen sich um Forschungsgelder kümmern, Projekte beantragen und die Gelder verwalten. Sie stellen Mitarbeiter ein, organisieren Prüfungen und belegen ihre Leistung gegenüber dem Fachbereich.

Professor

Forschung und Lehre als Einheit

Über die Möglichkeiten, die Einheit von Forschung und Lehre aufzubrechen, wird regelmäßig diskutiert. Das liegt daran, dass es für eine Person zunehmend unmöglich wird, Forschung, Lehre und Verwaltung auf hohem Niveau in gleichem Maße zu betreiben. Da viele Universitäten aber sehr hohe Studierendenzahlen mit guter Lehre zu versorgen haben, gibt es berechtigte Überlegungen, zwei Arten von Professuren einzurichten: solche, die sich auf die Lehre, und solche, die sich auf die Forschung konzentrieren. Selbst wenn viele diese Gedanken nachvollziehen können – die wenigsten Wissenschaftler befürworten dieses Konzept, denn: Die Studierenden sollen nicht nur an Forschung herangeführt, sie sollen auch möglichst früh in sie eingebunden werden. Treffen Sie aber vor allem auf Lehrprofessoren, werden sie von der Forschung eher ferngehalten. Hinzu kommt, dass die Diskussionen in Veranstaltungen für forschende Wissenschaftler stets einen Gewinn für die eigene Arbeit bedeuten. Nicht, weil der Dozent die Beiträge der Studierenden für sich nutzt, sondern weil ein Literaturwissenschaftler seine Ideen vor allem in der Diskussion entwickelt, und wo kann er das besser als in einer Seminargruppe?

Frauenmangel

Abgesehen von der Lehre gibt es einen weiteren Bereich, in dem die Bildungs- und Hochschulpolitik versuchen, Änderungen voranzutreiben: die Förderung des weiblichen Nachwuchses. Der weitaus größte Teil der Professoren in Deutschland sind nach wie vor Männer – auch in den Fächern, die von mehr Frauen als Männern studiert werden. In den Literaturwissenschaften kehrt sich das Verhältnis von Männern und Frauen mit der Promotion geradezu um. Während deutlich mehr Frauen als Männer das Studium beginnen, finden sich in den Bewerbungsverfahren für Professuren vor allem Männer. Abhilfe soll hier durch spezielle Frauenförderprogramme geschaffen werden, zu denen auch die Einrichtung befristeter Professuren für Frauen gehört.

Wissenschaftlicher Mitarbeiter

Dieser Mangel an weiblichem Nachwuchs hängt unter anderem mit Fragen der Lebensplanung zusammen. Der Weg zur Professur ist lang, anstrengend und schwierig. Für Privatleben und Familie hat ein erfolgreicher Professor im Allgemeinen wenig Zeit. Diejenigen, die sich noch auf dem Weg zur Professur befinden, sind die wissenschaftlichen Mitarbeiter der Universität. Sie sind einem Professor zugeordnet und sollen diesen in Forschung und Lehre unterstützen. Ein wissenschaftlicher Mitarbeiter muss sich an der Lehre beteiligen (ein oder zwei Seminare pro Semester), arbeitet aber für gewöhnlich vor allem an seinem nächsten Karriereschritt.

Nach dem Abschluss des Studiums ist dies zunächst die Promotion, die zum Führen des Doktorgrades berechtigt. Um das zu erreichen, schreibt man innerhalb von zwei bis drei Jahren eine Doktorarbeit. An diese wird die Anforderung gestellt, dass sie eine eigenständige wissenschaftliche Leistung darzustellen hat und in ihrem Ergebnis das jeweilige Fach bereichert. Diese Arbeit ist einer Prüfungskommission mit mehreren Professoren vorzulegen und in einem Prüfungsgespräch zu verteidigen. An manchen Universitäten kommt eine weitere Fachprüfung hinzu. Geht man aus diesem Gespräch, der sogenannten Disputation oder dem Rigorosum, erfolgreich hervor, muss die Arbeit öffentlich zugänglich gemacht werden. Nach der Veröffentlichung – meist in Form eines Buches, zunehmend aber auch als Internetveröffentlichung – wird der Grad eines Dr. phil. (Doktor der Philosophie) verliehen. **Promotion**

Der Promotion folgte bisher in der Regel die Habilitation. Wer habilitiert ist, darf sich nach Erhalt der Lehrbefugnis Privatdozent nennen – eine Bezeichnung, die schöner klingt, als der Zustand ist. Privatdozenten haben keine Anstellung an der Universität, sie warten auf ihre erste Professur und versuchen sich irgendwie über Wasser zu halten – oft indem sie unbesetzte Professuren vertreten. Im Schnitt konnte man für den Karriereweg bis zur Professur bisher rund 12 Jahre veranschlagen. Das bedeutete, dass ein Professor, der mit 28 die Promotion begann, keinesfalls jünger als 40 war, bis er seine erste eigenverantwortliche Position bekam, häufig waren Professoren beim ersten Ruf sogar älter. **Habilitation**

Aus diesem Grund entschied man sich 2002 dafür, die Habilitation abzuschaffen und mit einem politischen Instrument für eine Verjüngung der Wissenschaftler zu sorgen. An die Stelle der Habilitation trat die Juniorprofessur. Ein Professor als Juniorprofessor befindet sich sozusagen in der Probezeit. Er muss lediglich promoviert sein, um die Stelle anzutreten, seine Leistungen werden nach drei Jahren überprüft, und wenn er fleißig und erfolgreich war, darf er weitere drei Jahre die Stelle bekleiden. Wenn ein Juniorprofessor es nach diesen insgesamt sechs Jahren nicht geschafft hat, eine unbefristete Professur zu bekommen, darf er sich bei erfolgreicher Evaluation in einigen Bundesländern zwar weiterhin Professor nennen, wird aber arbeitslos sein – es sei denn, er hat eine der wenigen Stellen bekommen, die den Vermerk „mit tenure track" tragen. Dann nämlich wird die Professur in eine reguläre, unbefristete überführt. **Juniorprofessur**

Auch wenn die Politik sich sehr bemüht hat, das Modell des Juniorprofessors durchzusetzen und die Habilitation abzuschaffen, gilt die Habilitation in den Literaturwissenschaften nach wie vor als höchster Ausweis wissenschaftlicher Befähigung. Selbst Juniorprofessoren literaturwissenschaftlicher Fächer habilitieren für gewöhnlich.

Wer an einer Universität eine Professur bekommen soll, wird durch eine Kommission, in der auch Studierende ein Mitspracherecht haben, ermittelt. Sie sichtet die Bewerbungen und Schriften der Bewerber und entscheidet, wer von den Kandidaten zu einem Vortrag eingeladen wird. Diese Vortragsrunde, bei der die Bewerber zuerst einen Vortrag halten und anschließend mit den Anwesenden und der Kommission diskutieren, nennt man in der *scientific community*

"Vorsingen"

"Vorsingen". Die Kommission ermittelt nach den Vorträgen eine Reihenfolge der Kandidaten, holt sich schriftlich die Stellungnahme von zwei weiteren Hochschullehrern ein, die Mitglieder anderer Universitäten sind, und empfiehlt auf der Basis dieser unterschiedlichen Voten und Eindrücke dem Fachbereich eine Liste mit mehreren Personen. Nachdem der Prozess vom Rektorat oder dem Präsidium und von dem zuständigen Wissenschaftsministerium geprüft wurde, ergeht ein "Ruf" an die Person auf Platz 1 – es sei denn, das Präsidium oder der Minister erheben Einwände gegen den Vorschlag. Berufen wird der Professor in den meisten Bundesländern vom Wissenschaftsminister (in Stadtstaaten vom Senator).

Verwaltung

Der Verwaltungsaufwand an einer Universität ist erheblich. Aus diesem Grund gibt es neben den Wissenschaftlern eine Vielzahl an Verwaltungsmitarbeitern, von denen ein Studierender nur die wenigsten zu sehen bekommt – bei der Immatrikulation (Einschreibung), Rückmeldung, Prüfungsanmeldung oder in den Bibliotheken.

Studierende

Die Studierenden sind in diesem universitären Gesamtgefüge alles andere als unwichtig – immerhin trägt die Institution Hochschule das Wort Schule im Namen. Aber sie sind trotz allem der Teil der täglichen Arbeit, bei der ein Professor oder wissenschaftlicher Mitarbeiter am leichtesten Zeit einsparen kann. Insofern ist es notwendig, dass Sie – natürlich mit der gebührenden Freundlichkeit und Angemessenheit – Ihr Recht bei den Hochschullehrern durchsetzen. Sie sollen und müssen auf Ihrem Weg zum Studienabschluss ausreichend unterstützt und gefördert werden, und Ihren Dozenten ist dies nicht nur klar, sondern auch wichtig. Suchen Sie sich also bei ihnen Unterstützung und bitten Sie um Gespräche.

Wichtig ist, wie Sie Ihr Studium gestalten. Bedenken Sie bitte: Sie studieren für sich selbst und Sie können bestimmen, inwiefern Ihnen das Studium nützt. Daher sollten Sie auch die Möglichkeiten nutzen,

Studentische
Selbstverwaltung

die Ihnen die Hochschule im Rahmen der studentischen Selbstverwaltung einräumt. An jeder Universität gibt es eine Reihe von Gremien und Arbeitsgruppen, in denen Studierende mitarbeiten können oder in denen ausschließlich sie Konzepte entwickeln. So haben an Hochschulen mit verfasster Studentenschaft die meisten Fächer sogenannte Fachschaften, in denen sich Studierende eines Faches um die Belange ihrer Kommilitonen kümmern. Darüber hinaus gibt es Studierendenparlamente und einen AStA, einen Allgemeinen Studierendenausschuss, der vor allem durch die Studentenproteste von 1968 bekannt wurde.

Denn eines stört in dem Bild von Escher, das diesem Kapitel vorangeht (→ ABBILDUNG 1): Die Mehrzahl der Menschen in dem Labyrinth schlagen sich alleine durch und leben nebeneinander her. Ein literaturwissenschaftliches Studium aber lebt von der Diskussion, der Auseinandersetzung und der gemeinsamen Arbeit. Um das möglich zu machen, ist die aktive Mitarbeit jedes Einzelnen vonnöten. Geben Sie sich nicht dem Trugschluss hin, dass Sie leichter durchs Studium gehen, wenn Sie lediglich auf- und teilnehmen. So viele Möglichkeiten, Gespräche zu führen und Eindrücke zu sammeln, werden Ihnen kaum jemals wieder geboten werden.

Fragen und Anregungen

- Analysieren Sie den Aufbau der Studiengänge, die Sie interessieren. Können Sie klar abgetrennte Studienphasen unterscheiden?

- Bestimmen Sie Ihre Ziele hinsichtlich eines literaturwissenschaftlichen Studiums und notieren Sie sie.

- Nennen Sie die wichtigsten Bereiche und Ebenen einer Universität.

- Überlegen Sie, welche Gründe für und welche gegen den Erhalt der Einheit von Forschung und Lehre sprechen.

- Erläutern Sie die Begriffe Promotion, Habilitation und studentische Selbstverwaltung.

Lektüreempfehlungen

- **Die Zeit Campus.** *Zweimonatlich erscheinendes Sonderheft der Wochenzeitung „Die Zeit", in denen Berichte, Reportagen und Interviews zentrale Themen der Hochschulpolitik beleuchten und Hintergrundinformationen bieten.*

- Otto Kruse (Hg.): Handbuch Studieren. Von der Einschreibung bis zum Examen, Frankfurt a. M. 1998. *Der Band stellt die Stationen eines Studiums von der Fachwahl über Studienbeginn bis zum Berufsstart dar. Dabei werden Informationen sowie mögliche Probleme und Tipps zu deren Bewältigung gegeben. Durch die Studienreform sind organisatorische Details zwar nicht mehr aktuell, doch liegt der Fokus generell auf den stets präsenten Anforderungen und typischen Krisensituationen eines Studiums.*

- Hans-Werner Rückert: Studieneinstieg, aber richtig! Das müssen Sie wissen: Fachwahl, Studienort, Finanzierung, Studienplanung, Frankfurt a. M. 2002. *Das Buch enthält ausführliche Darstellungen, welche Faktoren bei der Entscheidung für das künftige Studienfach relevant sind. Für den Studienbeginn gibt es des weiteren Hinweise auf klassische Stolperfallen. Rückert schreibt praxisnah und basierend auf seinen Erfahrungen als langjähriger Leiter der zentralen Studien- und psychologischen Beratung an der Freien Universität Berlin.*

2 Literarische Textwelten

Abbildung 2: Sebastian Brant: *Der Büchernarr* (1494)

In seinem „Narrenschiff" von 1494 hielt der Jurist und Schriftsteller Sebastian Brant 112 Beispiele für menschliches Fehlverhalten fest, wobei die gereimte, satirische Beschreibung jeweils durch eine bildliche Darstellung eingeleitet wird. Die Narren, die in den Bildern einen typischen Menschen vertreten, halten dem Leser und Betrachter den Spiegel vor und signalisieren ihm, welches Handeln oder welche Einstellung kritisiert werden sollen. Am Anfang steht dabei der Büchernarr, der viele Bücher um sich hat, aber nicht alle liest und versteht. Er hält sie, wie er erklärt und wie man auf dem Holzschnitt sehen kann, alle in Ehren und schützt sie vor den Fliegen. Lernen möchte er dagegen mit ihrer Hilfe eher nicht, denn das bedeute Last. Abgesehen davon, dass er sich auf diese Weise Arbeit erspart, hat der Büchernarr noch ein sehr viel wichtigeres Argument auf seiner Seite: „Wer viel studiert, wird ein Fantast!" Lektüre kann schaden!?

Die Behauptung, dass Lesen nicht nur gut ist, wird vor allem in den Jahrhunderten nach der Erfindung des Buchdrucks (um 1440) mehrfach aufgestellt. Miguel de Cervantes schuf mit seinem *Don Quijote* (Teil 1 1605) ein Werk, in dem sich die literarische Hauptfigur in einem überwiegend misslichen Zustand befindet, für den ein Übermaß an Lektüre und eine falsche Auswahl von Büchern verantwortlich gemacht werden können. Don Quijote hat so viele Ritterromane gelesen und sich derart umfassend in die Welt seiner Bücher versetzt, dass er nicht mehr in der Lage ist, die Realität losgelöst vom Gelesenen zu erkennen. Er ist, und davor hatte Brants Büchernarr schon gewarnt, zum Fantasten geworden.

Leser geraten schnell in den Verdacht, sich dem Leben zu entziehen. Listen verbotener Bücher, Bücherverbrennungen und Gerichtsprozesse um Bücher belegen außerdem, dass das Medium Buch auch immer schon mit Argwohn betrachtet wurde, besonders wenn es Texte vermittelt, die ihre eigene Welt erzeugen. Solche fiktionalen Texte stehen im Mittelpunkt der Literaturwissenschaft – woraus folgt, dass jeder, der sich für ein literaturwissenschaftliches Studium entscheidet und eine große Menge von Literatur lesen muss, es mit einem deutlich weniger unbedenklichen Medium zu tun hat, als man denken mag. Aber womit hat man es eigentlich zu tun?

2.1 **Was ist Literatur?**
2.2 **Woran erkennt man Literatur?**
2.3 **Vom Text mal abgesehen**

2.1 Was ist Literatur?

Literaturwissenschaft ist eine Wissenschaft, die Literatur zum Gegenstand hat. Eine einfache Definition. Aber was ist eigentlich Literatur?

Etymologisch, also von der Geschichte des Wortes her gesehen, bedeutet „Literatur" nichts anderes als „Schrift". Das lateinische Wort *litteratura* meint das Geschriebene, das Alphabet, Sprachunterricht, Sprachwissenschaft und Grammatik.

Literatur – eine erste Definition

Ein frühneuzeitlicher Humanist wie Sebastian Brant verstand unter dem Begriff *litterae* schlicht Gelehrsamkeit. Ein Mensch, von dem es hieß, dass er über die *litterae* verfügt, galt als Gelehrter. *litterae* und *scientia* (Wissenschaft) waren sozusagen Synonyme.

Ab dem 16. Jahrhundert wurde der lateinische Begriff im Deutschen verwendet und bezeichnete dort zunächst recht undifferenziert Geschriebenes. Erst ab dem 18. Jahrhundert verengte sich die Bedeutung allmählich auf die sogenannte schöne Literatur, auf die Dichtung. Gleichzeitig kam der Begriff Belletristik in Mode, der von den französischen *belles lettres*, den schönen Wissenschaften, abgeleitet wurde und damit in etwa dasselbe bedeutet wie Literatur. Auch hier zeigt sich, dass Wissenschaft und Literatur lange Zeit als Einheit gedacht wurden. Die Poesie wurde also dem Zuständigkeitsbereich des Gelehrten zugeschrieben.

Belletristik

Diese Verbindung blieb bis zur Änderung des gesamten Wissenschaftssystems im Zeitalter der Aufklärung, der zweiten Hälfte des 18. Jahrhunderts, bestehen. Als die Poesie aus dem gelehrten, regelgeleiteten Umfeld herausgebrochen wurde, kam es zu einer Umwertung der Poesie. Aus dem komplementären Paar *lettres* (Wissenschaften) und *belles lettres* (schöne Wissenschaften) wurden entgegengesetzte Bereiche: Wissenschaft und Poesie. Natürlich war das ein Entwicklungsprozess, der längere Zeit beanspruchte. Gleichzeitig erweiterte sich der Zuständigkeitsbereich der Poesie. Hatte sie zunächst nichts mit der Prosaerzählung zu tun (diese war Teil der Rhetorik), unterstand ihr jetzt allmählich alles, was mit Fiktion in Zusammenhang stand. Das Merkmal moderner Literatur wurde ihr fiktionaler Charakter.

Umwertung der Poesie

Die sichtbare Verwandtschaft des deutschen Worts *Litteratur* mit dem Lateinischen (doppeltes t) verschwand erst im Laufe des 19. Jahrhunderts. Seitdem kennen wir „Belletristik" und „Literatur" als weitgehend synonyme Bezeichnungen für Dichtung. Die Bezeichnung „Poesie" ist dagegen ab dem 19. Jahrhundert immer weniger anzutreffen, und wenn, dann vor allem als gehobener Ausdruck für Lyrik.

Damit ist zumindest einmal andeutungsweise geklärt, was Literatur ist und warum sie Gegenstand einer Wissenschaft sein kann (statt selbst Wissenschaft zu sein). Literaturwissenschaftler beschäftigen sich also mit fiktionaler Literatur. Dazu lesen und schreiben sie wissenschaftliche Literatur. Da diese aber immer nur um literarische Texte kreist, nennt man sie meist Sekundärliteratur – im Gegensatz zum eigentlich Wichtigen, der Primärliteratur.

Sekundärliteratur – Primärliteratur

Wie so oft ist es jedoch auch in diesem Fall leichter, abstrakt über Literatur zu sprechen, als die Beschreibung am Einzelfall zu prüfen. Da ist es nämlich mitunter sehr schwer, Texte eindeutig dem Bereich der Literatur zuzuordnen. Immer wieder wird deshalb darauf hingewiesen, dass strenge Definitionen nicht die wünschenswerte Antwort auf die Frage, was Literatur ist, sein können (vgl. Baasner/Zens 2005, S. 12.) Der Literaturwissenschaftler Rainer Rosenberg wies 1990 sogar darauf hin, dass es „[e]inen vollständigen Konsens darüber, was Literatur ist, [...] seit der Auflösung des universellen humanistischen Literaturbegriffs nicht mehr gegeben" habe (Rosenberg 1990, S. 47).

Die Literaturwissenschaft reagierte auf diese Tatsache mit zwei konträren, sich aber ergänzenden Verhaltensmustern:

- Entweder bestimmten Wissenschaftler normativ, was sie als ihren Gegenstand ansahen. Das führte letztlich dazu, dass die Bücher, die heute von einer Mehrheit der Bevölkerung gelesen werden und auf den Bestsellerlisten stehen, selten auch Gegenstand der Literaturwissenschaft sind, sodass man von einer Kluft zwischen Literaturnorm und Lesepraxis sprechen kann, die nur mühsam durch die Arbeit einiger populärer Literaturkritiker wie Elke Heidenreich und Marcel Reich-Ranicki ansatzweise überbrückt wird.

Literaturnorm vs. Lesepraxis

- Die andere Möglichkeit war die deskriptive Beschreibung von Texten, die als Literatur bereits anerkannt waren, um so Merkmale herauszuarbeiten, die natürlich letztlich Argumente für eine normative Sicht liefern. Ein entscheidender Nebeneffekt dieses „pragmatischen Literaturbegriffs" (Baasner/Zens 2005, S. 12) ist und war die Konzentration auf Texte, deren Entstehungszeit mindestens 30 Jahre zurückliegt, die sich also schon als Literatur mit Bestand erwiesen haben.

Literaturwissenschaft und Literaturkritik

So verfestigte sich eine Arbeitsteilung zwischen Literaturwissenschaft und Literaturkritik (→ KAPITEL 10.1). Die Literaturkritik kümmert sich um Neuerscheinungen oder Neuauflagen. Die Kritiken dienen der Orientierung von Lesern, die über die Äußerungen von Kritiken ermitteln wollen, was sich aktuell zu lesen lohnt. Die Literaturwissen-

22

schaft beschäftigt sich dagegen mit Texten, die sich für eine genauere Analyse bzw. Interpretation anbieten. Dies ist meist dann der Fall, wenn sie unstrittig zum Gegenstandsbereich der Literaturwissenschaft gezählt werden – und das bedeutet, dass sie selten gerade erst erschienen sind. Allerdings wird diese Kluft zwischen Literaturkritik und -wissenschaft seit einigen Jahren kleiner, und immer mehr Literaturwissenschaftler betätigen sich auch als Kritiker. Dies aber wirft sie regelmäßig auf die Frage zurück, welche Texte als Literatur eingestuft werden können.

Was Literatur ist, zeigt sich nicht zuletzt in den literarischen Texten selbst. Die Frage nach ihrem Stellenwert und ihren Merkmalen ist immer wieder auch Gegenstand von fiktionaler Literatur (vgl. Schmitz-Emans 2001, S. 12). Man kann sie daher oft als autoreflexiv bezeichnen. Autoreflexion kann auf unterschiedliche Weisen vor sich gehen. Eine davon zeigt das Eingangsbeispiel: Wenn Sebastian Brant an den Anfang seines *Narrenschiffs* den Büchernarren stellt, dann reflektiert der literarische Text nicht nur sich selbst als Literatur, sondern zugleich die Literatur als solche. Die Tatsache, dass das Buch mit einer Kritik an denjenigen eröffnet wird, die viele Bücher besitzen, aber wenig von ihnen verstehen, betont die interpretative Offenheit von Literatur. Sie muss stets genau gelesen und gut überdacht werden. Das wird der Leser des *Narrenschiffs* nach diesem ersten Kapitel noch intensiver tun als ohnehin.

Autoreflexion

[handschriftliche Notiz am Rand:] selbes bei Don Quijote

Der Literaturwissenschaftler Ralf Klausnitzer weist völlig zu Recht darauf hin, dass man *auf* Literatur dann stößt, wenn man sich *an* ihr stößt: „Wir erkennen Texte gewöhnlich rasch und intuitiv als ‚literarisch‘, wenn etwas an ihnen mit bestimmten Konventionen und Erwartungen kollidiert." (Klausnitzer 2004, S. 3)

[handschriftliche Notiz am Rand:] Wenn man kein Problem mit Text hat, hat man Problem

Das liegt daran, dass Literatur nicht Realität widerspiegelt. Natürlich kann man durch einen Roman des 19. Jahrhunderts einen Eindruck vom Alltag eines Menschen aus dieser Zeit oder von den gesellschaftlichen Verhältnissen gewinnen, aber es wäre falsch anzunehmen, dass sich ‚Wirklichkeit‘ in dieser Literatur finden lasse. Der Mensch des 19. Jahrhunderts hat nicht genau so gelebt, wie im Roman erzählt, selbst wenn es sich nicht um eine ausgedachte Figur handelt.

Literatur und Wirklichkeit

„Diese Texte setzen nicht über einen realen Sachverhalt oder ein tatsächliches Geschehen in Kenntnis (dessen ‚korrekte‘ Darstellung überprüft werden könnte), sondern imaginieren mögliche Welten, in denen wir uns als phantasiebegabte Leser bewegen – um Erlebnisse und Erfahrungen zu sammeln, die aufgrund der Endlichkeit

unserer empirischen Existenz sonst verschlossen bleiben würden."
(Klausnitzer 2004, S. 4)
Literatur erschafft demnach eigene Welten, die sich unter Umständen
von der Welt, in der der Leser lebt, eklatant unterscheiden können.

2.2 Woran erkennt man Literatur?

Der Schlüsselbegriff, der auf dieses Konzept von eigenen Welten der
Literatur zurückgeht, lautet Fiktion. Er stammt von lateinisch *fictio*
(= das Bilden, Formen, die Erdichtung) und gibt Grund zu der Annahme, dass es zweierlei Arten von Texten gibt:

1. Diejenigen, deren Inhalt von der Wirklichkeit geleitet und daher
   nicht fiktional ist, die also scheinbar nicht ‚gemacht' oder konstruiert werden, sondern so wirken, als müssten sie lediglich niedergeschrieben werden. Schließlich gibt es den Inhalt der Texte
   bereits, er wird lediglich durch Schrift festgehalten.

2. Diejenigen, die „nur den Schein eines Sachverhaltes oder Geschehens" (Baasner/Zens 2005, S. 13) erzeugen und sich deshalb
   immer wieder den Vorwurf des Lügens und Täuschens gefallen
   lassen müssen.

Fiktionalität Nun ist Fiktionalität zwar ein Merkmal von Literatur, sodass jeder,
der ein Buch zur Hand nimmt, auf dem „Roman" steht, weiß, dass
mit einer inhaltlichen Differenz zur Alltagswelt zu rechnen ist. Umgekehrt aber gibt es keine Messlatte für Fiktionalität, sodass man unmöglich sagen kann, ab welchem Grad einer Abweichung des Textinhalts vom Alltags- und Erfahrungswissen eines Einzelnen etwas als
Literatur zu gelten hat. Fiktionalität ist das Ergebnis einer Zuschreibung und der Wahrnehmung von Rezipienten (wie eben auch das
Etikett „Literatur"). Der Leser erkennt, dass der Text, den er in der
Hand hält, Fiktives beinhaltet, stuft ihn daher als fiktional ein und
ordnet ihm das Merkmal Literatur zu. Da er dies nicht immer allein
aufgrund des Textinhalts und seiner Beschaffenheit tun kann,
braucht er weitere Hinweise.

Jenseits der Realität Mit dem Begriff Fiktionalität ist eine wesentliche Eigenschaft von
Literatur angesprochen: Wenn Literatur alles imaginieren kann, ohne
sich um Realität kümmern zu müssen, kann sie sich der Aufgabe,
Kommunikation zu sichern und Informationen weiterzugeben, ver-
weigern. Sie kann sich natürlich auf ‚die Welt' beziehen, wie im Fall
der politischen Literatur (→ KAPITEL 6.2), muss das aber nicht. Sie kann
es im Gegenteil sogar als ihren Auftrag betrachten, auf sich selbst

und ihr Material zu verweisen. Einer solchen Form der Literatur schreibt man Selbstreferenzialität zu. Zwar unterliegen die einzelnen Worte, aus denen ein Gedicht, ein Drama oder eine Novelle besteht, normalerweise den allgemeinen Regeln der Sprache, was heißt, dass die meisten Wörter auf etwas verweisen, das man kennt. Andernfalls ließe sich kein Sinn erschließen. Das bedeutet jedoch nicht, dass die jeweilige Kombination von Wörtern und Sätzen für den einzelnen Leser hilfreich ist, sich besser in der eigenen Welt zurechtzufinden. Wenn die Wohnung einer literarischen Figur beschrieben wird, dann dient das dem Textverständnis bzw. gibt Hinweise für die Interpretation des Textes. Keinesfalls handelt es sich um die Aufforderung an den Leser, seine eigene Wohnung entsprechend umzubauen. Selbst wenn man in einem Text die eigene Situation wiedererkennt oder sich mit einer Figur identifiziert, sind das doch immer nur Parallelbildungen – man ist eben nicht mit der Figur identisch; falls doch sollte man darüber nachdenken, vor Gericht zu ziehen.

In einem solchen Fall könnte man es nämlich mit Schlüsselliteratur zu tun haben. Dies sind Texte, in denen unter erfundenen Namen Personen, Orte oder Geschehnisse so präsentiert werden, dass der Leser die realen Vorbilder erkennen kann, weil ihm „Schlüssel" im Text Hinweise geben. Schlüsselliteratur, vor allem Schlüsselromane, führen regelmäßig zu Klagen, und Juristen müssen dann entscheiden, ob Persönlichkeitsrechte verletzt werden oder ob der Autor lediglich von seinem Recht auf künstlerische Freiheit Gebrauch gemacht hat. Berühmte Fälle von Schlüsselliteratur sind zum Beispiel Émile Zolas *L'Œuvre* (1886), Thomas Manns *Buddenbrooks* (1901) und Klaus Manns *Mephisto* (1936).

Der Sprachwissenschaftler Roman Jakobson hat 1960 in seinem Text *Linguistik und Poetik* ausgelotet, inwiefern literarische Texte innerhalb eines Kommunikationssystems eine Sonderstellung einnehmen. Ausgehend von der Überlegung, dass Sprache verschiedene Funktionen haben kann, schreibt er der Sprache der Literatur eine poetische Funktion zu, das heißt, es geht nicht primär um Inhalte, deren Bezug zur Außenwelt oder die Interessen der Kommunikationspartner, sondern um ein Abheben von der alltäglichen Sprache und Kommunikation. Die poetische Sprache betont ihre Sonderstellung, indem sie sich als poetisch und damit nicht alltäglich ausweist (vgl. Klausnitzer 2004, S. 23). Beispielsweise kann sich jemand über die Launen einer anderen Person unpoetisch, klar und direkt beschweren: „Du bist aber wieder launisch heute." Es geht aber auch poetisch: „Wie im April sich Sonne und Regen im spielerischen

[Randnotizen:]
vgl. Zuckerfabrik

Selbstreferenzialität

Schlüsselliteratur

Strukturalismus

Die poetische Funktion von Sprache

würde heute nicht mehr treffen vgl. Unterhaltungslit

Wechsel ablösen, so scheinst auch Du mir heute, Du sonnenbeschienene Wolke, zwischen Regen und Sonnenschein hin- und hergerissen." Dass eine solch geblümte Rede im Alltag zu kompliziert ist, leuchtet unmittelbar ein.

Literarizität und Poetizität sind also mitunter Hinweise auf die Zuschreibung eines Textes zum Bereich Literatur. Es gibt aber auch Fälle, in denen eine poetische Sprache nicht feststellbar ist, vor allem, wenn man erkennt, dass auch die Alltagssprache poetische Spuren aufweisen kann. Wirklich hilfreich für die Zuordnung von Texten zum Bereich „Literatur" sind die Ausführungen Jakobsons deshalb nur für Lyrik oder Texte, die einen hohen Grad an sogenannter uneigentlicher Sprechweise (Metaphern oder Ähnliches) aufweisen. Dies nämlich macht sie hinsichtlich ihrer Aussage und Bedeutung sehr offen, weshalb sie mit größerer Wahrscheinlichkeit als Literatur betrachtet werden können.

Im Alltag dient Sprache der Kommunikation und das heißt dem Versuch, einen Inhalt möglichst unmissverständlich an andere zu übermitteln, sodass die Empfänger einer Botschaft ihren Inhalt nicht langwierig interpretieren müssen. Literatur dagegen bedingt Interpretation, denn literarische Texte sind – mehr oder weniger stark – bedeutungsoffen (vgl. Baasner/Zens 2005, S. 14). So könnte die Person, die eben als „sonnenbeschienene Wolke" bezeichnet wurde, nicht sofort sagen, ob der Redner einfach nur nett oder gar liebevoll oder lediglich ironisch sein wollte. Es ist daher die Aufgabe der Literaturwissenschaft, das Bedeutungspotenzial von Texten durch Analyse und Interpretation zu erschließen. Erreicht wird dies durch unterschiedliche Methoden (→ KAPITEL 4).

Seitenrandbegriffe: Literarizität und Poetizität / Interpretation

2.3 Vom Text mal abgesehen

Es lassen sich also Merkmale von Literatur bestimmen. Diese können allerdings in einzelnen Fällen zur Bestimmung von Literatur nicht ausreichen. 1969 beispielsweise veröffentlichte Peter Handke ein Gedicht, das, wie auch der Titel ausweist, die Aufstellung der Fußball-Bundesligamannschaft des 1. FC Nürnberg vom 27.1.1968 abbildet (Handke 1969, S. 59):

Die Aufstellung des 1. FC Nürnberg
vom 27. 1. 1968

WABRA

LEUPOLD   POPP

LUDWIG MÜLLER   WENAUER   BLANKENBURG

STAREK   STREHL   BRUNGS   HEINZ MÜLLER   VOLKERT

Spielbeginn:
15 Uhr

Es gibt in diesem Text keinerlei Hinweise auf eine poetische Funktion. Es geht (scheinbar) allein um Informationsübermittlung, wobei die Anwendbarkeit der übermittelten Informationen bei der Drucklegung des Gedichts bereits sehr eingeschränkt war, weil das Spiel längst gespielt war. Und dennoch gehört dieser Text zum dichterischen Werk Peter Handkes. Wie ist das möglich?

Der Leser kann Literatur auch aufgrund textexterner Hinweise erkennen. Eine Möglichkeit ist, dass er der Zuschreibung anderer Personen glaubt, zum Beispiel dem Lektor eines Verlags, der einen Text im Verlagsprospekt als Roman oder Gedicht bezeichnet. Ein Hinweis wäre auch eine Rezension auf der Literaturseite einer Zeitung (und eben nicht auf der Sachbuchseite). Genau genommen reicht es schon aus, wenn ein Text auf dem Titelblatt eines Buchs einer literarischen Gattung zugeordnet wird („Novelle", „Roman"). Im Fall Handkes hilft die Tatsache weiter, dass sich der betreffende Text in einem Band mit Gedichten befindet.

Textexterne Hinweise

Hinzu kommt, dass das Buch von Peter Handke verfasst und die Aufstellung der Fußballmannschaft von ihm aufgeschrieben wurde – jeder, der sich ein wenig in der Literaturgeschichte auskennt, wäre geneigt, den Text dem Bereich Literatur zuzuordnen. Denn 1969 war Handke bereits ein bekannter Autor. Also wird man zumindest in Erwägung ziehen, alles, was von Peter Handke gedruckt wird, dem Bereich Literatur zuzuordnen.

Autorschaft

Aus diesem Beispiel kann geschlossen werden, dass sich die Literaturwissenschaft zwar vorrangig um literarische Texte und deren Beschaffenheit kümmert, dass aber deren kulturelle und historische Verortung ebenfalls unabdingbarer Gegenstand der Arbeit ist. Kein Text kann ohne seinen Kontext verstanden werden und kein Autor kann sich der literarischen Tradition, auf der er aufbaut, verschlie-

Literaturgeschichte und -soziologie

ßen. Literaturgeschichte und Literatursoziologie gehören aus diesem Grund zu den Kernbereichen der Literaturwissenschaft, wobei die Differenz zwischen Welt und Text stets mitbedacht werden muss.

Lesen als Beruf

Der Leser, der das Lesen zu seinem Beruf gemacht hat, unterscheidet sich vom Freizeitleser folglich dadurch, dass er versucht, das vielfältige Bedeutungspotenzial eines literarischen Textes zu ergründen. Er hat durchaus Vergnügen am Lesen, fragt sich jedoch gleichzeitig, wie diese Empfindung zustande kommt. Er nimmt nicht nur oberflächlichen Inhalt wahr, sondern erkennt subtile Botschaften und stilistische Feinheiten. Er ermittelt Strategien der Leserlenkung, erforscht Textzusammenhänge und achtet darauf, wie Literatur rezipiert wird. Und bei all dem verliert er nie aus dem Blick, dass hinter dem literarischen Text, den er gerade bearbeitet, ein Autor mit einer individuellen Biografie steht, der zu einer bestimmten Zeit geschrieben hat und von gesellschaftlichen Faktoren beeinflusst wurde. Kurz gesagt ist der Literaturwissenschaftler der Experte für künstlerisch elaborierte Sprachzusammenhänge. Wer Literaturwissenschaftler werden möchte, sollte nicht nur Spaß am Lesen haben, sondern auch den Wunsch haben zu lernen, wie man am Text arbeitet.

Die Erfahrung zeigt, dass Studienanfänger die eben beschriebenen Herausforderungen gerne unterschätzen. Daher sei noch einmal betont, dass das Schöne an der Literaturwissenschaft zwar die Flucht in literarische Textwelten ist – allerdings geschieht das nicht (allein), um sich dort zu vergnügen. Die Welten müssen beschrieben, analysiert und interpretiert werden. Das literaturwissenschaftliche Studium vermittelt, welche Möglichkeiten der Herangehensweise an einen Text es gibt (→ KAPITEL 4) und welche Ordnungsmuster die Wissenschaft für die unüberschaubare Menge an Texten bereithält (→ KAPITEL 3).

Medium Buch

Nach wie vor ist das wichtigste Medium, mit dem ein Literaturwissenschaftler es zu tun hat, das Buch. Es ist sozusagen das Hauptmedium für die Verbreitung literarischer Texte, vor allem nach der Erfindung des Buchdrucks Mitte des 15. Jahrhunderts. Zu einer Zeit als literarische Texte noch handschriftlich verbreitet werden mussten, beschränkte sich ein Leser verständlicherweise auf die Lektüre einzelner weniger Werke. Der Buchdruck ermöglichte – zumindest nachdem der Preis der Einzelexemplare erschwinglich geworden war – den Besitz einer Vielzahl von Büchern und den Aufbau privater Bibliotheken. In den letzten Jahren rückten jedoch weitere Medien wie beispielsweise der Film in das Blickfeld literaturwissenschaftlicher Arbeit und eröffneten neue Arbeitsgebiete. Auch die zunehmende Digitalisierung von Texten wirft neue Fragen auf: Die Gegenstandsbereiche der Literaturwissenschaft werden nicht weniger, sondern mehr.

Fragen und Anregungen

- Zeichnen Sie die Herausbildung des Begriffs Belletristik nach.
- Definieren Sie „Fiktionalität".
- Überlegen Sie, was die „poetische Funktion von Sprache" ist und woran man sie erkennt.
- Weshalb ist das Interpretieren eine der wesentlichen Aufgaben der Literaturwissenschaft?
- Welche Merkmale können einen Text zu einem literarischen machen?
- Gibt es Entwicklungen auf dem literarischen Markt, die Ihrer Meinung nach die literaturwissenschaftliche Arbeit verändern könnten?

Lektüreempfehlungen

- **Thomas Grimm: Was ist Literatur? Versuch einer Explikation des erweiterten Literaturbegriffs**, Neuried 2000. *Umfassende Beschäftigung mit dem Literaturbegriff aus wissenschaftshistorischer und theoretischer Perspektive.*

- **Oliver Jahraus: Literatur als Medium. Sinnkonstitution und Subjekterfahrung zwischen Bewußtsein und Kommunikation**, Weilerswist 2003. *Anspruchsvoller Versuch eines Modells, das Literatur als kulturelles Mediensystem unter anderen beschreibt.*

- **Martin Sexl (Hg.): Literatur? 15 Skizzen**, Innsbruck/Wien 1997. *Aus einer Ringvorlesung hervorgegangener Sammelband, der sich fächerübergreifend und daher aus verschiedenen Blickwinkeln dem Begriff „Literatur" nähert.*

3 Eine Wissenschaft mit Geschichte

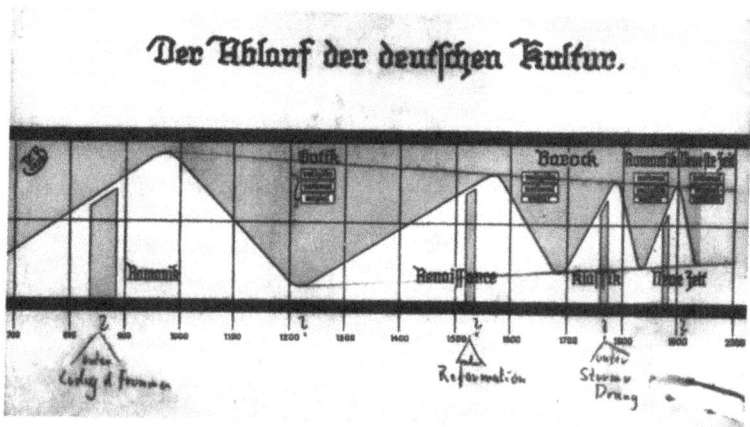

Abbildung 3: Emil Brenner: *Deutsche Literaturgeschichte. Der Ablauf der deutschen Kultur* (1920; Anstreichungen aus der 13. Auflage 1952)

Emil Brenner bemüht sich in seiner „Deutschen Literaturgeschichte", die erstmals 1920 erschien, um eine anschauliche Darstellung der deutschen Kultur und Literatur auf einer Zeitleiste von 700 bis 2000. Wie man sehen kann, werden die Perioden mit der Zeit kürzer, die Kultur also offensichtlich schnelllebiger. Bemerkenswert sind außerdem die eingezeichneten Kurven, die anschaulich machen sollen, dass auf einen kulturellen Höhepunkt stets ein Tiefpunkt folgte. Weiterhin fällt auf, dass das Spektrum an Epochenbezeichnungen deutlich geringer ist als heute. Auf Klassik und Romantik folgen direkt die Neue und die Neueste Zeit. Vormärz, Realismus, Naturalismus, Expressionismus und andere Strömungen fehlen. Ein unbekannter Leser des Buchs scheint sich mit dieser Einteilung intensiv auseinandergesetzt zu haben. Ihn hat offensichtlich gestört, dass die Reformation nicht eigens berücksichtigt wurde und dass sich zwar die Klassik findet, aber Strömungen wie der Sturm und Drang fehlen. Dafür versucht Brenner, die Kräfte der Kultur – das Nationale, das Soziale und das Religiöse – in ihrer jeweiligen Bedeutung herauszustellen und hierarchisch anzuordnen. Brenners Schema und die handschriftliche Bearbeitung zeigen: Epocheneinteilungen sind sowohl notwendig als auch umstritten.

Diese Grafik aus der Literaturgeschichte Brenners verdeutlicht das Bemühen der Literaturwissenschaft, die Fülle ihres Materials sinnvoll zu ordnen und mit anderen Wissensbereichen zu verknüpfen. Ein schwieriges Unterfangen, da die Beschäftigung mit Literatur lange Zeit, teilweise noch heute, als müßig gilt. Wer liest, arbeitet nicht, sondern widmet sich der Kunst, so die oft geäußerte Meinung. Dabei etablierte sich die Literaturwissenschaft unter dem Namen „Philologie" bereits im 19. Jahrhundert als eine Wissenschaft, die gleichberechtigt neben naturwissenschaftliche Disziplinen gestellt wurde. Sie bildete Methoden und Systeme aus, die es erlauben, literarische Texte einzuordnen und zu klassifizieren. Wie dieser Prozess vonstatten ging, wie er in Gang kam und wie diese Kategorisierungen einzuschätzen sind, wird nachfolgend erörtert.

3.1 Literaturwissenschaft – eine Wissenschaft?

In der Schule wird Deutschlehrern häufig vorgeworfen, sie würden ihre Noten rein subjektiv fällen, da es kaum objektive Kriterien für gute Deutschaufsätze gebe. Sogar an Universitäten werden ähnliche Vermutungen mitunter noch laut. Vor allem aber sind viele Studienanfänger fälschlicherweise der Meinung, in Literatur könne man alles hineininterpretieren, man müsse es nur ausreichend plausibel machen.

Vorwurf der Subjektivität

Völlig abwegig ist der Vorwurf der Subjektivität nicht, er wurde sogar regelmäßig durch Studien bewiesen. Zwar gibt es eine Reihe von Möglichkeiten, die Qualität eines geschriebenen Textes einzuschätzen – zum Beispiel kann er grammatikalische oder orthografische Fehler enthalten, wenig ansprechend geschrieben sein oder zu viele rhetorische Mittel aufweisen (→ KAPITEL 12.1). Es bleibt jedoch immer ein gewisses Quantum subjektiver Einschätzung bei einem solchen Urteil. Und dennoch scheint das Geschmacksurteil weniger individuell zu sein, als man meinen sollte. Nur so ist es zu erklären, dass sich bestimmte literarische Werke trotz unterschiedlicher Bewertung dennoch langfristig durchsetzen und zu Klassikern werden können. Offensichtlich haben sie eine hinreichend große Masse an Positivem zu bieten, über das sich die meisten Leser einig sind.

Inwiefern in Bezug auf Kunst ein individuelles Urteil gleichzeitig ein allgemeines ist und wie es zustande kommt, hat sich bereits Immanuel Kant in seiner *Kritik der Urteilskraft* (1790) gefragt. Zu welchem Ergebnis er dabei kam, muss hier nicht erörtert werden, wichtig ist in diesem Zusammenhang jedoch seine Erkenntnis, dass die Literatur als Teil der Kunst zu einem Bereich gehört, der sich einem wissenschaftlichen Zugriff leicht entziehen kann. Das liegt daran, dass es bei Literatur nicht so sehr um Realien, sondern um Vorstellungen und Gedankengebäude geht. Alle Wissenschaften, denen es um die Erforschung von Denksystemen geht, werden in der deutschsprachigen Debatte seit der zweiten Hälfte des 19. Jahrhunderts mit dem Begriff „Geisteswissenschaften" zusammengefasst. Sie unterscheiden sich von den Naturwissenschaften, da sie sich nicht, wie jene, mit Naturphänomenen beschäftigen, sondern mit geistigen Erzeugnissen, Konstruktionen und Wissensbeständen. Insofern ist die Literaturwissenschaft eine Geisteswissenschaft.

Naturwissenschaft vs. Geisteswissenschaft

Als Freundin der Weisheit (griechisch *philos* bedeutet Freund, *sophia* Weisheit) ist die Philosophie seit der Antike traditionell für alle Fragen des Geistes zuständig. Noch um 1960 gab es philosophische

Stellung der Philosophie

Fakultäten, die neben einer geistes- auch noch eine naturwissenschaftliche Abteilung hatten. Die zunehmende Ausdifferenzierung unterschiedlicher Wissenschaften im 17. und 18. Jahrhundert machte dieses Aufgabenfeld aber beständig größer, sodass die Philosophie durch andere Wissenschaften entlastet wurde. Sie wurde zu einer Geisteswissenschaft unter anderen, beansprucht aber nach wie vor eine besondere Stellung. Deshalb erwirbt, wer heutzutage im Bereich der Geisteswissenschaften promoviert, unverändert einen Doktor der Philosophie (Dr. phil.).

Wissenschaft (griechisch *epistéme*, lateinisch *scientia*) erkennt man daran, dass mit ihren Gegenständen methodisch und wertfrei umgegangen wird, sodass die Ergebnisse wissenschaftlicher Arbeit nachprüfbar und potenziell widerlegbar bleiben. So richtig nachvollziehbar scheint dies aber nur im Fall der sogenannten exakten Wissenschaften, der Naturwissenschaften, zu sein, denn physikalische Gesetze oder chemische Reaktionen sind über Experimente beweisbar – egal, wie oft sie wiederholt werden. Die Interpretation eines Textes hingegen hängt von einer Reihe individueller Faktoren ab, was man beispielsweise daran erkennen kann, dass man selbst einen Text, den man einmal gelesen hat und nach längerer Zeit ein zweites Mal liest, unter Umständen völlig anders versteht und interpretiert. Übrigens, aber das nur am Rande, hegt die Kulturwissenschaft Zweifel daran, ob naturwissenschaftliche Experimente wirklich so objektiv sind, wie man allgemein meint (→ **KAPITEL 5**).

In der sogenannten Frühen Neuzeit (ca. 14. Jahrhundert bis ca. 18. Jahrhundert) lässt sich ein enormer Zuwachs an Wissen unterschiedlicher Art, eine regelrechte Wissensexplosion feststellen. Es wurden immer mehr Universitäten und Akademien gegründet, neue Wissenschaften entstanden und die einzelnen Forscher spezialisierten sich immer mehr, weil einer allein gar nicht mehr in der Lage gewesen wäre, dem Ideal der Renaissance – dem zufolge jeder Gebildete alles überblicken sollte – zu entsprechen (→ **ASB KELLER**). Das Wissen, das in diesen Jahrhunderten zusammengetragen wurde, bedurfte einer Verwaltung. Besonders Philosophen bemühten sich, eine Methode zu entwickeln, die es erlaubte, eine große Menge an Erkenntnissen und Meinungen sinnvoll zusammenzutragen, zu ordnen und verfügbar zu machen. Eine ganze Reihe an unterschiedlichen Versuchen war nötig, um schließlich das System zu ermitteln, das am praktikabelsten zu sein schien: die Enzyklopädie. Am bekanntesten wurde die *Encyclopédie ou dictionnaire raisonné des sciences, des arts et des métiers (Enzyklopädie oder Auf Vernunfterkenntnis ge-*

gründetes Lexikon der Wissenschaften, der Kunst und des Handwerks) in 21 Bänden von Denis Diderot und Jean d'Alembert, die mit der Hilfe zahlreicher Gelehrter zwischen 1751 und 1772 herausgebracht wurde. Dieses Lexikon versucht, die Erkenntnisse verschiedener Wissenschaften zusammenzutragen und zeigt, wie umfassend und wie spezialisiert das Wissen in dieser Zeit war (→ ASB D'APRILE/ SIEBERS).

Die Existenz vieler Wissensbereiche führt automatisch zu einer Ausdifferenzierung, und diese wiederum bedingt Vergleich und Abgrenzung. Das gilt sowohl für die Beziehung zwischen Geistes- und Naturwissenschaften als auch für das Verhältnis der Teildisziplinen innerhalb der beiden großen Bereiche. Im späten 19. Jahrhundert versuchte beispielsweise der Philosoph und Literaturwissenschaftler Wilhelm Dilthey (1833–1911), die Geisteswissenschaften gegen die Naturwissenschaften abzugrenzen und ihnen einen besonderen, wissenschaftlichen Status zuzuschreiben, der nicht schlechter als der der Naturwissenschaften, sondern schlicht anders sein sollte. 1883 beschrieb er in seiner *Einleitung in die Geisteswissenschaften I* als Aufgabe der Geisteswissenschaften, sie sollten Lebensäußerungen durch Nacherleben von innen her verstehen. Nach Meinung Diltheys nehmen die Geisteswissenschaften den Rang einer Lebensphilosophie ein. Ihnen wird auf diese Weise eine besondere Stellung zuerkannt: Sie gehören zur Philosophie und sind gleichzeitig praktisch ausgerichtet.

Lebensphilosophie Diltheys

Diesem Versuch Diltheys, die Geisteswissenschaften von den Naturwissenschaften abzugrenzen, ging eine Zeit voraus, in der sich die geisteswissenschaftlichen Fächer angesichts ihrer vermeintlich fehlenden Objektivität und Exaktheit an den Naturwissenschaften orientierten und ausrichteten. Diese Phase des Positivismus, der auch Dilthey teilweise noch zuzurechnen ist, gründet auf Thesen des französischen Philosophen und Soziologen Auguste Comte. Comte vertrat in seinem Hauptwerk *Cours de philosophie positive* (1830–42, *Abhandlung über die Philosophie des Positivismus*) die Auffassung, dass die Gesellschaft durch einen „positiven Geist" gelenkt werde und dass die menschliche Erkenntnis in dieses Stadium gekommen sei, nachdem sie zwei weitere durchlebt habe: das theologische und das metaphysische Stadium. Das im 19. Jahrhundert erreichte positive Stadium sollte nun vorangebracht werden, wobei die Naturwissenschaften als Vorbild dienten. Da „positiv" in diesem Zusammenhang so viel wie „exakt" oder „gesichert" meint, akzeptierte ein positivistisch orientierter Literaturwissenschaftler nur das, was er als

Positivismus des 19. Jahrhunderts

Naturalismus

Tatsache, als Fakt auffassen oder nachprüfen konnte. Was nicht zu beobachten war, konnte für ihn nicht Gegenstand der wissenschaftlichen Arbeit sein, weshalb aus dieser Perspektive moralische, ethische oder theologische Fragen in der Literaturwissenschaft keine Rolle spielen durften. Die positivistische Tradition stand aber keineswegs allein. Gerade in Deutschland spielten auch unterschiedliche Schulen, die Wendung der hegelianischen Philosophie sowie die allmähliche Herausbildung der Psychologie als Einzelwissenschaft eine wichtige Rolle bei der Neuordnung der Fächer im späteren Feld der Geisteswissenschaften.

Womit beschäftigte sich dann aber ein positivistischer Literaturwissenschaftler des 19. Jahrhunderts? Angesichts einer Definition von Wissenschaft, nach der alle Ergebnisse überprüfbar sein müssen, ist die Beantwortung dieser Frage nicht allzu schwer: Er wird ver-

Faktenwissen

sucht haben, Fakten zu ermitteln und zu ordnen, sodass ein System entsteht, das dem Anspruch des Objektiven und Theoretischen genügen kann. Zudem wird er, um seinen Arbeitsbereich überhaupt strukturieren zu können, zusammengetragen haben, was er finden und ihm zuordnen konnte. Genau dies geschah im Lauf des 19. Jahrhunderts in ganz Europa und führte zum Entstehen einer wissenschaftlichen Disziplin, die sich mit Literatur und Sprache beschäftigte.

3.2 Sammeln und Ordnen

Diese neu entstehende wissenschaftliche Disziplin nannte sich im 19. Jahrhundert noch längst nicht „Literaturwissenschaft", sondern „Philologie" – ein alter Name, der schon in der Antike gebräuchlich und von den Humanisten der Renaissance zu einer zentralen Losung

Philologen: Freunde des Wortes

neuer Wissenschaftlichkeit erhoben worden war. Ein Philologe, ein Freund des Wortes (griechisch *philos* bedeutet Freund, *logos* Wort), interessierte sich bereits in Athen nicht nur für Literatur, sondern auch für Sprache, Sprachentwicklung oder Geschichten, die mündlich überliefert wurden. Philologisches Arbeiten gibt es demnach, seitdem es Schrift gibt – zu einer Wissenschaft im modernen Sinne entwickelte sich die Philologie aber erst im 19. Jahrhundert. Der Begriff „Literaturwissenschaft" markiert demgegenüber eine Trennung, die erst im 20. Jahrhundert erfolgte – diejenige zwischen Sprach- und Literaturwissenschaft –, und die mit dem Entstehen der modernen Linguistik einherging. Außerdem ist zu beobachten, dass im Spezialgebiet Literaturwissenschaft weitere Spezialisierungen erfolgten (→ **KAPITEL 5**).

Heute kann man sich im Lauf eines literaturwissenschaftlichen Studiums meist entscheiden, ob man sich eher mit älteren oder mit neueren Texten beschäftigen möchte (hinzu kommen Fachdidaktik für Lehramtsstudenten sowie teilweise eine weitere Unterscheidung zwischen neuerer und neuester Literatur). Einem Philologen des 19. Jahrhunderts wäre diese Aufspaltung vermutlich völlig unverständlich gewesen – nicht zuletzt, weil er sein wissenschaftliches Feld noch gar nicht ausreichend überblicken konnte, um Einteilungen vornehmen zu wollen. Seine Interessen lagen daher vor allem im Sammeln, Ordnen, Archivieren und Bereitstellen des Materials, zum Beispiel als Bucheditionen.

Zur Sammelleidenschaft der frühen Philologen, vor allem derjenigen zu Beginn des 19. Jahrhunderts, gehörte die Jagd nach unbekannten und vergessenen Büchern und Manuskripten. Aus diesem Impuls heraus verlagerte sich das Interesse vieler Forscher auf die Texte einer aus dem kulturellen Gedächtnis weithin verschwundenen Zeit, dem Mittelalter. Darüber hinaus bemühten sich die Wissenschaftler, Texte, die niemals aufgeschrieben wurden, schriftlich festzuhalten, wie die Brüder Grimm, die mit ihren *Kinder- und Hausmärchen* (1812–15) eine literarische Tradition vor dem Vergessen bewahrten. Sie und weitere Vertreter der Romantik sammelten schriftlich fixierte, aber vergessene, sowie mündlich überlieferte und vom Verschwinden bedrohte Texte, wie Heldensagen, Märchen oder Volkslieder.

Mit Sammeln gegen das Vergessen

Wenn die verfügbare Literatur gesammelt und gesichert ist, stellt sich die Frage, wie dieses Material geordnet werden kann. Grundsätzlich gibt es dabei zwei Möglichkeiten:

Ordnungsmodelle

- Entweder man ordnet, indem man den Verfasser und seine Zeit (bzw. bei anonymen Texten die vermutliche Entstehungszeit) festhält und die Texte in eine rein chronologische Ordnung bringt.

Literaturgeschichte

- Oder man orientiert sich an Merkmalen der Texte, die man als Kennzeichen bestimmt, und klassifiziert sie entsprechend. Dies ist beispielsweise der Fall, wenn man Gattungen unterscheidet. Der Lyrik schreibt man in erster Linie die Versform zu. Wenn in einem Drama die Figuren in Versen sprechen, handelt es sich dennoch nicht um Lyrik, weil ein Drama im Gegensatz zur Lyrik Dialoge und Regieanweisungen enthält. Mit einer Erzählung verbindet man demgegenüber in der Regel das Merkmal „Prosa". Dass hier Ausnahmen jedem Ordnungsmodell beständig entgegenarbeiten, war und ist die tägliche Erfahrung eines Philologen.

Gattung

Selbstverständlich müssen sich die zwei Möglichkeiten zur Ordnung von Texten nicht ausschließen, und tatsächlich geschieht in der Literaturwissenschaft beides: Forscher bringen ihr Material in eine chronologische Reihenfolge und beschreiben die Entwicklung der Literatur in der Literaturgeschichte (erste Möglichkeit). Zudem teilen sie die Texte in Haupt- und Untergattungen ein (zweite Möglichkeit). Auf diese Weise werden Texte nicht nur geordnet, sondern können auch problemlos archiviert werden.

Um sie dann aber verfügbar zu halten und zu verhindern, dass sie in den Archiven verschwinden, müssen Texte der Öffentlichkeit zugänglich gemacht werden. Diese Aufgabe ist komplex und führte daher im 19. Jahrhundert zu einer eigenen Wissenschaft, die seitdem als grundlegender Teil der Literaturwissenschaft gilt: zur Editionswissenschaft. Sie gibt Regeln vor, wie Texte zu edieren, also herauszugeben und aufzubereiten sind. Denn gute literaturwissenschaftliche Arbeit kann nur auf der Basis guter Textausgaben geleistet werden.

Editionswissenschaft

Aufgrund eines zunehmenden Interesses für geschichtliche Prozesse und Abläufe im 17. Jahrhundert wurden auch Texte verstärkt nach ihrem Entstehen und ihrer kulturellen Herkunft geordnet. Wohl gemerkt soll dies nicht heißen, dass vorher niemandem bewusst war, dass Texte sich in einer Tradition befanden. Die Nennung berühmter Autoren und der Verweis von Texten auf andere Texte gab es bereits im Mittelalter. Da die Abgrenzung von Literaturen verschiedener Sprachen aber erst im 17. Jahrhundert zum Thema wurde, unter anderem weil das Latein begann, seinen herausgehobenen universalen Status zu verlieren, bestand noch keine Notwendigkeit, eine Geschichte der Nationalliteraturen zu konstruieren. Lange Zeit bemühte man sich auch, die Literaturen der einzelnen Länder insgesamt in den Blick zu nehmen. Davon zeugt beispielsweise die *Geschichte der europäischen Literatur* von Friedrich Schlegel (1803/04). Gemäß einem Gespräch mit Johann Peter Eckermann wurden für Johann Wolfgang von Goethe 1827 Nationalliteraturen zur Weltliteratur, wenn sie die Aufgaben der Welt darzustellen in der Lage waren und so auf die Gesellschaft einwirkten (vgl. Eckermann 1999, S. 223ff.).

Nationalliteratur – Weltliteratur

Je größer jedoch der Bestand an gedruckter Literatur wurde, desto schwieriger wurde es, alle verfügbaren Bücher der Welt zu überblicken, sodass sich die Philologie eines Landes vor allem um die Nationalliteratur, also diejenigen Bücher zu kümmern begann, die von Vertretern des eigenen Landes verfasst wurden. Erst im Laufe des 20. Jahrhunderts mit zunehmender Globalisierung kommen vergleichende Untersuchungen wieder stärker in den Blick.

3.3 Ordnungsmodelle: Epoche, Gattung, Autor

Wie in der Biologie gingen die Literaturhistoriker des 19. (und teilweise noch des 20.) Jahrhunderts davon aus, dass sich die Literaturgeschichte vom Primitiven zum Besseren und Besten hin entwickelt – eine Ansicht, die sich bis heute hartnäckig in den Darstellungen hält. Sehen lässt sich dies vor allem an Naturmetaphern wie „Herbst", „Reife" oder „Blüte", die mit Autoren oder literarischen Strömungen verbunden werden. Diese Literaturhistoriker des 19. und frühen 20. Jahrhunderts schrieben also eine Geschichte der Literatur von ihrem Höhepunkt aus. Auf diesem Weg von einer einfachen zu einer komplexen Literatur in den einzelnen Sprachen bemerkten sie, dass sich Einschnitte, sogenannte Epochen (von griechisch *epoché*, Zäsur), feststellen ließen, die historische Abschnitte markierten. Bald diente der Begriff Epoche, der die Zäsur zu Beginn eines Zeitabschnitts benannte, als wissenschaftlicher Terminus für Zeitabschnitte überhaupt. Die Literaturgeschichte wurde – ebenso wie die allgemeine Geschichte – in Epochen eingeteilt. Darüber hinaus wurden Ereignisse der Literaturgeschichte mit historischen in Verbindung gesetzt. Dies zeigt sich noch in der Grafik aus der Literaturgeschichte von Brenner (→ ABBILDUNG 3).

Epochen

Insofern waren die ersten Literaturhistoriker meist keine spezialisierten Philologen, sondern in erster Linie Historiker. Es ist umstritten, wer die erste Geschichte einer National- oder der Weltliteratur schrieb. Georg Daniel Morhof veröffentlichte 1688 mit seinem *Polyhistor* eine Abhandlung, die das gesamte Wissen seiner Zeit umfassen sollte, also auch eine Zusammenstellung der Weltliteratur enthält. Morhof stellt die Notwendigkeit einer Zusammenschau aller Fächer heraus und betont dabei im ersten Teil die Bedeutung der Geisteswissenschaften. Eine systematische, historische Darstellung bietet er nicht, vielmehr eine Bibliothek in einem Buch, das deshalb bis ins 18. Jahrhundert gelesen wurde:

Universale Ansätze

> „Diese Litterärhistorie, verstanden als mittelbare Universalwissenschaft zu beliebigem Gebrauche je nach geistigem Vermögen, hat sich förmlich explosionsartig ausgebreitet, auf dem Büchermarkt wie an den Universitäten." (Weimar 2003, S. 115)

In Bezug auf die deutsche Literaturgeschichtsschreibung heben die Literaturwissenschaftler Rainer Baasner und Maria Zens Georg Gottfried Gervinus hervor, der als Universalhistoriker mit seiner *Geschichte der poetischen National-Literatur der Deutschen* (1835–42) der Literaturgeschichte ein neues Modell geliefert habe. Im Zentrum seiner literaturgeschichtlichen Arbeit habe nicht die Wissenschaftlichkeit und die akribische Forschung gestanden, sondern eine Darstellung, die in die Breite wirken und eine Nation über ihre Literatur vereinen wollte (vgl. Baasner / Zens 2005, S. 51–54). Dazu hat Gervinus nicht nur Dichter und Werke aneinandergereiht, sondern ihr Schreiben aus der Zeit heraus – als Kennzeichen einer Periode – beschrieben, um die Entwicklung der Literatur zu ihrem Höhepunkt in der Klassik angemessen darstellen zu können.

Nun wäre die Einteilung der Literaturgeschichte in Epochen eine angenehme, weil überschaubare Angelegenheit, gäbe es seitens der modernen Literaturwissenschaft seit etwa Mitte des 20. Jahrhunderts nicht heftige Bedenken. Ein gewichtiger Einwand zielt darauf ab, dass eine Einteilung in Epochen den Eindruck erwecke, Literatur sei weniger individuell als vielmehr das typische Produkt einer bestimmten Epoche. Denn eine literarische Epoche bezeichnet nicht nur einen bestimmten Zeitabschnitt, sondern auch deutlich identifizierbare Kennzeichen der Literatur dieser Periode. Wenn man nun einzelne Texte, die einer Epoche zugerechnet werden, hinsichtlich ihrer Merkmale untersucht, die diese Zuordnung rechtfertigt, vergisst man leicht, dass die Epoche selbst bereits aufgrund einer Reihe von Merkmalen konstruiert wurde. Man sucht demnach, was bereits vorher feststeht – ein sinnloses Unterfangen, bei dem Ziel und Ausgangspunkt zusammenfallen.

Kritik am Epochenmodell

Für diejenigen, die Epochen in der Vergangenheit konstruiert haben und dies heute tun wollen, gab und gibt es weitere Tücken:

Abgrenzungsprobleme

- Erstens hat man es immer wieder mit Autoren zu tun, die sich keiner Epoche zuordnen lassen oder sich in mehreren bewegen.
- Zweitens gibt es Phasen in der deutschen Literatur, die eine Epochenbezeichnung unmöglich zu machen scheinen, da Texte und Autoren zu heterogen sind, um sie unter einer homogenen Überschrift zusammenzuführen. Ein Beispiel hierfür ist – in allen Nationalliteraturen – die Zeit um 1900. Hier finden sich die Strömungen Naturalismus, Impressionismus, Futurismus, Symbolismus, Fin de Siècle, Expressionismus und zahlreiche Autoren, die nirgendwo zugeordnet werden können, parallel (→ ASB AJOURI).
- Drittens ist davon auszugehen, dass bei der Formung einer Epoche Komponenten eine Rolle spielen, die mit den Autoren und Texten weniger zu tun haben als mit den Wissenschaftlern und ihrem Blick auf den Gegenstand. Hinter der Epochenbezeichnung „Renaissance" verbirgt sich beispielsweise der Versuch, das Mittelalter als dunkel abzuwerten. Das Wort, das aus dem Französischen

kommt und Wiedergeburt heißt, suggeriert eine Aufnahme der geistigen und moralischen Größe der Antike in Überwindung des finsteren Mittelalters. Auf diese Weise stehen Antike, Renaissance und Aufklärung als Epochen des Lichts in direkter Verbindung. Insofern verwundert es nicht, dass diese Epochenbezeichnung vor allem durch französische Aufklärer im 18. Jahrhundert geprägt wurde.

Aus all dem folgt, dass man sich stets der Tatsache bewusst sein sollte, dass es sich bei Epocheneinteilungen immer um Konstruktionen handelt, die jederzeit geändert werden können. An Alternativmodellen wird gearbeitet. 2005 erschien beispielsweise *A new history of German Literature* (*Eine neue Geschichte der deutschen Literatur*, 2007) von dem amerikanischen Literaturwissenschaftler David E. Wellbery, der das Werk gemeinsam mit zahlreichen Fachwissenschaftlern erarbeitet und herausgegeben hat. Diese Literaturgeschichte geht ebenfalls chronologisch vor, betont aber das Individuelle der Literatur und die besonderen Ereignisse. So wird etwa mit „Februar 1778" nicht nur eine tragische Zeit in der Biografie des Autors Jakob Michael Reinhold Lenz verbunden – der Eintrag ist überschrieben mit *Jakob Michael Reinhold Lenz unternimmt einen halbherzigen Selbstmordversuch*. Andreas Huyssen zeigt in diesem Artikel anhand der persönlichen Katastrophe und den Werken von Lenz, wie sich in die deutsche Aufklärung Positionen des Sturm und Drang mischen, was zu einer Unterwanderung der Genres und ihrer Trennung führt (vgl. Huyssen 2007). Eine solche Form der Darstellung scheint zwar einerseits sehr der Beliebigkeit unterworfen, andererseits sind Epochenkonstruktionen ebenso das Ergebnis einer Auswahl. Einen kanonischen, abprüfbaren Wissensinhalt kann ein solches Buch nicht bieten – das dürfte allerdings auch kaum das Anliegen gewesen sein.

Historische Querschnitte

Wie die Epochen sind Gattungen das Ergebnis von Konstruktionen mit dem Ziel, in die Vielzahl von Texten unterschiedlicher Autoren eine Ordnung zu bringen, die unabhängig oder zusätzlich zur literaturgeschichtlichen Einteilung eine Systematik der Literatur erlaubt. Auch hier gibt es, wie sollte es anders sein, Probleme und Hindernisse.

Gattungen

1. Mit dem Begriff „Gattung" werden unterschiedliche Phänomene bezeichnet.
2. Es gibt kaum eine Gattung, bei der eine Zuordnung der Texte unumstritten ist. Beispielsweise hat sich im Laufe des 19. Jahrhunderts schrittweise eine Definition der Gattung „Novelle" heraus-

kristallisiert, die eine Vielzahl von Merkmalen beinhaltet. Sie lassen sich aber keineswegs alle in den Texten finden, die sich Novellen nennen. Andersherum gibt es Erzählungen und sogar Romane, die sehr viel mehr Novellentypisches enthalten. Streitigkeiten bei der Zuordnung sind hier an der Tagesordnung.

Gattungstypen Mit dem Begriff Gattung werden unterschiedliche Phänomene benannt, sodass man von unterschiedlichen „Gattungstypen" sprechen kann:

1. In der Literaturwissenschaft werden, wiederum seit dem 19. Jahrhundert, die literarischen Texte grundsätzlich in die drei Großgattungen Lyrik, Epik und Drama unterteilt.

2. Weiterhin gibt es literarische Formen, die ebenfalls Gattungen genannt werden, wie Roman, Novelle oder *short story*.

3. Einige Wissenschaftler unterteilen diese Gattungen wiederum in Untergattungen, sodass die Gattung Roman der Oberbegriff für die Gattungen Abenteuerroman, Schauerroman oder Briefroman sein kann.

Wie zweifelhaft eine solche universelle Verwendung des Gattungsbegriffs ist, ist seit langem bekannt und Gegenstand zahlreicher Diskussionen. Wiederum muss man sich klar machen, dass es Gattungen nicht ‚an sich‘ gibt, sondern dass sie von der Literaturwissenschaft konstruiert werden, um ihren Gegenstand besser überblicken zu können.

Autor Ein letzter und abermals umstrittener Faktor wissenschaftlicher Ordnung in der Literaturwissenschaft ist der Autor, den es zeitlich, räumlich und geistesgeschichtlich einzuordnen gilt. Da nicht davon auszugehen ist, dass er aus bloßer Intuition heraus seine Texte verfasst, sondern vielmehr Einflüssen unterworfen ist und Erfahrungen sammelt, lohnt es sich, die Umstände seiner Produktion genauer zu betrachten. Literaturgeschichtliches Arbeiten umfasst daher auch immer die biografische Recherche. Umstritten ist allerdings inzwischen, wie diese auszusehen hat und welcher Stellenwert ihr zukommt (→ KAPITEL 4.1). Unbestritten ist aber, dass die Verortung des Autors in einer literarischen oder allgemein künstlerischen Strömung ebenfalls dazu dienen kann, sich über literaturhistorische Zusammenhänge klar zu werden. Die Einteilung der Literaturgeschichte in Epochen funktioniert zu großen Teilen nur über die Bündelung einzelner Autoren zu Gruppen.

Fragen und Anregungen

- Inwiefern kann man die Philologie als Lebensphilosophie bezeichnen?

- Benennen Sie die Ziele des Positivismus.

- Unterscheiden Sie Philologie von Literaturwissenschaft.

- Welche Probleme sind mit einer Einteilung der Literaturgeschichte in Epochen verbunden?

- Erläutern Sie, was im Allgemeinen unter „Gattungen" verstanden wird.

- Was kennzeichnet die Literaturwissenschaft als Wissenschaft?

Lektüreempfehlungen

- Hans-Ulrich Gumbrecht / Ursula Link-Heer (Hg.): Epochenschwellen und Epochenstrukturen im Diskurs der Literatur- und Sprachhistorie, Frankfurt a. M. 1985. *Aufsatzsammlung, in der sich 28 Literaturwissenschaftler Gedanken über Periodisierungen und Epochen machen und nach Alternativmodellen suchen.*

- Klaus W. Hempfer: Gattungstheorie. Information und Synthese, München 1973. *Ein nach wie vor nicht überholter Klassiker der Gattungstheorie.*

- Ansgar Nünning (Hg.): Eine andere Geschichte der englischen Literatur: Epochen, Gattungen und Teilgebiete im Überblick, Trier 1996. *Sammelband, der sich die Frage stellt, wie eine theoriegeleitete Literaturgeschichte aussehen könnte. Auf diese Weise wird gleichzeitig versucht, die übliche Kluft zwischen Literaturgeschichte und Theorie zu überbrücken.*

- Rüdiger Zymner: Gattungstheorie. Probleme und Positionen der Literaturwissenschaft, Paderborn 2003. *Eine klar strukturierte und verständliche Einführung in die Problematik der Gattungstheorie. Besonders für Studienanfänger zu empfehlen.*

4 Bunt ist alle Theorie

Abbildung 4: Giuseppe Arcimboldo: *Der Sommer* (1563)

Der Renaissancemaler Giuseppe Arcimboldo (1527–93) ist berühmt für Bilder, die einen Gegenstand oder einen Menschen darstellen, der wiederum aus einer Vielzahl kleinerer Bilder (Abbildungen von Gegenständen, Blumen, Früchten und Tieren) zusammengesetzt ist. Damit entwickelte Arcimboldo eine Art Bildsprache, die – wie ein Text – in viele Einzelteile aufgespalten werden kann: Wie ein Text aus Sätzen und Worten besteht, die isolierbar sind, so lassen sich auch Arcimboldos Bilder in einzelne, jeweils bedeutungstragende Elemente zerlegen. Das Sommer-Bild Arcimboldos von 1563 ist als Personifikation des Sommers erkennbar. Gleichzeitig kann man aber geraume Zeit damit verbringen zu entschlüsseln, aus welchen und wie vielen Sommerfrüchten und -gemüsesorten die Figur besteht und was die Kombination der Einzelbilder aussagt. Arcimboldos Bilder fordern also einen besonderen, einen analytischen Blick. Nur dieser macht die Verdopplung des Sinns deutlich: Der Sommer von Arcimboldo ist Porträt und Allegorie zugleich und setzt zudem ein assoziatives Spiel frei, das begleitet wird von einem Gefühl der Abstoßung durch die Monstrosität der Erscheinung. Das Gewimmel spiegelt die permanente Veränderung, der die Natur unterliegt.

Der französische Literaturtheoretiker Roland Barthes zeigt in einem Aufsatz von 1978 am Beispiel einiger Bilder Arcimboldos, dass dieses Zerlegen und Untersuchen eines künstlerischen Gebildes, die Suche nach seiner Struktur, den zugrundeliegenden Kategorien und den Verwandlungen ein Akt des Erkennens ist, der zu wissenschaftlicher Theoriebildung führt (vgl. Barthes 1990). Tatsächlich macht dieses zergliedernde Betrachten einen wesentlichen Teil der Beschäftigung mit Kunst aus. „Theorie" (griechisch und lateinisch *theoria*) meint zunächst auch nicht mehr als „Betrachtung, Anschauung". Wenn man etwas genauer und länger betrachtet, führt dies jedoch fast zwangsläufig zu grundsätzlicheren Überlegungen, wie sie sich im Fall Arcimboldos sofort aufdrängen. Theorie vermittelt auf diese Weise Zugänge zu Kunst und bietet Möglichkeiten zu einer Methodenbildung an. Goethes Mephisto hat unrecht: Theorie ist nicht grau, sondern – wie das Sommerbild von Arcimboldo – bunt.

4.1 Wer hat Angst vor Theorie?
4.2 Der bedrängte Autor
4.3 Der Leser unter Mordverdacht
4.4 Der Text als Gewebe

4.1 Wer hat Angst vor Theorie?

Der amerikanische Literaturtheoretiker Jonathan Culler nennt in seiner kurzweiligen Einführung in die Literaturtheorie vier wesentliche Punkte, die Literaturtheorie ausmachen, um daraus zu schließen: „Theorie ist furchteinflößend." (Culler 2002, S. 28) Es ließe sich betonend noch hinzufügen: *Literatur*theorie ist *besonders* furchteinflößend. Denn im Gegensatz zu den naturwissenschaftlichen werden literaturwissenschaftliche Theorien niemals von neuen abgelöst. Es gibt zwar immer theoretische Positionen, die zu bestimmten Zeiten mehr und zu anderen weniger im Mittelpunkt wissenschaftlicher Arbeit stehen – eine einmal eingeführte Theorie wird aber keinesfalls vollständig aus dem Fundus der Literaturwissenschaft gestrichen. Sie veraltet nicht, sie bleibt sozusagen *forever young*. Die marxistische Literaturtheorie zum Beispiel, die in Deutschland heute kaum noch angewendet, geschweige denn gelehrt wird, bleibt Teil des wissenschaftlichen Repertoires.

Forever young

Während also ein Naturwissenschaftler ‚nur‘ wissen muss, welche Theorien seiner Disziplin gerade aktuell sind, sollte der Literaturwissenschaftler im Idealfall alle Theorien seines Faches kennen, obwohl er für gewöhnlich nur wenige davon selbst anwendet.

„Eines der entmutigendsten Merkmale von Theorie ist, dass sie nie aufhört. Theorie ist nichts, was man je beherrschen wird, keine begrenzte Anzahl an Texten, die man sich aneignen kann, um schließlich ‚Theorie zu können‘." (Culler 2002, S. 28)

Theorie hört nie auf

Weil das so ist, gibt es auch eine ganze Menge Minimalisten in diesem Bereich, die zwei Gegebenheiten ausnutzen:

1. Da sich das Corpus an Theorietexten ständig vergrößert, begnügen sich die meisten Literaturwissenschaftler damit, die wichtigsten Positionen zu kennen. Es ist also leicht, mit unbekannteren Theorien Eindruck zu schinden oder Aussagen bekannter Texte herauszustellen, die selbst weniger bekannt sind.
2. Literaturwissenschaftler wollen sich mit Literatur beschäftigen. Würden sie aber versuchen, die Literaturtheorie vollkommen zu überblicken und vertiefte Kenntnisse zu erwerben, kämen sie nicht mehr zum Lesen der literarischen Texte.

Andererseits ist jedem bewusst, dass Theorie für das Bearbeiten von Literatur enorm wichtig ist. Diese Mischung aus Anerkennung und Ablehnung lässt Theorie für viele geradezu zum Feindbild werden, obwohl und vor allem weil sie wissen, dass Theorie dringend gebraucht wird. Wer vorgibt, sich in theoretischen Texten mühelos be-

‚Feindbild‘

wegen zu können, wird daher Bewunderung (manchmal aber auch Aggression) ernten – selbst wenn es sich um reine Schauspielerei handeln sollte.

Wer sich der Theorie zuwendet, hat ein großes, aber sehr reizvolles Unternehmen vor sich. Jede theoretische Position baut auf anderen auf und grenzt sich von anderen ab. Ein Theorietext verweist auf eine Vielzahl weiterer. Man wird niemals guten Gewissens sagen können, alles gelesen zu haben. Die Komplexität einiger Texte lässt sogar vermuten, dass man nie alles verstehen wird, was man liest – ein klassisches Dilemma, das es auszuhalten gilt, denn, wie Culler schon trocken bemerkt, „so ist schließlich auch das Leben" (Culler 2002, S. 29).

Gegen Mutlosigkeit angesichts der scheinbar ausweglosen Situation hilft im Allgemeinen der Hinweis, dass es mit jedem Text, den man liest, besser wird und dass man sich über Theorie neue Welten erschließen kann. Denn das theoretische Verständnis wächst mit der Lektüre und der eigenen Erfahrung in der Anwendung der Theorien. Entscheidend ist, dass man lernt, Verbindungen und Schnittpunkte zu erkennen. Schließlich ist es sinnlos, Theorie nur um der Theorie willen zu betreiben. Theorie hilft beim Umgang mit Literatur. Entsprechend muss stets die wichtigste Frage lauten: Welche Hilfestellung kann mir diese Theorie bei der Arbeit an und mit Texten geben? Theorie sollte nicht nur neue Fragen aufwerfen, sondern auch alte beantworten.

Theorie gibt Antworten

Wenn man sich überlegt, auf welche Bereiche der Literatur sich Fragen hauptsächlich richten, kann man theoretische Positionen recht gut einteilen, ohne historisch vorgehen zu müssen. Literarische Texte werden von einer Person geschrieben und von anderen Personen gelesen – wesentlich für die literarische Kommunikation sind demnach die Komponenten Autor, Text und Leser. Zu jeder dieser Komponenten ist eine Vielzahl von Fragen denkbar, die nur einen Bestandteil allein oder sein Verhältnis zu den anderen betreffen können. Entsprechend gibt es Theorien, die sich eher auf den Autor oder auf das Verhältnis zwischen Autor und Text, auf den Text selbst oder auf den Leser konzentrieren. Hinzu kommen diejenigen Theorien, die versuchen, Umstände und Bedingungen des Schreibens herauszuarbeiten, die Beziehungen zwischen Texten nachzuzeichnen oder aufzuzeigen, in welchem Maß die Umgebung von Autoren ihr Schreiben beeinflusst, um auszuloten, wie individuell ein Werk eigentlich sein kann. Auf derartige literatursoziologische Überlegungen kann hier ebenso wenig eingegangen werden wie auf die Diskurstheorie, die der franzö-

Autor – Text – Leser

sische Philosoph Michel Foucault seit den 1970er-Jahren entwickelt hat, oder auf die Feldtheorie, für die – etwa seit derselben Zeit – der französische Soziologe Pierre Bourdieu steht. Detaillierte Ausführungen zu diesen und anderen heute hochaktuellen Theoriekonzepten benötigen einen gesonderten Band (→ ASB KOCHER).

4.2 Der bedrängte Autor

Ohne Autor keine Literatur. Das versteht sich. Selbst wenn der Verfasser mancher Texte – vor allem älterer – heute nicht mehr bekannt ist, kann man doch davon ausgehen, dass es einen oder mehrere gegeben haben muss. Diese Tatsache veranlasste Generationen von Literaturwissenschaftlern, sich entsprechend intensiv um die Urheber von Texten zu kümmern, vor allem wenn ihre literarischen Werke als besonders herausragend eingeschätzt wurden. Bei anonym überlieferten Werken versucht man den Autor detektivisch zu ermitteln, ist der Verfasser bekannt, werden seine Lebensumstände und sein Werdegang durchleuchtet.

Ohne Frage stellt der Autor die entscheidende Instanz im Bereich der Literatur dar. Wie aber ist sie im Verhältnis zu den Produkten zu sehen? Ist die berühmte Frage „Was will der Autor uns damit sagen?" noch sinnvoll, nachdem sich herumgesprochen hat, dass viele Autoren eher verblüfft zur Kenntnis nehmen, wie ihre Werke interpretiert werden? Muss jeder Autor, der einen Text geschrieben hat und in den Kanon der besten Literatur aufgenommen wurde, zugleich die wichtigste Interpretationsinstanz für seine Texte sein?

Der Autor und sein Text

Es gab eine längere Phase in der Literaturwissenschaft, in der der Autor mindestens ebenso wichtig, wenn nicht wichtiger als seine Bücher zu sein schien. Zur wissenschaftlichen Absicherung der Beschäftigung mit Literatur begab man sich Ende des 19. Jahrhunderts – nicht nur in Deutschland – auf die Suche nach Fakten in der Biografie von Dichtern, die helfen sollten, Literatur zu verstehen und einzuschätzen. Der Gedanke ist keineswegs abwegig, denn ein Autor hat wie jeder Mensch ein Umfeld, lebt unter bestimmten Bedingungen und hat Erfahrungen gemacht, die sein Schreiben zweifelsohne beeinflussen. Aus diesem Grund ist es auch sinnvoll, die Biografien von Autoren zu erforschen und festzuhalten; umstritten ist dieses Vorgehen in der Literaturwissenschaft keineswegs. Es sollte jedoch klar sein, dass das zusammengetragene Faktenwissen über das Leben eines Autors zunächst keinen Text wirklich erklären kann. Die Erfah-

Biografische Fakten

rungen eines Menschen können zwar in einen Text einfließen, daraus kann allerdings längst nicht geschlussfolgert werden, dass ein Text umgekehrt eventuelle Lücken in der Biografie eines Autors füllen kann. Autorenforschung ist wichtig und nötig im Rahmen der Literaturgeschichte. Über der Beschäftigung mit dem Urheber darf jedoch der Text nicht vergessen werden. Eben das geschieht aber recht häufig, vor allem der Positivismus des 19. Jahrhunderts (→ KAPITEL 3.1) betrachtete es als seine Aufgabe, Fakten über Autoren zusammenzutragen, selbst wenn man, wie zum Beispiel im Fall Shakespeare, sehr wenig über sie weiß.

Gegen ein solches Verfahren richteten sich zu Beginn des 20. Jahrhunderts eine Reihe von Literaturwissenschaftlern und wandten sich Fragen zu, die sich eine autorzentrierte Forschung gar nicht zu stellen hatte: Was macht einen Text zu Literatur? Was unterscheidet ihn von einem nicht-literarischen Text? Den Anfang mit derartigen Überlegungen machten die sogenannten Formalisten in Russland. Mit dem russischen Formalismus und dessen Fragen nach den Besonderheiten von Literatur, etwa nach Literarizität und Poetizität, begann um 1915 die moderne Literaturtheorie (→ KAPITEL 2.2).

Formalismus

Die Folge dieser Gegenbewegung war die deutliche Ablehnung des Autors als primäres Forschungsobjekt, was diesen in starke Bedrängnis brachte. 1967 wurde er dann sogar durch den Literatur- und Kulturwissenschaftler Roland Barthes für tot erklärt. In seinem Text *The Death of the Author* (1967; *Der Tod des Autors,* 2000) machte Barthes darauf aufmerksam, dass für die Behandlung von Literatur der biografische Autor vollkommen uninteressant sei, da seiner Meinung nach überindividuelle Faktoren beim Schreiben überwiegen. Der Autor sei in der Literaturwissenschaft folglich lediglich in seiner Funktion als Schreibender präsent, nicht als individuelle Person – ein Gedanke, den 1969 der Philosoph Michel Foucault aufgriff. In *Qu'est-ce qu'un auteur?* (1969; *Was ist ein Autor?,* 1988) schrieb er dem Autor die Funktion eines Diskursverwalters zu. Der Urheber eines Textes schreibt ihn auf der Basis der Diskurse, in denen er sich bewegt. Einfach gesagt: Keiner schreibt einzig aus sich selbst heraus und ohne Regeln wie ein Genie. Schreiben kann man immer nur das, was einem das Wissen, die Institutionen und das Umfeld vorgeben, und zwar inhaltlich wie formal. Niemand schreibt demnach wirklich, vielmehr wird man geschrieben, wie Alfred Döblin es einmal ausgedrückt hat (vgl. Döblin 1963, S. 131).

Der Tod des Autors

Roland Barthes' ‚Todesstoß‘ weckt noch heute Emotionen. Kaum jemand, der sich mit Literatur beschäftigt, möchte hinnehmen, dass ihm die entscheidende literaturwissenschaftliche Kategorie des Autors genommen wird. Dabei richteten sich Barthes und Foucault überhaupt nicht gegen die Tatsache, dass ein Text einen menschlichen Urheber hat, der über eine Biografie verfügt. Sie versuchten lediglich, den Stellenwert des Autors zu senken, ihn in seiner Funktion als Schreibender ernst zu nehmen und darauf hinzuweisen, dass es noch weitere wichtige Elemente in einer literarischen Kommunikation zu beachten gilt. In den letzten Jahren wurde demgegenüber immer wieder betont, dass die Biografie der Autoren in der Literaturwissenschaft wichtig war und ist. Auf diese Weise kehrte der Autor in die Diskussion zurück, lebendiger denn je. Der ‚Mordversuch‘ von Roland Barthes hatte allerdings zu diesem Zeitpunkt sein Ziel bereits erreicht: Die Theorie hatte den Text und den Leser als Untersuchungsgegenstände entdeckt.

Die Rückkehr des Autors

4.3 Der Leser unter Mordverdacht

Am Ende des Essays, in dem Roland Barthes den Autor für tot erklärt, setzt er den Leser an dessen Stelle: „Die Geburt des Lesers ist zu bezahlen mit dem Tod des *Autors*.“ (Barthes 2000, S. 193) In einem Kriminalroman geriete damit der Leser unter Mordverdacht, denn er scheint ein klares Motiv zu haben: Der Tod des Autors bringt ihn ins Zentrum der Aufmerksamkeit. Aber warum?

Geburt des Lesers

Um den Leser hat sich in der Literaturwissenschaft lange Zeit kaum jemand gekümmert. Dafür gibt es einen einfachen Grund: Wieso sollte der Literaturwissenschaftler erforschen, was er selbst ist? Während einem Leser unmittelbar klar ist (oder klar zu sein *scheint*), was und wie er liest bzw. versteht, bleibt der Autor immer fremd. Erst wenn man sich von der Frage wegbewegt, wie sich Text und Autor zueinander verhalten, rückt das Verhältnis Text – Leser ins Blickfeld. Dann wird deutlich, dass Rezeptionsvorgänge ganz entscheidend für die Literaturwissenschaft sind. Zumal Autoren immer auch Leser sind – ihrer eigenen und fremder Literatur.

Am Rande der wissenschaftlichen Beschäftigung mit Literatur hat der Leser dagegen schon früher eine Rolle gespielt: in der Hermeneutik, einer der ältesten literaturwissenschaftlichen Methoden, die sich mit der Kunst des Auslegens beschäftigt (→ ASB JOISTEN). Allerdings nur insoweit, als der Leser hier versuchen muss, jene Bedeutungen zu ermitteln, die von einem Autor in den Text eingeschrieben wurden oder dem Text auf andere Weise ‚zugekommen‘ sind. Ziel der Her-

Hermeneutik

meneutik ist es demnach, Methoden zu entwickeln, die dem Leser ‚Verstehen' ermöglichen. Der Unterschied zu einer Rezeptionsforschung, wie Roland Barthes und andere moderne Theoretiker sie fordern, besteht darin, dass sich der Leser im Fall des Konzepts der Hermeneutik dem Text (und dem Autor) unterordnet. Er steht nicht nur zeitlich, sondern auch hierarchisch an zweiter Stelle. Das hermeneutische Verstehen ist darauf ausgerichtet, dem Leser zu ermöglichen, diese hierarchische Kluft zu überwinden.

Rezeptionsästhetik

Denkbar wäre aber auch, dass der literarische Text erst im Prozess des Lesens entsteht und lebendig wird, sodass jeder Leser in der Rezeption den Text neu ‚erschafft'. Dies ist die Grundannahme der Rezeptionsästhetik, die vor allem von der sogenannten Konstanzer Schule begründet wurde. So nahm der Konstanzer Literaturwissenschaftler Hans Robert Jauß, dessen Arbeiten in den 1970er-Jahren viel Aufmerksamkeit auf sich zogen, an, dass mit jedem literarischen Werk ein bestimmter „Erwartungshorizont" verbunden ist. Jeder Text, der geschrieben wird, ist Teil einer Tradition und wird auch als solcher verstanden. Der Leser ordnet Literatur demnach einer Tradition zu und vergleicht mit anderen Werken. Darüber hinaus muss er – bewusst oder unbewusst – am Sinn eines Textes arbeiten. Wie das vonstatten gehen kann, hat der ebenfalls in Konstanz arbeitende Anglist Wolfgang Iser auszuloten versucht. In *Der Akt des Lesens* von 1976 beschreibt er, wie ein fiktionaler Text seine Leser dazu auffordern kann, Inhalte nicht nur wahrzunehmen, sondern sich Gedanken über das Geschriebene hinaus zu machen, Hypothesen zu bilden, Widersprüche zu benennen, Fragen an den Text zu stellen. Dieser appelliert sozusagen immer wieder an den Leser, er möge sich Gedanken machen.

Bedauerlicherweise ist festzustellen, dass die rezeptionsästhetische Forschung seit den 1980er-Jahren ein wenig ins Stocken geraten ist. Dafür könnte es zwei Gründe geben:

Psychologie und Neurowissenschaften

• Zum einen hat die Rezeptionsästhetik das Problem, häufig Fragen aufzuwerfen, die nur mithilfe der Psychologie und der Neurowissenschaften beantwortet werden können, zum Beispiel, wenn es darum geht zu ermitteln, wie Leser das Gelesene kognitiv verarbeiten. Derzeit wird an diesem Problem gearbeitet – allerdings ist die neurowissenschaftliche Forschung noch nicht weit genug, um Aussagen über die Aufnahme komplexer Wortverbindungen zu treffen.

Semiotik

• Zum anderen gibt es eine andere theoretische Richtung, die umfassender ist, sich aber dieselben Fragen stellt: die literarische Semiotik. Sie beschäftigt sich u. a. mit Leserlenkung und Interpretation.

In der Theorie des italienischen Autors und Semiotikers Umberto Eco beispielsweise, die er 1977 erstmals in dem Buch *Lector in Fabula* ausführte, steckt der Leser im wahrsten Sinn des Wortes in der Geschichte (vgl. Eco 1987b), denn er ist es, der die Zeichen erkennt, aus Worten Vorstellungen entwickelt und den Text somit durch seine Interpretation schafft. Der Text existiert nicht jenseits des Lesers, sondern erst durch ihn. Er interpretiert beim Lesen und schließt von kleinen Hinweisen auf das Ganze des Textes. Seine Betätigung unterscheidet sich daher wenig von der des detektivischen Mönchs William von Baskerville aus Umberto Ecos Erfolgsroman *Il nome della rosa* (1980; *Der Name der Rose,* 1982), der die Abläufe und Hintergründe mehrerer Morde aus den Indizien ableitet. Solche Formen der Ableitung sind, so Eco in mehreren seiner semiotischen Schriften, zentral für den Lese- und Interpretationsprozess. **Der Leser in der Geschichte**

Der Leser erst erweckt den Text zum Leben – so lautet die entscheidende These der Rezeptionsforschung. Bleibt nur noch eine Frage offen: Was genau erweckt er denn zum Leben?

4.4 Der Text als Gewebe

Da die Literaturwissenschaft genug damit zu tun hat, „Literatur" zu definieren, wird die Definition von „Text" häufig zur Aufgabe der Linguistik erklärt. Schließlich ist „Text" im Vergleich zu „Literatur" der allgemeinere Begriff, der kein festgefügtes Verständnis von Poetizität und Literarizität voraussetzt (→ KAPITEL 2.2).

Der Begriff „Text" kommt aus dem Lateinischen (*textus*) und bedeutet „Gewebe". Gemeint ist damit, dass ein Text aus einer Vielzahl von Worten besteht, die durch Sätze und inhaltlich kohärente, größere Einheiten ein verbundenes Ganzes ergeben. Wie man beim Weben einzelne Fäden fest zueinander fügt, so fügt man Spracheinheiten auf eine Art und Weise zusammen, die das Herausgreifen eines Teils, ohne dass das gesamte Gewebe unwiderruflich zerstört wird, unmöglich macht. **Textus**

Literaturtheoretisch ist es folglich interessant, Methoden zu entwickeln, die dieses Gewebe entwirren bzw. in seiner Struktur erkennen helfen, um es besser verstehen zu können. Im Mittelpunkt einer solchen Fragestellung steht entsprechend nicht die Frage nach dem „Was" eines Textes (wovon erzählt er?), sondern nach dem „Wie" (wie erzählt er es?). **Entwirren des Gewebes**

Formen der Analyse

Zu diesem „Wie" gehört die Analyse unterschiedlicher Elemente, je nachdem ob Lyrik, Prosa oder Drama untersucht werden, etwa Satzbau, Bedeutung, Stil, Rhetorik, Gattung. Die Analyse von Texten soll die Voraussetzung für eine textnahe Interpretation darstellen, da davon ausgegangen wird, dass nur interpretiert werden kann, was in einem Text wirklich steht.

Während über die Methoden, Lyrik und Dramen zu untersuchen, in der Literaturwissenschaft weitgehende Einigung besteht, weil man sich sehr schnell auf die wesentlichen Grundstrukturen einigen konnte (→ ASB FELSNER/HELBIG/MANZ), ist die Analyse von Prosa seit den 1990er-Jahren zunehmend umstritten. Das umfassendste Instrumentarium für die Analyse von literarischen Prosatexten legte der französische Narratologe Gérard Genette vor. Er unterscheidet zwischen dem, was in einer Erzählung erzählt wird und über eine Inhaltsangabe wiedergegeben werden kann (die Geschichte), der besonderen Präsentation dieser Geschichte (der Erzählung) und der Form der Präsentation dieser Erzählung (die Narration). In den Mittelpunkt seiner

Narratologie

Narratologie, die er in den Büchern *Discours du récit* und *Nouveau discours du récit* (1972 und 1983; *Die Erzählung*, 1998) darlegte, stellt er die Analyse der Erzählung. Die Theorie Genettes hat den Vorteil, dass sie anwendbar ist. Aus seinen Ausführungen lässt sich eine Methode ableiten, die es erlaubt, über klare Kategorien Texte zu untersuchen. Gleichzeitig offenbart sie die ‚Problemzonen' der Erzähltheorie, an denen sich seit dem Erscheinen von Genettes Buch zahlreiche Theoretiker abarbeiten. Am Umstrittensten scheinen dabei die Kategorien „Erzähler" und „Modus/Perspektive" zu sein (vgl. Schmid 2005). Dies liegt daran, dass es recht einfach ist, Zeitstrukturen in Texten zu ermitteln, aber sehr schwer, diejenigen Instanzen auseinanderzuhalten, die die Erzählung präsentieren. Vor allem aber zeichnet sich ab, dass das Ziel der Narratologie, einen Prosatext möglichst objektiv und frei von Interpretation ‚auseinandernehmen' zu können, wohl niemals erreicht werden wird. So sehr man versucht, den Autor als Urheber des Textes herauszuhalten – wie ein Gespenst spukt er immer wieder dazwischen.

Texte bestehen aus Sätzen und Worten. Angesichts der Vielzahl an Texten, die geschrieben wurden, seitdem Informationen durch Schrift festgehalten werden können, ist davon auszugehen, dass es kaum ein Wort geben dürfte, das nicht schon vielfach verwendet wurde. Ein neues Gebilde wird deshalb weitgehend aus ‚alten' Wörtern, Sätzen und Phrasen erstellt – sozusagen ein neues Kunstwerk bestehend aus altem Material. Durchdenkt man diesen Sachverhalt genauer, wachsen einerseits Zweifel, ob Texte tatsächlich in sich abgeschlossene Gebilde sind, andererseits ist zu überlegen, ob die Verwendung von Phrasen, die eindeutig einem anderen Text entstammen, die Bedeutung des späteren Textes verändert. In der Literaturwissenschaft trägt dieses Phänomen den Namen Intertextualität, wobei es überhaupt keine Intertextualitätstheorie gibt, die unumstritten ist und alle Aspekte der Beziehung zwischen den Texten erfasst. Auch in diesem Bereich hat Gérard Genette Berühmtheit erlangt. Sein Buch *Palimpseste* (1982; deutsch 1993) unterscheidet sechs Formen von Intertextualität, die er „Transtextualität" nennt.

Zwischen den Texten: Intertextualität

Auch dieses Kapitel arbeitet mit intertextuellen Verweisen, deren Entschlüsselung Aufgabe des Lesers ist. Nur so wird sich auch der Text beim Lesen im Kopf des Rezipienten vollständig entfalten können. Das Bild Arcimboldos funktioniert da sehr ähnlich. Der personifizierte Sommer ist als Sommer zu identifizieren, weil er aus Einzelteilen besteht, die dem Sommer zuzuordnen sind und sich sowohl in der Realität als auch in anderen Bildern stets mit dem Sommer verbinden lassen. Der Unterschied besteht darin, dass das künstlerische Medium Arcimboldos das Bild war. Buntheit aber, das dürfte klar geworden sein, lässt sich nicht nur durch Farbe erzeugen. Und Goethes Mephisto im *Faust* hat eben nicht zwangsläufig recht, wenn er in der berühmten Studierzimmerszene sagt: „Grau, teurer Freund, ist alle Theorie, / Und grün des Lebens goldner Baum." (Goethe 1999, S. 87) Womit wenigstens ein intertextueller Verweis offengelegt wäre.

Fragen und Anregungen

- Benennen Sie die wichtigsten Aufgaben, die die Literaturtheorie innerhalb der Literaturwissenschaft übernimmt.

- Inwiefern können die Biografie eines Autors und ein von ihm verfasster Texte nur schwer miteinander in Verbindung gebracht werden?

- Welche Stellung räumt Roland Barthes Autor und Leser in seinem Essay *The Death of the Author* ein?

- Welche Rolle schreibt die Rezeptionsästhetik dem Leser zu?

- Erläutern Sie den Begriff „literarischer Text".

- Überlegen Sie, was die Ziele der Narratologie sein könnten.

Lektüreempfehlungen

- Jonathan Culler: Literaturtheorie. Eine kurze Einführung, Stuttgart 2002. *Das Buch bietet nicht nur einen hervorragenden Überblick über die wichtigsten literaturwissenschaftlichen Theorien, es ist auch äußerst unterhaltsam und verständlich geschrieben.*

- Terry Eagleton: Einführung in die Literaturtheorie, Stuttgart u. a. 1988, 4. Auflage 1997. *Klassiker der literaturtheoretischen Einführung, der gut verständlich die wichtigsten Richtungen erörtert.*

- Gérard Genette: Die Erzählung, München 1994, 2. Auflage 1998. *Keine Einführung in die Narratologie kann dieses Buch ersetzen. Wer einen fundierten Einblick in die moderne Erzähltheorie braucht, sollte sich durch dieses Werk arbeiten.*

- Fotis Jannidis u. a. (Hg.): Rückkehr des Autors. Zur Erneuerung eines umstrittenen Begriffs, Tübingen 1999. *Berühmter Sammelband, der die Rückkehr des Autors in die literaturwissenschaftliche Diskussion dokumentiert.*

- Fotis Jannidis u. a. (Hg.): Texte zur Theorie der Autorschaft, Stuttgart 2000. *Anthologie mit den wichtigsten theoretischen Texten zum Thema Autorschaft. Zu jedem Text und dessen Autor gibt es eine Einleitung. Dieser Band ist die beste Grundlage für den Einstieg in die Autorschaftsdebatte.*

- Dorothee Kimmich / Rolf Günter Renner / Bernd Stiegler (Hg.): Texte zur Literaturtheorie der Gegenwart, Stuttgart 1997, 3. Auflage 2003. *Anthologie, welche die größten theoretischen Strömungen vorstellt. Zu jeder Richtung gibt es eine Einleitung und es werden die wichtigsten Theorietexte in Auszügen abgedruckt.*

- Mathias Martinez / Michael Scheffel (Hg.): Einführung in die Erzähltheorie, München 1999, 7. Auflage 2007. *Nach wie vor die umfassendste und verständlichste Einführung in die Erzähltheorie.*

- Klaus Weimar: Text, Interpretation, Methode, in: Lutz Danneberg / Friedrich Vollhardt (Hg.), Wie international ist die die Literaturwissenschaft? Methoden- und Theoriediskussion in den Literaturwissenschaften: Kulturelle Besonderheiten und internationaler Austausch, Stuttgart u. a. 1996, S. 110–122. *Nicht ganz einfach zu lesender, aber sehr innovativer Aufsatz, der sich einer sinnvollen Differenzierung des Textbegriffs widmet.*

5 Literaturwissenschaft ganz anders?

Abbildung 5: Pieter Brueghel d. Ä.: *Turmbau zu Babel* (1563)

Ein trauriges Bild. Die Menschen im Vordergrund auf dem Gemälde Pieter Brueghels arbeiten gemeinsam und fleißig an ihrem Vorhaben: dem gewaltigen Turm in der Bildmitte. Der aber hat nicht lange Bestand, er stürzt ein. Die Bibel berichtet in Genesis 11 die zugrunde liegende Geschichte: Die Menschen wollten einen Turm bauen, der bis in den Himmel reichen sollte, um sich mit solch einem imposanten Bauwerk einen Namen zu machen. Auf diese Weise hofften sie, ihre Einheit zu erhalten, denn, so vermuteten sie, die gemeinsame Arbeit an einem Turm brächte sie stärker zusammen. Eine wichtige Basis ihres Tuns aber war ihre einheitliche Sprache, denn nur sie gewährleistete einen reibungslosen Arbeitsablauf. Eben diese einheitliche Sprache nahm Gott ihnen. Er schuf Sprachverwirrung und die Einheit der Menschen war dahin.

Im Allgemeinen gilt die Geschichte des Turmbaus zu Babel als ein Beispiel für menschliche Überheblichkeit. Das Ende dieses großen Bauprojekts markiert jedoch darüber hinaus die Geburt der Sprachenvielfalt und damit auch verschiedener Literaturen. Seit Babel, so das mythische Konstrukt, gibt es Gruppen von Menschen, die ihre jeweils eigene Sprache sprechen, und auch wenn es den Versuch, in Babel einen Turm zu bauen, nie gegeben hat – dass Menschen unterschiedlicher Kulturen verschiedene Sprachen sprechen, ist eine Tatsache. Hatte aber die Literaturwissenschaft die Vielfalt der Literaturen von Anfang an im Blick? Müsste man nicht vielmehr von Literaturwissenschaf*ten* sprechen? Dass dies nicht nötig ist, wird dieses Kapitel zeigen. Was man aber im Blick haben sollte, ist die Tatsache, dass Texte nicht im kulturfreien Raum entstehen. Die Kulturwissenschaft bereichert die philologischen Disziplinen seit nunmehr fast 30 Jahren – ihre Beziehung zur Literaturwissenschaft ist im Folgenden zu untersuchen.

5.1 Im Dienste der Vergangenheit

Wer sich über Studiengänge innerhalb der Literaturwissenschaft informiert, kann schnell in Verwirrung geraten, denn trotz vergleichbarem Inhalt und ähnlicher Ausrichtung können sie komplett unterschiedliche Namen tragen. Was an der einen Universität Philologie im Titel hat, heißt an einer anderen Literaturwissenschaft oder einfach Literatur. Stellenweise kommt dann noch das Substantiv Kulturwissenschaft hinzu, was die Angelegenheit nicht einfacher macht. Wie so oft, liegen hierfür die Gründe auch in diesem Fall in der geschichtlichen Entwicklung der jeweiligen Fächer und Universitäten sowie in den unterschiedlichen Ausprägungen, die die Literaturwissenschaft erfahren hat. Entscheidend wäre jedoch zu wissen, ob diese unterschiedlichen Benennungen etwas über die Inhalte der Studiengänge aussagen oder ob sie lediglich Synonyme sind.

Die Beschäftigung der Literaturwissenschaft mit der Literaturgeschichte hat bereits eine eigene Geschichte (→ **KAPITEL 3**), die je nach Land und literaturwissenschaftlicher Disziplin etwas anders ausfällt. Die Literaturwissenschaft mit der längsten Tradition ist gleichzeitig diejenige mit dem ältesten Gegenstand – die Altphilologie, die Wissenschaft von den klassischen Sprachen und Literaturen, also Lateinisch und Altgriechisch. Sie bildete den Ausgangspunkt für das Entstehen von Professuren für deutsche Philologie, deren Inhaber sich um die deutsche Literatur kümmern sollten und dies auch wollten. Friedrich Heinrich von der Hagen, der gemeinsam mit Georg Friedrich Benecke am Anfang der deutschen Philologie steht, begann seine Lehrtätigkeit an der Berliner Universität 1810 mit einer Vorlesung über das mittelhochdeutsche *Nibelungenlied*. Diese Themenwahl, hinter der heute niemand mehr großen Zündstoff vermuten würde, war zur damaligen Zeit ein Politikum.

Durch die Erforschung historischer deutscher Texte halfen Geisteswissenschaftler der eigenen Nation, sich ihrer Vergangenheit bewusst zu werden.

> „Für von der Hagen waren die Texte Zeugnisse jener Lebensweise, von der in ihnen erzählt wird und der sie sich verdanken und die als solche eine Anregung und ein Vorbild für eine moralisch-politische ‚Erneuung‘ der Gegenwart hätte sein sollen." (Weimar 2003, S. 228)

Statt auf die klassischen Texte Griechenlands und Roms zu blicken, nahm man jetzt die Literatur des eigenen Landes wahr und fasste sie unter dem Stichwort „Nationalliteratur" zusammen. Die „National-

Namensverwirrung

Altphilologie als Ausgangspunkt

Nationalliteratur

philologie" erhielt die Aufgabe, durch sprach- und literaturgeschichtliche Forschung die Einheit der deutschen Nation zu beweisen und zu festigen.

Professionalisierung

Philologisch gedacht und professionell im heutigen Sinne waren dabei zunächst weder Ziel noch Methode. Zu einer Professionalisierung im Umgang mit Texten kam es jedoch wenig später. Nicht umsonst gilt das Erscheinen des ersten Bandes von Jacob Grimms *Deutscher Grammatik* 1819 als Markstein der deutschen Philologie. Diese Veröffentlichung demonstriert die Notwendigkeit einer spezialisierten Fachkenntnis um die Geschichte der Sprache als Grundvoraussetzung für wissenschaftliche Arbeit – eine Anforderung, aus der schnell Ansprüche erwuchsen. Wer über spezielle Kenntnisse der althochdeutschen oder mittelhochdeutschen Sprache und Literatur verfügte, durfte nach Ansicht von Jacob Grimm und einiger seiner Kollegen mit Recht in die Texte eingreifen und diese verändern: Wenn dem Wissenschaftler ein Wort in einer Handschrift oder einem Buch fehlerhaft zu sein schien, veränderte er es auf der Basis seiner vermeintlich besseren Sprachkenntnis. Von der Hagen hingegen verweigerte sich beispielsweise eben dieser Vorgehensweise.

Textkritik

Damit standen zwei Auffassungen einander gegenüber, die sich in der Textkritik, die sich mit Methoden der Textpräsentation und -erhaltung beschäftigt, heute noch finden und sich auf eine einfache Frage reduzieren lassen: Was ist als das ‚wissenschaftlichere' Vorgehen aufzufassen – der bewusste Eingriff in den überlieferten Text oder der Respekt des Spezialisten vor der Überlieferung, der sich darin äußert, dass der Text möglichst nicht verändert wird?

Auf welche methodische Seite man sich dabei auch schlagen mag, die Tatsache, dass die ersten Philologen des Deutschen sich mit alten Texten und Sprachzuständen befassten, indem sie Grammatiken schrieben, Texte edierten und Wörterbücher erarbeiteten, weist darauf hin, dass versucht wurde, nach dem Vorbild der klassischen Altertumswissenschaft eine neue Wissenschaft zu begründen, die sich der deutschen Literatur widmete. Bis etwa 1820 hat sich diese durchgesetzt (vgl. Weimar 2003). Sie verdrängte die lange Zeit vorherrschenden Bestrebungen, Professuren mit möglichst umfassendem Profil, zum Beispiel für ‚schöne Wissenschaften' einzurichten. Seitdem

Spezialisierung

geht die Tendenz ganz deutlich hin zur Spezialisierung.

Darüber hinaus bemühten sich die frühen deutschen Philologen, ihre junge Wissenschaft gegenüber anderen abzugrenzen. Aus diesem Grund findet sich bereits in der zweiten Hälfte des 19. Jahrhunderts neben der Bezeichnung „Deutsche Philologie" oder „Neue Philologie" auch der Name „Germanistik".

5.2 Der Verbund der ‚-istiken‘

Was unterscheidet die Bezeichnung „Germanistik" von dem Namen „Deutsche Philologie"? Zum einen betont die letztgenannte die Verbindung des Faches mit den Altertumswissenschaften und die lange Tradition der Beschäftigung mit Texten, die bis in die Antike zurückreicht. Außerdem sehen Fachvertreter, die sich bewusst als Philologen, also als Freunde des Wortes bezeichnen (→ KAPITEL 3), den Schwerpunkt ihrer Beschäftigung in der Arbeit am Material – dem Text und der Sprache. Die Betonung des Traditionellen in der literaturwissenschaftlichen Arbeit hat dem Philologen im Lauf der Zeit den Ruf des trockenen Bücherwurms eingebracht, der in staubigen Bibliotheken nach verborgenen Schätzen sucht. Der Begriff „Germanistik" dagegen klingt nach Wissenschaft und Moderne.

Tradition vs. Moderne

Dabei weist das Wort lediglich darauf hin, dass die Germanistik nicht die einzige Disziplin ist, die sich mit Literatur beschäftigt. Schließlich hat jede Nation ihre eigene Literatur hervorgebracht, die wiederum von einer eigenen Disziplin untersucht wird. Germanistik befindet sich also in einem Verbund unterschiedlicher Fächer, die alle auf dieselbe Nachsilbe enden: Anglistik, Hispanistik, Italianistik, Amerikanistik, Lateinamerikanistik, Slawistik, Neogräzistik usw. Alle diese Fächer widmen sich unter anderem der Behandlung von Literatur auf der Basis von literaturwissenschaftlichen Erkenntnissen und Methoden, die alle ‚-istiken‘ überwiegend anerkennen. Denn die grundsätzlichen Fragen, die an Texte gestellt werden können – der Aufbau der Sprache und die Einteilung der Literaturgeschichte –, differieren zwar zwischen den Nationalliteraturen, aber längst nicht so sehr, dass jede Disziplin ihre eigenen Theorien und Klassifikationen entwickeln müsste. Allerdings ist auch darauf hinzuweisen, dass das Spektrum einer ‚-istik‘ im Allgemeinen größer ist als das einer Philologie, da sie neben der Literaturwissenschaft die Linguistik, die Didaktik und Bereiche des Spracherwerbs umfasst.

Neuphilologischer Fächerverbund

Da sich Anglistik, Germanistik, Romanistik und andere Fächer im Wesentlichen ‚nur‘ durch die Sprachen und Literaturen selbst unterscheiden und weil das Konzept der Nationalliteraturen im Zuge größerer Mobilität und wachsender Globalisierung in der zweiten Hälfte des 20. Jahrhunderts fragwürdig zu werden begann, bildete sich ein

Komparatistik Fach heraus, das diesen Umstand zu seinem Inhalt machte: die Komparatistik, häufig auch Vergleichende Literaturwissenschaft genannt. Wie der Name schon sagt, beschäftigt sich die Komparatistik mit Autoren und Werken unterschiedlicher Sprachen und Länder im Vergleich. Genau genommen gab es aber diese Richtung bereits lange zuvor, da Gelehrte meist vergleichend arbeiten, und entsprechende Lehrstühle gehören in Frankreich und den USA seit dem Ende des 19. Jahrhunderts zur Standardausstattung einer Universität. In Deutschland allerdings wurde das erste komparatistische Institut erst während der französischen Besatzung 1946 in Mainz eingerichtet. Inzwischen gehört die Komparatistik mit ihrer breiten Palette an Methoden und Inhalten (z. B. Stoff- und Motivforschung, Interkulturalität, Übersetzung) zu den beliebtesten Fächern der Literaturwissenschaft. Allerdings erfordert diese Disziplin – noch mehr als die anderen – Lesefleiß und Ausdauer. Denn um Werke unterschiedlicher Sprachen sinnvoll miteinander vergleichen zu können, ist neben einer umfassenden Textkenntnis das Wissen um die verschiedenen Kontexte, historischen Bedingungen und literarischen Traditionen erforderlich. Erfahrungsgemäß fühlen sich Studierende der Vergleichenden Literaturwissenschaft zu Beginn des Studiums von der Menge der ‚eigentlich zu lesenden‘ Bücher erschlagen, da die Anzahl der Bücher, die innerhalb einer Sprache in den engeren Kreis des Lehrstoffs gehören, Jahrzehnte des Lesens vorauszusetzen scheinen. Für gewöhnlich begreifen sie aber recht schnell, dass eben dies den Reiz des Faches ausmacht: Verbindungen zwischen unterschiedlichen Texten müssen gesucht und gefunden werden und ein Buch führt zum nächsten.

Die Komparatistik muss sich in besonderem Maße über ihre grundlegende literaturwissenschaftliche Arbeit klar werden und kann sich nicht auf eine lange Fachtradition sowie eine Nationalliteratur stützen. An den meisten Universitäten wird sie mit der Literaturwissenschaft überhaupt gleichgesetzt, weshalb viele Institute sich den Namen „Institut für Allgemeine und Vergleichende Literaturwissenschaft" gegeben haben. Dass auf diese Weise eine Art literaturwissenschaftliches ‚Superfach‘ entstanden ist, fällt unmittelbar auf. Lange Zeit fühlten sich die spezialisierten Disziplinen deshalb in ihrer Autonomie bedroht. Befürchtet wurde eine ‚feindliche Übernahme‘. Nach **Grabenkämpfe** einer Phase der Grabenkämpfe gibt es mittlerweile an fast jeder Universität mit geisteswissenschaftlichen Fakultäten ein komparatistisches Institut, das normalerweise intensiv mit den anderen Disziplinen zusammenarbeitet und sich weniger als Bedrohung denn als integrative Schaltstelle herausgestellt hat, da sich Komparatisten vor allem dadurch auszeichnen, dass sie ohne Berührungsängste die inter-disziplinäre Arbeit suchen – eine Eigenschaft, die der gegenwärtigen Entwicklung der Wissenschaftslandschaft sehr entgegenkommt.

Schließlich sind die wichtigen Schlüsselbegriffe der Forschung der-zeit „Inter- bzw. Transdisziplinarität" und „Internationalisierung". Öffentliche Geldgeber im Bereich der Literaturwissenschaft gehen selbstverständlich davon aus, dass beantragte Projekte Möglichkeiten der Zusammenarbeit mit anderen Fächern und Vertretern anderer Länder im Blick haben. In der Praxis bedeutet eine solche Zusam-menarbeit oft eine Herausforderung, da selbst die geisteswissen-schaftlichen Disziplinen sich häufig missverstehen und zunächst ihre Begrifflichkeiten und Konzepte darlegen müssen. Gelingt dies, so können fruchtbare Kooperationen und neue Erkenntniszusammen-hänge entstehen, die sich inzwischen auch über den rein geistes-wissenschaftlichen Austausch hinaus bewegen: Die Anzahl der Ar-beitsgruppen, die sich aus Geistes- und Naturwissenschaftlern zusammensetzen, nimmt kontinuierlich zu.

Interdisziplinarität und Internationalisie-rung

5.3 Rund um Kultur

Kaum hatte sich die Angst der literaturwissenschaftlichen Fächer vor der Komparatistik zu einem konstruktiven Miteinander entwickelt, wurde eine neue Entwicklung innerhalb ihres Faches zu einer erneu-ten Quelle der Beunruhigung: der sogenannte *cultural turn*. Gemeint ist damit der Einzug der *cultural studies* aus England und den USA ab den 1960er-Jahren in die deutsche Forschungslandschaft.

Cultural turn

Vertreter der *cultural studies* wendeten sich gegen eine Beschäfti-gung mit der Hochkultur und eine Vernachlässigung der weniger eli-tären Gesellschaftsschichten. In ihrem Interesse lag es, ihrer Arbeit einen Kulturbegriff zugrunde zu legen, der pluralistisch und demo-kratisch ausgerichtet ist.

Die von den *cultural studies* beklagte Unterscheidung zwischen Hochkultur und Allgemeinkultur macht deutlich, dass „Kultur" ein schillernder und viel diskutierter Begriff ist. Ursprünglich handelte es sich lediglich um einen Gegenbegriff zu „Natur". Lateinisch *cultura* meint den Ackerbau, also die Bearbeitung der Natur zum Zweck der Produktion von Nahrungsmitteln. Von diesem Sonderfall der Kul-tivierung wurde die Bezeichnung bereits in der Antike (Cicero 45 v. Chr.) auf all das übertragen, was ein Mensch erzeugen kann: lateinisch *colere* bedeutet pflegen, bebauen, bestellen, aber auch an-

Kulturbegriff

beten. Menschen befinden sich damit stets in einem doppelten Verhältnis – ihre Natur beeinflusst und bestimmt sie, gleichzeitig erzeugen sie Kultur, die nur durch sie existiert. Die religiöse Konnotation, die das Wort Kultur über die Bedeutung „anbeten" in sich trägt, ist ebenfalls zentral.

Cicero verband mit Kultur die Ausbildung menschlicher Fähigkeiten, wobei Philosophie, Kunst und Religion eine entscheidende Rolle spielen. Wer sich selbst in diesem Sinne pflegt und bildet, hat im Ergebnis Kultur. Das Kulturverständnis, das sich dahinter verbirgt, ist ein wichtiges der nachfolgenden Jahrhunderte, das bis heute noch gültig ist: Kultur wurde und wird verstanden als ein Zustand, den jeder selbst herbeiführen kann und der zeigt, wo der Einzelne in der Gesellschaft steht. Kunst und Literatur sind Kennzeichen des Zustands einer Kultur. Wenn man sagt, jemand ‚mache in Kultur', dann signalisiert das, dass die Person sich als kulturell hochstehend begreift und dies durch die Beschäftigung mit den Künsten signalisiert. **Kulturbetrieb** Sie nimmt teil am Kulturbetrieb.

Die moderne Sicht auf Kultur seit dem 19. Jahrhundert ist eine äußerst positive: Wer sich mit kulturellen Dingen beschäftigen kann, gestaltet sein Leben positiv. Wer Kultur hat, weiß nicht nur, moderne Errungenschaften zu nutzen, er hat darüber hinaus sich selbst in einen elitären Zustand der Humanität versetzt, was eine Unterschei- **Zivilisation und** dung markiert, die nur das Deutsche macht: diejenige zwischen Zivi- **Kultur** lisation und Kultur. Am einfachsten lässt sie sich in dem folgenden Satz ausdrücken: „Zivilisation ist, wenn man eine Badewanne besitzt; Kultur, wenn man sie benutzt" (Hansen 2003, S. 12). Unterschieden wird im deutschsprachigen Raum zwischen einem hoch entwickelten äußeren (Zivilisation) und einem fortgeschrittenen inneren Zustand (Kultur). Deutsche Philosophen nutzten die Unterscheidung im 18. Jahrhundert zur Abgrenzung vom Französischen, wo es diese Trennung nicht gibt. Übrigens wird auch im Englischen hier nicht differenziert. Das berühmte Buch von Samuel Huntington, das auf Deutsch den Titel *Kampf der Kulturen* trägt, heißt im Original *Clash of civilizations* (1996).

Ende des 19. und Anfang des 20. Jahrhunderts stand der Kulturbegriff im Zentrum mehrerer geisteswissenschaftlicher Richtungen, wodurch eine Vielzahl theoretischer Abhandlungen, vor allem seitens **Kultursoziologie** der Kulturphilosophie und der Kultursoziologie entstanden. Der Soziologe Georg Simmel beispielsweise stellt in den Mittelpunkt seiner Überlegungen in *Der Begriff und die Tragödie der Kultur* (1911/1912) den Dualismus zwischen Subjekt und Objekt, der entsteht, weil sich der Mensch (Subjekt) von der Natur (Objekt) losreißt. Zwischen den zeitlos gültigen Objekten und dem zeitlich endlichen Leben des Einzelnen ist laut Simmel die Kultur angesiedelt, die den Weg der Seele zu sich selbst bezeichnet. Der Keim der Seele des Subjekts entfaltet sich entsprechend der in ihr angelegten personalen Kräfte (Kultiviertheit). Das Produkt, das durch diese Bewegung entsteht – die geistigen Gebilde wie Kunst, Wissenschaft, Religion, Recht –, fügt sich in die Zivilisation als Spiegelung des Inneren nach Außen. Durch diese Veräußerlichung entsteht eine Bewertung, denn die Subjekte blicken auf mehrere Objekte und vergleichen sie. Der Vergleich aber geht stets mit einer Bewertung bzw. Wertzuschreibung einher und führt so zu einem Hin- und Hergerissensein zwischen dem Persönlichen und dem Äußerlichen, das sofort mit Wert behaftet wird. Dies führt – so Simmels zentrale These – letztlich zu einer Aversion gegen Kultur: Der Einzelne strebt danach, aus seiner inneren Kraft zu schöpfen, prallt dabei aber auf die Forderungen einer Kultur, die die entstehenden geistigen Gebilde sofort objektiviert, wobei diese Objekte wieder zum Anstoß subjektiver Betätigung werden. Kultur wird bei Simmel als dynamischer Schaffensprozess verstanden, der ständig im Fluss, aber auch stets bemüht ist, durch Wertzuschreibungen Wandlungsprozesse aufzuhalten (vgl. Simmel 2001).

Weg der Seele zu sich selbst

Durch seine Darstellung weist sich Simmel nicht nur als Kultursoziologe, sondern auch als Kulturkritiker aus – eine Richtung, die ebenfalls Ende des 19. Jahrhunderts entstand. Simmels Schüler Walter Benjamin verstand sich als Kulturkritiker, verwendete aber den Begriff Kultur nur sehr selten. Bereits in seinen frühen Schriften, die sich vor allem auf literarische Texte beziehen, stellt er neben dem Inhalt, dem Gemeinten, das „Wie" der Darstellung, die Art des Meinens, in den Vordergrund. Denn Kultur „ist" nicht und lässt sich daher auch nicht empirisch beschreiben, sie wird im Prozess ihrer Darstellung hergestellt und konstruiert. Damit ist jede kulturwissenschaftliche Beschreibung selbst ein kulturelles Phänomen. Eine klare Definition von Kultur kann man daher bei Benjamin nicht finden. In *Das Kunstwerk im Zeitalter seiner technischen Reproduzierbarkeit* (1936) beschäftigt sich Benjamin mit der Stellung des Kunstwerks in einer Zeit, in der die Kunstwerke ihre Einzigartigkeit, ihre Aura verlieren, da sie beliebig vervielfältigt werden können und müssen. Das aber verändert nicht nur die Stellung der Kunstwerke, sondern auch die Wahrnehmung derselben. Kunstwerke verlieren ihren Kultwert und gewinnen an Ausstellungswert. Es ist nicht mehr nur entscheidend, dass es sie gibt, sondern sie müssen gesehen werden. Einschnei-

Kulturkritik

Verlust der Aura

dend für Benjamin war der Einfluss der Fotografie. Sie stellte aufgrund ihrer beliebigen Reproduzierbarkeit die Einzigartigkeit von Kunst infrage. Da Kunst sich zuvor aber gerade durch diese Einzigartigkeit auszeichnete und mit Kult und Echtheit verbunden wurde, müssen die Theoretiker, so Benjamin, – wie vor allem beim Film geschehen – in den Gegenstand Kult hineinbringen. Künstlich erzeugter Kult ersetzt natürliche Aura. Dadurch verändert sich aber die Rezeption durch die Masse – statt Sammlung tritt nun Zerstreuung in den Mittelpunkt des Interesses (vgl. Benjamin 1980).

Kulturanthropologie In den 1970er-Jahren entwickelte sich aus Überlegungen der Ethnologie heraus die Kulturanthropologie, die letztlich für das Schlagwort „Kultur als Text" verantwortlich ist. Der Ethnologe Clifford Geertz suchte nach einem neuen, objektiveren Weg, mit fremden Kulturen umzugehen. Sein wichtigstes Anliegen war hierbei die „thick description" (dichte Beschreibung) im Gegensatz zur „thin description", der losen Beschreibung (Geertz 2002, S. 7). Bei einer dichten Beschreibung ist sich die beobachtende Person bewusst, dass es eine rein objektive Beobachtung niemals geben kann, und legt folglich die Beschreibung immer schon bewusst als Interpretation an. Für Geertz ist jede Kultur ein semiotisches System, also ein komplexes System von Zeichen, ein selbstgesponnenes Bedeutungsgewebe (vgl. Geertz 2002, S. 9), was bedeutet, dass derjenige, der eine Kultur betrachtet, stets interpretiert. Das, was der Einzelne durch seine Beschreibung herausarbeitet, kann jedoch keine Allgemeingültigkeit beanspruchen – es ist nur ein Baustein im Universum unterschiedlicher Kulturbetrachtungen. Zudem impliziert das Kulturverständnis von Geertz, dass sich Kultur immer nur in Texten abspielt – eine Annahme, die gerade seitens ethnologischer Forscher heftig kritisiert wurde.

Man sieht, die Beschäftigung mit diesem kleinen Wort „Kultur" ist reichhaltig, komplex und wirkungsmächtig. Sie findet zunächst innerhalb einzelner geisteswissenschaftlicher Disziplinen statt, führt aber ab den 1960er-Jahren zu einer Vernetzung derjenigen Arbeitsbereiche, **Cultural studies** die sich mit Kultur unter der Bezeichnung *cultural studies* auseinandersetzen. In diesen kulturwissenschaftlichen Studien werden vor allem diejenigen Kategorien verhandelt, die man als allen Kulturen gemein versteht, vor allem also *gender* (Geschlecht), *race* (Rasse) und *class* (Klasse) (→ ASB SCHÖSSLER). Das erste *Centre of Contemporary Cultural Studies* entstand 1964 in Birmingham. Der englische Kulturwissenschaftler Stuart Hall hat 1992 einen Aufsatz mit dem Titel *Cultural Studies and its Theoretical Legacies* veröffentlicht, in dem er die Stellung der damals noch jungen Disziplin der *cultural studies*, besonders aber ihrer Praxis, reflektiert. Er hebt hervor: Die Theoriebildung der *cultural studies* ist vor allem deshalb wichtig, weil sie praktisch in die Kultur selbst eingreift, also selbst kulturelle Praxis darstellt. Dabei ist die Vorgehensweise der Disziplin nicht einheitlich, sie ist „dirty" oder – schicker ausgedrückt – „hybrid" (vgl. Hall 1992).

In den 1990er-Jahren wurden die *cultural studies* in den USA und in ganz Europa als fester Bestandteil der universitären Forschung und Lehre eingeführt. Die Auseinandersetzung mit der Literaturwissenschaft begann.

5.4 Kulturwissenschaft – die ‚andere' Literaturwissenschaft?

Unter Kulturwissenschaft versteht man heute im Allgemeinen eine Disziplin, die sich mit kulturellen Phänomenen im weitesten Sinne beschäftigt, die also untersucht, welche Merkmale und Gewohnheiten die Vertreter einer Gruppe verbinden, und die andere Geistes- und Sozialwissenschaften wie Literaturwissenschaft, Ethnologie, Politologie und Medienwissenschaft in die eigene Methodik integriert hat. Ein Kulturwissenschaftler ist damit stets in mehreren Wissenschaften beheimatet, arbeitet grundsätzlich interdisziplinär und muss sich thematisch keine Grenzen auferlegen. Er kümmert sich ebenso um Filme wie um Fußballweltmeisterschaften oder die Proteste gegen den Bau einer Moschee.

Forschung ohne Grenzen

Von Seiten der spezialisierten geisteswissenschaftlichen Fächer, die sich auf die Erforschung einer Nationalliteratur oder eines Mediums konzentrieren, wird diese Universalität der Kulturwissenschaft häufig kritisiert. Tatsächlich ist rund 20 Jahre nach ihrer Verbreitung an deutschen Universitäten und Forschungseinrichtungen aber festzustellen, dass diese Disziplin ungeheure Möglichkeiten bietet, eben weil sich Phänomene sehr viel umfassender betrachten lassen, als sie vorher wahrgenommen wurden. Die Kulturwissenschaft hat die Perspektive geisteswissenschaftlicher Forschung grundsätzlich verändert. Andererseits leidet die Kulturwissenschaft ein wenig unter dem selbst auferlegten Anspruch, als Leitdisziplin regelmäßig neue Paradigmen und Schlüsselbegriffe für die Forschung ermitteln zu müssen, was manchmal den Anschein von bemühter Konstruktion erweckt. Fast scheint es, als müsste sich die Kulturwissenschaft permanent selbst neu erfinden, um ihre Existenz zu legitimieren, da sie keinen fest umrissenen Forschungsgegenstand aufweisen kann.

Universalität

Trotz all der kritischen Stimmen ist die Kulturwissenschaft inzwischen aus dem Wissenschaftsbetrieb nicht mehr wegzudenken und ihre Qualitäten liegen auf der Hand. Ebenso offensichtlich ist jedoch, dass die Literaturwissenschaft, die nur einen (wenngleich erheblichen) Teil der Kulturwissenschaft abdeckt, um ihre Eigenständigkeit bangt. Die Befürchtungen sind weitreichender, als man zunächst denken mag. In einer Zeit, in der die Geisteswissenschaften unter dem **Legitimationsdruck** ständigen Druck der Legitimation stehen und Einsparungen durch Zusammenarbeit gefragt sind, kann die Diskussion um die Abgrenzung von Literatur- und Kulturwissenschaft überlebenswichtig werden (→ KAPITEL 6).

Gegenstandsverlust? „Kommt der Literaturwissenschaft ihr Gegenstand abhanden?" Diese Frage stellte der Literaturwissenschaftler Wilfried Barner 1997 in den wissenschaftlichen Raum – sicher nicht zufällig im *Jahrbuch der Deutschen Schillergesellschaft*, einem Periodikum, das für gründliche Philologie steht. Barner weist darauf hin, dass sich die Literaturwissenschaft bereits *vor* der Etablierung der Kulturwissenschaft mit anderem beschäftigt habe als mit der Literarizität der Literatur. Nach Barner zeugt davon die Begeisterung für Autorenbiografien oder andere Medien als das Buch. Der einzelne Text in seiner je individuellen Eigenart ist es aber, so Barner, der im Mittelpunkt der literaturwissenschaftlichen Arbeit zu stehen habe.

„In der neuerdings beliebten Formel ‚Literaturwissenschaft als Kulturwissenschaft' wird das ‚als' nicht selten imperativisch verstanden. Nach diesem Telos habe man sich zu richten. Die Semantik des ‚als' reicht bis zum Geschlucktwerden der Literaturwissenschaft durch etwas Umfassenderes, das die Kategorien und Maßstäbe bestimmt." (Barner 1997, S. 7)

Barner plädiert für das Herausstellen des Besonderen der Literatur unter Einbeziehung der „neuen" Erkenntnisse:

Emanzipatorisches Potenzial „Es könnte einer solchen Literaturwissenschaft, die sich der Subsumtion unter das kulturell oder auch medial Allgemeine nicht beugt, gerade um ein ihr eigentümliches emanzipatorisches Potenzial gehen." (Barner 1997, S. 8)

Inzwischen ist klar, dass die kulturwissenschaftliche Arbeit keine Konkurrenz zur literaturwissenschaftlichen darstellt, sondern zentrale Aspekte und Ergebnisse bereitstellt, die bei der Behandlung von Literatur wichtig sein können. Damit ist die Literaturwissenschaft ein Teil der Kulturwissenschaft und umgekehrt.

Die Geschichte des Turmbaus zu Babel kann für zahlreiche Disziplinen fruchtbar sein, beispielsweise für die Theologie, die Religionswissenschaft oder die Sprachwissenschaft. Unter kulturwissenschaftlichem Aspekt kann sie unter anderem als Allegorie für die menschliche Kultur und den Fortschritt betrachtet werden. In einem solchen Verständnis liefert die Kulturwissenschaft einen möglichen Interpretationsansatz, auf den eventuell die Literaturwissenschaft gewinnbringend zurückgreifen kann, für die der Geschichte in erster Linie einer Reihe von literarischen Texten zugrunde liegt, die literaturwissenschaftlich untersucht werden. Die Erkenntnisse, die sich wiederum aus dieser genauen Textbetrachtung ergeben, bieten wahrscheinlich der Kulturwissenschaft Gelegenheit zu weiterführenden Überlegungen. Literaturwissenschaft und Kulturwissenschaft sind nicht immer klar voneinander abgrenzbar, denn sie arbeiten teilweise am selben Gegenstand. Sie tun dies aber grundlegend unterschiedlich und mit anderer Akzentuierung. Sie sollten zusammenarbeiten, anstatt sich voneinander zu entfernen, damit der Turm beendet werden kann.

Literaturwissenschaft und Kulturwissenschaft

Fragen und Anregungen

- Beschreiben Sie den Prozess der Professionalisierung in der Literaturwissenschaft.

- Analysieren Sie die Stellung der Komparatistik innerhalb der Geisteswissenschaften.

- Nennen Sie drei wesentliche Ausprägungen des Kulturbegriffs und erläutern Sie diese.

- Erörtern Sie die These, dass Kultur immer Text sei.

- Was versteht man unter *cultural studies*?

- Überlegen Sie, wo die Möglichkeiten einer engen Zusammenarbeit zwischen Literatur- und Kulturwissenschaft liegen könnten.

Lektüreempfehlungen

- Doris Bachmann-Medick (Hg.): Kultur als Text. Die anthropologische Wende in der Literaturwissenschaft, Tübingen / Basel 1996, 2. Auflage 2004. *Berühmt gewordener Sammelband, weil er als wesentlicher Motor des „anthropological" und „cultural turn" in Deutschland gilt.*

- **Walter Benjamin: Das Kunstwerk im Zeitalter seiner technischen Reproduzierbarkeit**, in: ders., Gesammelte Schriften I, 2, hg. v. Rolf Tiedemann und Hermann Schweppenhäuser, Frankfurt a. M. 1980, S. 471–508. *Ein Text, den jeder Literatur- und Kulturwissenschaftler gelesen haben muss.*

- **Angelika Corbineau-Hoffmann: Einführung in die Komparatistik**, Berlin 2000, 2. Auflage 2004. *Informative, umfassende und leicht verständliche Einführung in die Vergleichende Literaturwissenschaft. Für einen ersten, vertieften Einblick sehr hilfreich.*

- **Klaus P. Hansen: Kultur und Kulturwissenschaft. Eine Einführung**, Tübingen / Basel 1995, 3. Auflage 2003. *Kompetente und anschaulich geschriebene Einführung in den Kulturbegriff und seine Bedeutung in der Wissenschaft.*

- **Martin Ludwig Hofmann / Tobias F. Korta / Sibylle Niekisch (Hg.): Culture Club. Klassiker der Kulturtheorie**, Frankfurt a. M. 2004, 2. Band: 2006. *In 15 Kapiteln werden hier unterschiedliche Kulturwissenschaftler und die Grundzüge ihrer Theorie vorgestellt. Ersetzt nicht die Lektüre der Originaltexte, gibt aber einen guten ersten Einblick.*

- **Wolfgang Müller-Funk: Kulturtheorie. Einführung in Schlüsseltexte der Kulturwissenschaften**, Tübingen / Basel 2006. *Der Band bietet eine klar strukturierte Zusammenfassung der wichtigsten kulturtheoretischen Positionen seit Sigmund Freud.*

6 Jenseits des Elfenbeinturms

Abbildung 6: Carl Rohde: *Die Göttinger Sieben* (1837/38)

Das Bild zeigt die sogenannten Göttinger Sieben – die sieben Univer-sitätsprofessoren, die 1837 gegen die Aufhebung der hannoverschen Verfassung durch König Ernst August II. von 1833 Einspruch erho-ben. Diese Aufhebung bedeutete letztlich die Abkehr von einer kon-stitutionellen Verfassung, die Rückkehr zum Absolutismus und hatte Einschnitte in die Rechte der Untertanen des Königreichs Hannover zur Folge. Bei den Protestierenden handelt es sich um: Wilhelm Edu-ard Albrecht, Friedrich Christoph Dahlmann, Jacob Grimm, Wilhelm Grimm, Heinrich Ewald, Georg Gottfried Gervinus und Wilhelm Weber. Dieser Protest kostete sie ihre Stellungen – drei von ihnen wurden sogar des Landes verwiesen –, brachte ihnen aber auch den Ruhm ein, sich in den Dienst bürgerlicher Freiheit gestellt zu haben. Sie gelten bis heute als Symbol für die aktive Rolle, die Wissenschaft-ler in einer Gesellschaft spielen sollten.

Forschung ist eine einsame Angelegenheit – hierin unterscheiden sich Natur- und Geisteswissenschaftler kaum. Der Literaturwissenschaft-ler beschäftigt sich in erster Linie mit Büchern und verbringt daher einen großen Teil seiner Arbeitszeit zurückgezogen in seinem Arbeits-zimmer. Selbst wenn er kulturelle Phänomene beobachtet, steht er durch seine Beobachterposition stets außerhalb des eigentlichen Ge-schehens, und um das Gesehene zu Papier zu bringen, muss er sich schließlich doch wieder allein an den Schreibtisch setzen. Literatur-wissenschaftliche Arbeit braucht ein hohes Maß an Ruhe und Zu-rückgezogenheit. Kein Wunder, dass Wissenschaftler von vielen Zeit-genossen als wunderliche Einzelgänger wahrgenommen werden, die in ihrem Elfenbeinturm leben. Ganz so ist das aber nicht, wie nicht nur das Beispiel der Göttinger Sieben belegt. Die Literaturwissen-schaft ist mitunter von hoher politischer Aktualität. Sie bewegt sich jenseits des Elfenbeinturms und hat es mit Texten zu tun, die selbst häufig als politisch brisant einzustufen waren und sind.

6.1 Wozu Literaturwissenschaft?
6.2 Literarisch politisch

6.1 Wozu Literaturwissenschaft?

Zu Beginn des Jahres der Geisteswissenschaften 2007 rief der Soziologe Harald Welzer in der *Zeit* die Geisteswissenschaftler dazu auf,
mutiger und politischer zu werden:

Mutiger werden

> „Man muss [...] längst nicht mehr die Selbstaufklärungsbedürf-
> nisse von Gesellschaften und die selige ‚Unvermeidbarkeit der
> Geisteswissenschaften' bemühen, um deren Legitimation unter Be-
> weis zu stellen. Sie sind nämlich ohnehin ein immer wichtiger wer-
> dender Teil des produktiven Betriebs einer funktional differenzier-
> ten modernen Gesellschaft und leisten einfach unverzichtbare
> Arbeit." (Welzer 2007, S. 43)

Das Problem besteht lediglich darin, dass die Produkte der Geisteswissenschaften sich nicht so leicht in Geldwerte umwandeln und die
produzierten Ideen sich nicht immer materiell abbilden lassen.

Interessanterweise stört das jedoch vor allem die Geisteswissenschaftler selbst, die sich beständig meinen rechtfertigen zu müssen, weil
sie glauben, nichts für die Wirtschaft des Landes zu tun. Damit hinkt
ihr Selbstbild ihrer Bedeutung hinterher, die Welzer hoch einschätzt:

> „Inzwischen sieht man in sehr vielen Bereichen – ob es um corpo-
> rate social responsibility, um Völkerstrafrecht, um Gerontopsy-
> chiatrie oder um creative cities geht –, wie wenig andere Diszipli-
> nen heute auf die Arbeit der Geistes- und Kulturwissenschaften
> verzichten können. [...] Geistes- und Kulturwissenschaften schaf-
> fen Transparenz unter komplexen Bedingungen, stellen also orien-
> tierendes Wissen bereit [...]."(Welzer 2007, S. 43)

Die negative Einschätzung des Werts der eigenen Tätigkeit bewirkte
eine regelrechte Krise der Geisteswissenschaften in den 1980er-Jahren.
Dass dieser Eindruck verzerrt ist, belegen die Zahlen. Laut Welzer er-
wirtschaftet allein der Kulturbetrieb in Deutschland jährlich eine
Wertschöpfung von 35 Milliarden Euro, und in den USA verdienen
inzwischen rund 30 Prozent aller Arbeitnehmer ihr täglich Brot in
kreativen Arbeitsfeldern. Die Geisteswissenschaftler, so die Diagnose
Welzers, haben weniger das Problem, in der Gesellschaft tatsächlich
als unwichtig angesehen zu werden. Vielmehr ist es ihr schlechtes
Selbstbild, das sie daran hindert, in die Öffentlichkeit zu treten.

Krise der Geistes-
wissenschaften

Ein Arbeiten am Selbstbild setzt jedoch eine Bestandsaufnahme
voraus, und die kann nicht nur inhaltlicher Natur sein. In diesem
Zusammenhang muss sie lauten: Wozu Literaturwissenschaft? Natürlich kann man sich auf den Standpunkt stellen, dass man sich nicht
rechtfertigen müsse und diese Frage daher für die Literaturwissen-

Bestandsaufnahme

schaft völlig unwichtig sei. Wenn es nur um Rechtfertigung ginge, wäre dem auch zuzustimmen. Es geht aber um etwas anderes. Es geht darum auszuloten, welche Relevanz literaturwissenschaftliches Arbeiten für eine Gesellschaft sicherlich nicht zwangsläufig hat, aber potenziell haben kann.

Die ungünstige bildungspolitische Situation in der Bundesrepublik Deutschland und West-Berlin 1989, die sich in Mittelkürzungen und vollen Hörsälen niederschlug, regte nicht nur zu Protest an, sondern auch zu Reflexionen über die eigene Arbeit und den Studiengegenstand. Ein Ergebnis dieses Nachdenkens ist der Sammelband *Wozu Literaturwissenschaft?* (1991). Der Literaturwissenschaftler Frank Griesheimer, einer der Herausgeber, konstatiert darin, dass eine bessere finanzielle Lage an der Selbsteinschätzung der Geisteswissenschaftler nichts ändern würde (vgl. Griesheimer 1991, S. 14). Der Komparatist Gert Mattenklott urteilt sogar knallhart: „Die ästhetische Kompetenz der Geisteswissenschaften ist derzeit so gering wie ihre moralische Autorität." (Mattenklott 1991, S. 360)

Eingefordert wird in den unterschiedlichen Beiträgen des Bandes letztlich, dass sich die Literaturwissenschaftler nicht verstecken, sondern ihre Verantwortung als Sachverwalter historischer und aktueller Lebenskonzepte sowie Ansichten aktiv annehmen. Dies würde bedeuten, dass Literatur nicht nur als historisch und damit im Moment des Drucks immer schon vergangen betrachtet wird, sondern als Momentaufnahme unterschiedlicher Betrachtungsweisen, die Aktualität in sich bergen – egal wann sie geschrieben wurden. Sie gilt es herauszustellen, indem man gerade ihre ästhetische Komponente betont.

Aktualität

In diesem Zusammenhang nämlich erweist es sich erneut als Vorteil, dass Literatur Textwelten konstruiert (→ KAPITEL 2). Das Erzählte ist immer gleichzeitig vergangen und im Augenblick präsent, da zwar der Prozess des Schreibens abgeschlossen ist und vielleicht der geschilderte Inhalt in der Vergangenheit spielt, andererseits aber das auf dem Papier Festgehaltene durch den Leser immer wieder aufs Neue zum Leben erweckt wird – so beansprucht das Geschilderte ewige Gültigkeit.

Literatur als Politikum

Literatur ist schon allein dadurch ein Politikum, dass sie alternative Welten erschafft und so andere Wege aufzeigen oder gesellschaftliche Zustände kritisieren kann. Ein Literaturwissenschaftler, der aus den Texten politisch Brisantes herausarbeitet, leistet einen politischen Beitrag. Auf diese Weise kann jedes Thema, wie zeitlich oder thematisch entfernt es auch scheinen mag, einen Wissenschaftler in eine aktuelle Diskussion werfen. Derartige Situationen sollte er nicht vermeiden, sondern suchen.

Ein Beispiel hierfür ist die Migrantendiskussion. In Deutschland ist Migration in den letzten Jahren zu einem Schlüsselbegriff geworden. **Migration** Nachdem längere Zeit davon ausgegangen wurde, Migranten würden sich zwar unterschiedlich stark, aber doch immerhin ausreichend an die ‚deutsche Kultur‘ anpassen, wurde plötzlich die Existenz von sogenannten Parallelgesellschaften festgestellt und angenommen, dass Migranten unter Umständen zwar in Deutschland leben, aber doch ihre eigene Kultur bewahren und aufrechterhalten, also gewissermaßen in zwei Kulturen leben. Natürlich ist das in Deutschland der Fall, seitdem die ersten ‚Gastarbeiter‘ ins Land kamen. Während aber die Lage lange einfach und überschaubar schien – Einheimischen standen Arbeitsmigranten gegenüber, wobei die Einheimischen bei weitem überwogen –, leben inzwischen bereits nachgeborene Generationen sowie zahlreiche neue Einwanderer in Deutschland, sodass ein klares Ziehen von Grenzen zwischen Fremd und Eigen nicht mehr so einfach ist, wie es ursprünglich zu sein schien.

Trotz dieser gesellschaftlich hoch brisanten Diskussion galt die Literatur von Migranten lange Zeit nicht als akzeptabler Forschungsgegenstand deutscher Literaturwissenschaft. Erst in jüngster Zeit wird deutlich, dass mehrere gefeierte Autorinnen und Autoren der Gegenwart (z. B. Terézia Mora, Feridun Zaimoglu, Ilija Trojanow) einen Migrationshintergrund aufweisen. Seitdem spricht man in der Literaturwissenschaft gerne von Migrationsliteratur und meint damit häufig **Migrationsliteratur** die Literatur von Autorinnen und Autoren, die nicht die deutsche Staatsangehörigkeit haben. Wie bei der Gegenwartsliteratur inzwischen üblich, wird damit ein biografisches bzw. persönliches Merkmal herangezogen, um Literatur zu kategorisieren und zu ordnen.

Genau das aber nimmt der Literatur ihre Schärfe und Brisanz. Während die Texte von unterschiedlichen Fremdheitserfahrungen be- **Fremdheits-** richten, diskutieren die Wissenschaftler, die sie lesen, vor allem die **erfahrungen** Biografien ihrer Verfasser und betrachten nach wie vor die Werke von Autoren, die zwar Deutsch schreiben, die aber nicht die deutsche Staatsangehörigkeit besitzen, als Sonderfall der deutschsprachigen Literatur. Dabei bieten die zahlreichen Gedichte, Erzählungen und Dramen von Migranten der ersten, zweiten und inzwischen dritten Generation faszinierende Einblicke in die Wahrnehmung ‚des Fremden‘ und die Erkenntnis, dass man sich nicht nur überall, sondern auch zu Hause fremd fühlen kann – ein Gedanke, der dazu einlädt zu überdenken, wann und wodurch nationale Identität, Gemeinschaftsgefühl und kulturelle Zusammengehörigkeit erzeugt werden. Angesichts der Ängste im Zuge der Globalisierungsdiskussion und der stetigen Erweiterung der Europäischen Union kann sich die Literaturwissenschaft nicht auf die Beschäftigung mit einzelnen Biografien zurückziehen. Literarische Texte haben Einfluss auf das Denken und die Einstellungen der Leser – wenn ihre Inhalte politisch relevant sind, müssen sie *auch* (sicher nicht: ausschließlich) unter diesem Blickwinkel betrachtet werden.

6.2 Literarisch politisch

Abgesehen davon, ob sich Wissenschaftler in das aktuelle politische Geschehen eingemischt haben oder einmischen sollten, stehen literarische Texte immer wieder im Mittelpunkt politischer Auseinandersetzungen. In zweierlei Hinsicht:

- Entweder es handelt sich um politische Literatur im engeren Sinne, oder
- ein literarischer Text wurde zum Politikum, ohne dass dies von vornherein beabsichtigt gewesen wäre.

Unter dem Stichwort „Verbannung" zählt der Journalist Rainer Schmitz in seinem Buch *Was geschah mit Schillers Schädel* (2006) 37 Dichter auf, die aufgrund politischer Betätigung ins Exil gehen mussten, womit er natürlich längst nicht alle erfasst hat (vgl. Schmitz 2006, Sp. 1522–1526). Ihr Todesurteil hatten 35 entgegenzunehmen, wobei es nicht bei allen vollstreckt wurde (vgl. Schmitz 2006, Sp. 1462–1467).

Politische Literatur: keine Kunst? Die Bezeichnung „politische Literatur" eignet sich nicht als Gattungsbezeichnung, weil sie sich aller Gattungen bedient. Für diejenigen literarischen Texte, die politisch wirken sollen, ist entscheidend, dass sie von der Zielgruppe, die eine politische Botschaft aufnehmen soll, verstanden werden. Hier tritt das Ziel der Vermittlung eines Inhalts in Konflikt mit den Kennzeichen von Literatur, der Poetizität und Literarizität (→ KAPITEL 2.2). Wenn Literatur darauf aus ist, im Sinne einer politischen Botschaft verstanden zu werden, bewegt sie sich im Grenzbereich zwischen literarischer Kommunikation und Publizistik. Politische Literatur muss sich dann mitunter den Vorwurf gefallen lassen, überhaupt „keine Kunst" zu sein.

Medienwechsel Tatsächlich hat sich gegen Ende des 20. Jahrhunderts die politische Meinungsäußerung von der Literatur auf andere Medien, vor allem den Dokumentarfilm verlegt. Dieser Medienwechsel signalisiert, dass die Gesellschaft ideologische Stellungnahmen offensichtlich ganz klar mit Medien verbindet, die den Anschein von Objektivität für sich beanspruchen. Insgesamt hat die politische Meinungsäußerung durch Literatur, aber auch durch andere Medien, seit dem Ende des Kalten Krieges stark abgenommen. Kunst und Kultur haben zwar ständig mit Politik zu tun und Autoren schlagen sich in Wahlkämpfen auf die Seite von Politikern, ihre Stellung als meinungsbildende Instanz haben sie – zumindest in Deutschland – aber seit längerem verloren, was immer wieder bedauert wird.

Noch vor wenigen Jahrzehnten war dies anders. Jean-Paul Sartre prägte den Begriff *littérature engagée* und forderte das Engagement jedes denkenden Menschen, der seinem Leben nur durch aktive Mitgestaltung Sinn verleihen könne. In dem Essay *Qu'est-ce que la littérature?* (1947; *Was ist Literatur?*, 1958) bestimmt er es als die Aufgabe des Lesers, sich zu dem Gelesenen zu verhalten und ihm Sinn zu geben. Der Autor dagegen verleiht seiner gesellschaftlichen Situation und Zeit eine Stimme. Indem er über einen Sachverhalt schreibt, verändert er ihn. Insofern kann Literatur niemals unpolitisch sein, darf sich aber zugleich keinesfalls einem politischen Zweck unterstellen (vgl. Sartre 1958).

In der Geschichte wurden wiederholt institutionelle Kontrollinstanzen eingerichtet, die Texte – auch literarische – untersucht und gegebenenfalls zensiert haben. Zensur findet immer dann statt, wenn ein System befürchtet, durch die Meinungen anderer Personen in der eigenen Existenz bedroht zu werden, weshalb gewünschte Inhalte bewusst gestreut und platziert, unerwünschte unterdrückt werden müssen. Während das Grundgesetz der Bundesrepublik Deutschland seit 1949 in Artikel 5 Zensur ausschließt, mussten sich die Autoren der DDR bis 1989 dem sogenannten Druckgenehmigungsverfahren unterziehen, das dazu diente, unliebsame Schriften rechtzeitig auszusortieren. Der Plan ging jedoch bekanntlich nicht auf. Statt sich von Politik fernzuhalten, suchten die Autoren der DDR nach Möglichkeiten, ihre Texte im Westen zu veröffentlichen bzw. versteckt Kritik zu üben.

Ihre Kollegen im Westen hatten es demgegenüber sehr viel leichter – schließlich hatten sie nicht mit staatlicher Zensur zu kämpfen. Sie konnten es sich daher aussuchen, ob sie die politischen Verhältnisse kommentieren bzw. kritisieren wollten oder nicht. Da die westlichen Autoren sich in den Augen vieler Kollegen zu wenig engagierten, rufen seitdem in regelmäßigen Abständen Intellektuelle zu mehr politischem Engagement und dem Beenden der Politikabstinenz auf. So konstatiert beispielsweise Robert Menasse 2004 in einem Interview mit der *Zeit* einen folgenreichen Rückzug der Autoren aus der Politik:

„Die Tatsache, dass es keine systematische Gegenbewegung zu geben scheint, hat enorme Konsequenzen für die künstlerische Arbeit. Zumindest dann, wenn man den Anspruch aufrechterhält, die Welt nicht einfach abzubilden, wie sie ist. Wenn sich ein Künstler nicht mehr als Teil einer Weltbewegung der Vernunft sehen kann, dann fällt er auf einen Punkt zurück, der historisch nur bekannt ist aus der Zeit vor der Aufklärung. Er befindet sich in einer nicht ausdifferenzierten Welt, in einer Welt, in der es keine Widersprüche und Alternativen gibt. In gewisser Weise ist er wieder im Mittelalter angekommen." (Menasse 2004, S. 53)

2004 unterzog die Schriftstellerin Tanja Dückers in der *Süddeutschen Zeitung* die angebliche Politikverdrossenheit der deutschsprachigen Autoren einer genaueren Untersuchung. Sie stellt fest, dass die Autoren sich sehr wohl mit Politik beschäftigen, dass sie jedoch nur selten eine klare programmatische Haltung einnehmen. Es fehle also lediglich an Eindeutigkeiten und Bekenntnissen. Ihr Verdacht:

Literarisierung des Politischen

„Nicht die Ignoranz, sondern die Literarisierung des Politischen lässt sich konstatieren. Und daraus folgend: Die Verarbeitung des Politischen in der Literatur hat seit den Sechziger Jahren eine solch grundlegende Veränderung erfahren, dass politische Inhalte oft gar nicht mehr als solche wahrgenommen werden." (Dückers 2004, S. 16)

Da Literatur keine Fakten liefere, sondern den genauen Blick auf das Private und das Gesellschaftliche richte, sei sie Mittlerin. Ihre Aufgabe ist es demnach nicht, politisch zu sein, sondern das Politische literarisch zu machen.

Und die Wissenschaft? Nach der Meinung Welzers müssen die Geisteswissenschaften ihre Aufgabe in der Gesellschaft wieder wahrnehmen, und zwar unter den Vorzeichen einer globalen Kultur:

Literaturwissenschaft und Gesellschaft

„Wie wollen wir leben? Diese Frage stellt sich gerade unter den Bedingungen eines weltumspannenden ökologischen Wandels und einer globalisierten Klassengesellschaft, in der weder eine Umweltnoch eine Sozialpolitik zukunftsfähig sein kann, die nationalstaatlich gedacht wird. Insofern wird das neue Rollenverständnis der Geistes- und Kulturwissenschaften auch vitalisieren müssen, was zu lange abgelebt schien: den Begriff des Politischen." (Welzer 2007, S. 43)

Die Göttinger Sieben hielten eine solche Einstellung für selbstverständlich. Für sie bildeten nicht nur Forschung und Lehre, sondern auch wissenschaftliches und gesellschaftliches Handeln eine Einheit. Jacob und Wilhelm Grimm betrachteten ihre Arbeit am kulturellen

Archiv als politischen Beitrag. Die Untersuchung von Sprache und Kultur diente für sie der Bestimmung der Nation und der Grenzziehung zwischen den unterschiedlichen Nationen – Blickwinkel, die heutzutage für viele wieder aktuell geworden sind und kontrovers diskutiert werden.

Fragen und Anregungen

- Überprüfen Sie Ihr eigenes Bild von der Literaturwissenschaft: Welchen Stellenwert in der Gesellschaft schreiben Sie ihr zu?

- Arbeiten Sie heraus, inwiefern Literatur stets eine hohe Aktualität besitzt.

- Definieren Sie den Begriff „politische Literatur".

- Sammeln Sie Argumente für und gegen eine „engagierte Literatur".

- Untersuchen Sie deutschsprachige Neuerscheinungen der letzten Monate in Hinblick auf ihre Auseinandersetzung mit politischen Themen und deren Verarbeitung.

- Was versteht Tanja Dückers unter der „Literarisierung des Politischen"?

Lektüreempfehlungen

- **Frank Griesheimer / Alois Prinz (Hg.): Wozu Literaturwissenschaft? Kritik und Perspektiven, Tübingen 1991.** *Klassiker in der Diskussion um den Nutzen der Literaturwissenschaft.*

- **Jean-Paul Sartre: Was ist Literatur? Ein Essay, Hamburg 1958.** *Der Schlüsseltext der engagierten Literatur bietet eine kluge Analyse der Funktion von Literatur und Lesen in der modernen Gesellschaft.*

- **Ingo Stöckmann: Die Politik der Literatur, in: Gerhard Plumpe / Niels Werber (Hg.), Beobachtungen der Literatur. Aspekte einer polykontextualen Literaturwissenschaft, Opladen 1995, S. 101–134.** *Stöckmann analysiert den Wandel des Literatursystems in den 1930er-Jahren aus systemtheoretischer Perspektive anhand der politischen Aktivitäten der Avantgarde und der Surrealisten.*

7 Gewusst wo – Recherche- und Informationskompetenz

Abbildung 7: Bookstore am Caunnaught Place in Neu-Delhi, Indien (2008)

Bücher sind ein Hort der Weisheit, man muss nur die richtigen fin-
den, wenn man etwas Bestimmtes sucht. Oder man fragt jemanden,
der sich damit auskennt – den Buchhändler in Neu-Delhi, der die
Bücher kunstvoll und, nebenbei erwähnt, unsortiert gestapelt hat,
oder den Bibliothekar, der dann aber vielleicht wie derjenige in Um-
berto Ecos Roman „Der Name der Rose" (1980) die Bücher eher
versteckt, als sie herauszugeben. Diese beiden Herren verfügen über
eine entscheidende Kompetenz: Sie wissen, wo welches Wissen zu fin-
den ist. Überraschenderweise wird der indische Buchhändler am
Caunnaught Place nämlich in der Lage sein, ein Buch auf Nachfrage
zu empfehlen, und er wird es aus dem Bücherturm herausziehen kön-
nen, ohne das Gebilde zum Einsturz zu bringen. Wenn man aber
nicht nur ein einzelnes Buch, sondern Antworten auf eine Reihe von
Fragen oder eine Information zu einem bestimmten Thema sucht,
dann wird eine Buchempfehlung nicht ausreichen. In diesem Fall ist
eine umfassende Suche vonnöten. Das richtige Suchen aber ist, wie
auch der Literaturwissenschaftler und Autor Umberto Eco festgestellt
hat, eine Kunst:

„Die rechte Benutzung der Bibliothek ist eine subtile Kunst, es genügt nicht, daß der Lehrer den Schülern sagt: ‚Wenn ihr die und
die Arbeit macht, geht in die Bibliothek und holt euch das und
das Buch.' Er muß den Schülern auch beibringen, wie man die
Bibliothek benutzt, wie man ein Mikrofiche-Lesegerät benutzt,
wie man einen Katalog benutzt, wie man sich mit den Verantwortlichen einer Bibliothek auseinandersetzt, wenn sie ihre Pflich-
ten versäumen, und wie man mit den Verantwortlichen der Bibliothek zu deren und aller Wohl kooperiert." (Eco 1987a, S. 34f.)

Neben der Bibliothek können Zeitungen, Zeitschriften und das Internet Quellen für Informationen sein. Diese werden aber immer nur
demjenigen nützen, der die richtigen Suchwege kennt. Zu wissen,
dass und welche Daten fehlen und wo diese zu finden sind, wird als
Recherchekompetenz bezeichnet. Die Recherche führt zum Erwerb
von Information, die es zu verwalten und zu verwerten gilt. Informationskompetenz ist somit eine Kompetenz, die direkt aus der Recherchekompetenz folgt. Beide Kompetenzen ermöglichen lebenslanges
und selbstorganisiertes Lernen.

7.1 Recherche in vier Schritten
7.2 Methoden und Techniken der Quellenermittlung
7.3 Informationskompetenz

7.1 Recherche in vier Schritten

Für Studierende der Literaturwissenschaft besteht ein wesentlicher Unterschied zwischen Schule und Studium darin, dass sie zur Beschaffung und Organisation des Wissens, das sie sich aneignen sollen, in hohem Maße selbst beitragen müssen – dies wird ihnen schon zu Beginn des Studiums meist sehr deutlich signalisiert. Die Aneignung von Recherche- und Informationskompetenzen ist daher vorrangiges Lernziel am Anfang eines literaturwissenschaftlichen Studiums. Zwar werden normalerweise im Rahmen eines Seminars oder einer Vorlesung Hinweise auf wichtige Bücher gegeben – wer sich jedoch spezialisieren möchte oder muss, hat sich um die notwendige Primär- und Sekundärliteratur selbst zu kümmern (→ KAPITEL 2.1). Um die Suche nach Büchern und Informationen zu erleichtern, gibt es in jedem Studiengang mindestens einen Kurs, der literaturwissenschaftliche Recherche zum Gegenstand hat. Grob lässt sich der Rechercheprozess in vier Schritte unterteilen (→ ABBILDUNG 8), wobei die einzelnen Schritte teilweise ineinandergreifen:

Wissen selbst beschaffen

1. Beschreibung des Informationsdefizits: Welche Fragen sollen beantwortet werden?
2. Quellen ermitteln: Welche Quellen können die erforderlichen Informationen bereitstellen?
3. Vorauswahl: Welche Quellen sollen am Anfang der Arbeit stehen und welche müssen zunächst nicht beachtet werden?
4. Sichtung / Autopsie: Welche der beschafften Quellen erweisen sich bei näherer Betrachtung als wirklich relevant?

Die Recherche beginnt mit der Identifikation einer Mangelsituation: Festgestellt wird ein Mangel an Informationen, der in Bezug auf eine konkrete Problemstellung herrscht. Ein Beispiel: In einer Sitzung des Seminars „Einführung in die Literaturwissenschaft" soll ein 10-minütiges Referat über die Geschichte des Sonetts gehalten werden. Unabhängig vom Vorwissen des Referenten umfasst die Beschreibung des Informationsdefizits zwei grundsätzliche Überlegungen:

Schritt 1: Informationsbedarf feststellen

• Zunächst müssen die für die Bearbeitung der Fragestellung erforderlichen Informationen grob erfasst werden. Hierfür ist es notwendig, sich mit dem Thema vertraut zu machen, d. h. wesentliche Eckpunkte abzustecken und größere Fragenkomplexe und Begriffsfelder zu systematisieren. Dies kann anhand von Lexika und Handbüchern, der Sichtung kurzer einschlägiger Überblicks- und Einführungstexte, der im Seminar genutzten Literaturliste sowie durch Gespräche mit dem Seminarleiter geschehen. In dem konkre-

Problemstellung

ten Fall würde das bedeuten, sich zu überlegen, was die gängige Definition des Sonetts in den einschlägigen Lexika ist, welche zeitliche Phase in dem Kurzvortrag abzudecken ist und welche Autoren und Wissenschaftler unabdingbar für die Geschichte des Sonetts sind.

Art der Information
- Anschließend folgt die Definition von Art, Umfang und Relevanz der benötigten Informationen, wobei die inhaltliche Abstimmung mit den Lehrenden unbedingt empfohlen wird. Wenn der Seminarleiter beispielsweise im späteren Verlauf des Seminars noch eine Sitzung zur Poetik vorgesehen hat, in der es unter anderem um die Rezeption des italienischen Sonetts gehen soll, wäre es sinnlos, im eigenen Referat gerade auf diesen Aspekt besonders ausführlich einzugehen.

Ziel dieses ersten Schrittes der Recherche ist eine Beschreibung der erforderlichen Information – vor allem hinsichtlich Relevanz und Umfang. Beide ergeben sich in erster Linie aus der Art der Aufgabenstellung:

Relevanz
- Informationen, die im Rahmen eines 10-minütigen Referats vielleicht nur als Stichwort oder Hintergrundinformation benötigt werden, müssen nicht umfassend recherchiert werden – sie haben in diesem Zusammenhang eine geringere Relevanz. In einer Abschlussarbeit könnte diesen Informationen aber vielleicht ein eigener Abschnitt gewidmet sein, weshalb der Verfasser der Arbeit sich intensiv mit ihnen beschäftigt haben sollte.

Umfang
- Der Umfang der Information bezieht sich auf die Zeit, die nötig ist, um eine Information schriftlich oder mündlich weiterzugeben. So ist der Aufbau eines Sonetts schneller zu beschreiben als die Entwicklung des Sonetts in der Literaturgeschichte. Wichtig ist es, Zielgruppe und Anlass zu berücksichtigen, im konkreten Fall also dem Interesse der Seminarteilnehmer, ihrem Wissensstand, der vorgegebenen Zeit und dem Seminarablauf gerecht zu werden. Was Sie im Moment der Recherche unglaublich spannend finden, kann unter Umständen in Ihrem Referat lediglich eine Bemerkung wert sein – womit wieder die Relevanzfrage ins Spiel kommt.

Schritt 2: Quellen ermitteln
Nachdem der Informationsbedarf grob ermittelt ist, gilt es im zweiten Schritt, sich Zugang zu diesen Informationen zu verschaffen. Hierfür sucht man zunächst nach den entscheidenden Informationsquellen bzw. deren Standorten. In einem literaturwissenschaftlichen Studium handelt es sich bei diesen Quellen in den meisten Fällen um Texte. Daraus folgt, dass eine der am häufigsten genutzten Methoden die systematische Recherche in Literaturverzeichnissen und ähnlichen

Arten von Buchkatalogen sein wird. Eine spezielle Sorte von Literaturverzeichnissen sind Bibliografien. Diese bieten eine Auflistung der vorhandenen Literatur zu einem bestimmten literarischen Text oder Gegenstand (wie in diesem Band die Rubrik „Lektüreempfehlungen" jeweils am Ende der Kapitel). Im besten Fall sind solche bibliografischen Listen – wie hier – kommentiert, um die Orientierung zu erleichtern.

Bibliografien

Im Fall des Sonettreferats wäre es sinnvoll, möglichst schnell herauszufinden, ob es eine einführende Darstellung zur Geschichte des Sonetts gibt, auf die Sie sich bei dem kurzen Referat stützen können – wobei die Quelle selbstverständlich zu nennen wäre. Eine solche Einführung könnte eine Monografie, ein Teilkapitel einer Lyrik- oder einer Literaturgeschichte oder ein Kapitel in einem Sammelband sein. Zu ermitteln ist eine solche, meist längere Ausführung am einfachsten über einschlägige Lexika, die am Ende eines Artikels „Sonett" auf die wichtigste Forschungsliteratur verweisen. Von dieser Art Lexika gibt es im Bereich Literaturwissenschaft eine Vielzahl, die in jeder Teildisziplin anders bewertet und von fachspezifischen Veröffentlichungen ergänzt wird. Welche Lexika für Sie relevant sind, erfahren Sie zu Beginn Ihres Studiums. Ein Lexikonartikel führt Sie zu weiteren Büchern – eine Vorgehensweise, die Sie im Folgenden als „Schneeballmethode" kennenlernen werden. Was Sie dann in Händen halten, ist jedoch lediglich eine Quellenangabe in Form von Buchtiteln oder Internetadressen – die Quelle selbst haben Sie damit noch nicht.

Einführende Darstellungen

Lexika

Unter Umständen ergibt die Quellenermittlung eine riesige Menge an potenziellen Quellen, aber es ist weder möglich noch ratsam, alle Quellen zu beschaffen; vielmehr gilt es, eine Vorauswahl zu treffen. Einige Quellen werden meist noch während des Suchprozesses ausgeschlossen, weil sie auf den ersten Blick verschiedene Anforderungen nicht erfüllen, z. B. zu wenig Information bieten oder veraltet sind. Wenn Ihr Dozent Sie bittet, in zehn Minuten den aktuellen Forschungsstand zum Sonett zu referieren, wäre es sinnlos, ein Buch aus dem 19. Jahrhundert zu lesen. Für eine Hausarbeit allerdings kann eben dieses scheinbar veraltete Buch relevant werden, etwa weil es einen entscheidenden Punkt in der Sonettforschung markiert. Andere Quellen werden vielleicht von der Beschaffung ausgeschlossen, weil diese mit unverhältnismäßigen Kosten verbunden wäre (dies kann z. B. der Fall sein bei alten Drucken, die aufwendig reproduziert werden müssen), weil die Quelle „vergriffen" ist oder weil sie sich in der verbliebenen Zeit schlichtweg nicht mehr beschaffen lässt. Sie sollten

Schritt 3: Vorauswahl

jedoch stets versuchen, alle für die Aufgabe relevanten Quellen zu sammeln, auch wenn Sie sie nicht alle in den Ihnen zugänglichen Bibliotheken finden. Informieren Sie sich über die praktische Einrichtung der Fernleihe, die fast alle Bibliotheken anbieten. Gegen eine kleine Aufwandsentschädigung wird der Service angeboten, Bücher für einen begrenzten Zeitraum aus anderen Bibliotheken zu besorgen.

Nach dem Ende des dritten Schrittes dürfte ein mehr oder wenig großer Stapel an Büchern vor Ihnen liegen. Es wäre nicht ratsam, an dieser Stelle bereits mit dem Lesen zu beginnen (übrigens auch nicht mit dem Kopieren). Denn oft erfüllt ein Buch, das einen vielversprechenden Titel trägt, nicht die Erwartungen. In einem vierten Schritt gilt es daher, die ermittelten Quellen erneut zu sortieren – diesmal nach einer eigenen Sichtung, der sogenannten Autopsie.

Schritt 4: Sichtung

Bereits durch die Lektüre der Paratexte (Nebentexte wie Titel, Klappentext, Inhaltsverzeichnis, Literaturangaben) verschaffen Sie sich einen ersten Eindruck, der durch die Sichtung der Quellen in Form der „partiellen Lektüre" (Schlaffer 1999) ergänzt wird: Sie schlagen beispielsweise ein Kapitel auf, das Ihnen besonders wichtig zu sein scheint, und suchen nach Stichwörtern oder lesen es an; Sie lesen den Abstract eines Aufsatzes oder die Zusammenfassung einer Online-Quelle. Solche Paralektüren und punktuellen Lektüren (vergleichbar mit der diagonalen Lektüre, → KAPITEL 8) versetzen Sie in die Lage, Quellen sowie die darin enthaltenen Informationen grob zu beurteilen. Allerdings unterscheiden sich Quellen, die Sie in einer Bibliothek gefunden haben, und Quellen, auf die Sie im Internet gestoßen sind, deutlich voneinander: Die Bestände einer Bibliothek sind bereits Ergebnis einer durch Fachkräfte getroffenen Vorauswahl – das kann einengend, meistens aber Zeit sparend wirken. Einer Online-Quelle ist dagegen erst einmal weniger Autorität gegeben, ihre Zuverlässigkeit kann schwer eingeschätzt werden und ihr Entstehungskontext ist häufig nur sehr eingeschränkt nachzuvollziehen.

Paralektüre und punktuelle Lektüre

Obwohl dies zeitaufwendig und schwer sein kann, müssen Sie dennoch versuchen, Internetquellen hinsichtlich ihrer Verlässlichkeit einzuschätzen. Internetseiten, hinter denen eine seriöse Institution steht – zum Beispiel eine Universität – sind normalerweise solchen vorzuziehen, die sofort als Privatinitiative erkennbar sind. Auf Ausführungen, die keinen Autor nennen, sollte nur in Ausnahmefällen zurückgegriffen werden. Ein angeführter Autorname sollte, falls er nicht sowieso bekannt ist, recherchiert werden. Dabei ist entscheidend, ob die recherchierte Person wissenschaftlich bekannt ist. Für eine wissenschaftliche Arbeit sind in der Regel diejenigen Internet-

Internetquellen einschätzen

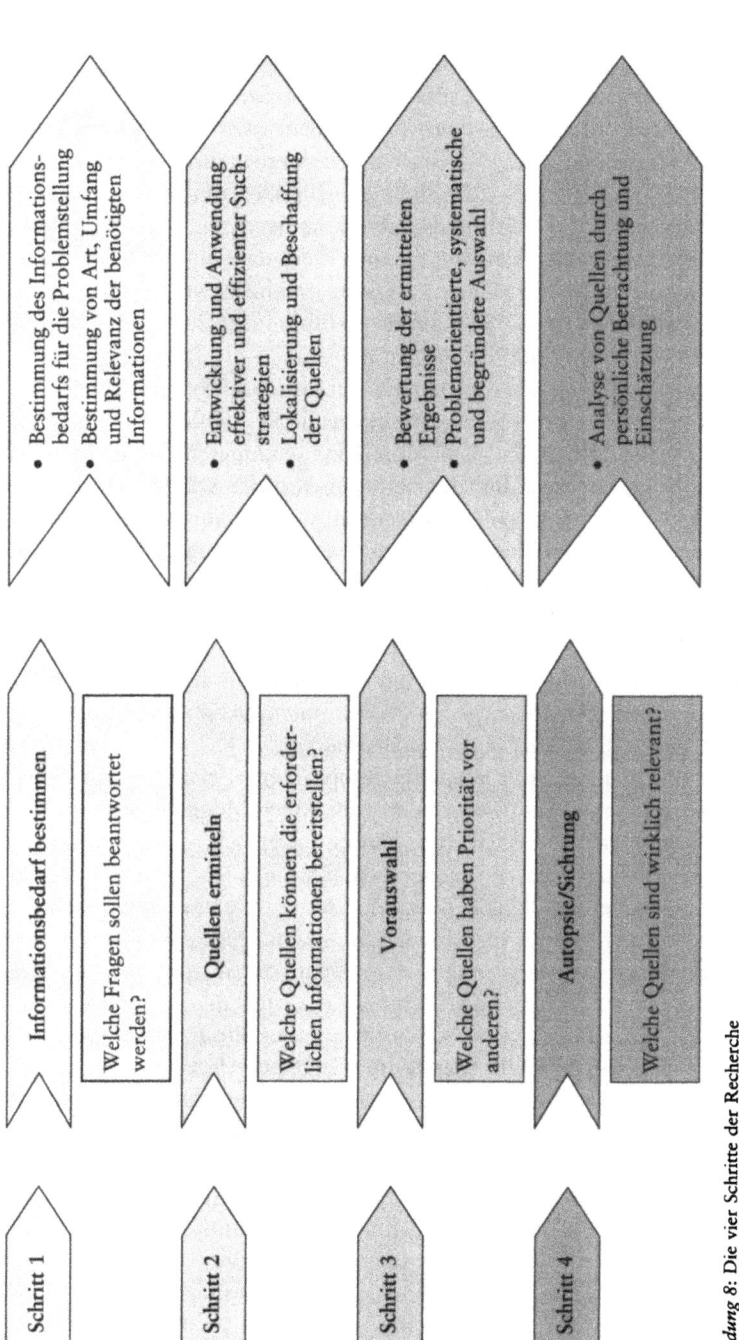

Abbildung 8: Die vier Schritte der Recherche

Schritt 1

Informationsbedarf bestimmen

Welche Fragen sollen beantwortet werden?

- Bestimmung des Informationsbedarfs für die Problemstellung
- Bestimmung von Art, Umfang und Relevanz der benötigten Informationen

Schritt 2

Quellen ermitteln

Welche Quellen können die erforderlichen Informationen bereitstellen?

- Entwicklung und Anwendung effektiver und effizienter Suchstrategien
- Lokalisierung und Beschaffung der Quellen

Schritt 3

Vorauswahl

Welche Quellen haben Priorität vor anderen?

- Bewertung der ermittelten Ergebnisse
- Problemorientierte, systematische und begründete Auswahl

Schritt 4

Autopsie/Sichtung

Welche Quellen sind wirklich relevant?

- Analyse von Quellen durch persönliche Betrachtung und Einschätzung

quellen zu ignorieren, die nicht namentlich gekennzeichnet sind bzw. deren Verfasser in keinem wissenschaftlichen Kontext stehen.

Vollständige Lektüre

Erst nach Beendigung dieses vierten Schritts ist eine erste vollständige Lektüre sinnvoll (→ KAPITEL 8). Sie werden dabei merken, dass viele der ermittelten Quellen in einem so hohen Maß aufeinander Bezug nehmen oder sich gegenseitig kommentieren, dass die Wahrscheinlichkeit recht hoch ist, bei einer Recherche in vier Schritten die meisten wichtigen Quellen zu erfassen. Dennoch wird es immer wieder vorkommen, dass Sie parallel zu Ihrer Lektüre weitere Beiträge nachrecherchieren und beschaffen müssen.

Verwaltung der Ergebnisse

Versuchen Sie, sich von Anfang an ein gutes System für die Verwaltung Ihrer Rechercheergebnisse zuzulegen. Schließlich wissen Sie nie, ob das Sonett Sie nicht durch Ihr gesamtes Studium begleitet und am Ende Thema Ihrer Dissertation wird. Es wäre sinnlos, immer wieder aufs Neue dasselbe zu recherchieren. Erfahrene Wissenschaftler haben sich daher frühzeitig für ein Verwaltungssystem entschieden und aktualisieren die Angaben und Materialien regelmäßig.

Karteikarten vs. Computerprogramme

Über viele Jahrzehnte hat man Studierenden für die Sammlung von Zitaten und kürzeren Exzerpten Karteikartensysteme empfohlen. Diese Systeme sind allerdings oft aufwendig in Anlage und Pflege. Mittlerweile gibt es eine Reihe von Literaturverwaltungsprogrammen, wie z. B. *JabRef, Citavi* oder *EndNote* (→ KAPITEL 15.1) Hat man sich einmal in ein solches System eingearbeitet, erscheint ein Karteikartensystem im Vergleich zu den vielfältigen Möglichkeiten, die eine computergestützte Literaturverwaltung bietet (z. B. Anlage von komplexen Bibliografien, Einspeisen von Quellenangaben in Hausarbeiten, aus denen abschließend automatisch Literaturverzeichnisse generiert werden können usw.) wie ein faszinierendes Relikt aus einer schon lange zurückliegenden Zeit. Dennoch ist zu bedenken, dass Karteikarten weniger den Launen der Technik unterliegen und schneller griffbereit sind als elektronische Programme. Natürlich kann man bei einer Recherche in kleinerem Umfang auch auf die bekannten Programme wie Word oder Excel zurückgreifen, die durch ihre mangelnde Flexibilität bei der Sortierung allerdings schneller unübersichtlich werden als spezielle Verwaltungsprogramme.

Wenn Sie das Gefühl haben, ausreichend gute Informationsquellen zur Geschichte des Sonetts gesammelt zu haben, können Sie nun die zur Bearbeitung Ihrer Fragestellung vorhandenen Informationen strukturieren (z. B. mithilfe von Kreativitätstechniken, → KAPITEL 11 und weiterverarbeiten. Dazu aber müssen Sie die Quellen natürlich zunächst gründlich lesen (→ KAPITEL 8).

7.2 Methoden und Techniken der Quellenermittlung

Bestimmung des Informationsbedarfs, Ermittlung der Quellen, Vorauswahl und Sichtung – diese vier Schritte klingen in der Theorie sehr viel einfacher, als sie in der Praxis sind. Besonders die Ermittlung der Quellen (Schritt 2) erfordert angesichts riesiger Bibliotheksbestände und einer unübersehbaren Informationsfülle des Internets einige Übung.

Da es weder möglich noch effizient ist, den gesamten Bestand einer bzw. mehrerer Bibliotheken zu studieren, der Kauf aller Bücher vermutlich das monatliche Budget sprengt und niemand je das gesamte Internet durchforsten kann, muss man verschiedene Recherchemethoden und -systeme kennen und nutzen, um die Anzahl potenzieller Informationsquellen einzugrenzen.

Die Bedingungen und Möglichkeiten (nicht nur) der literaturwissenschaftlichen Recherche haben sich in den letzten Jahren aufgrund der tiefgreifenden Veränderungen in der Informations- und Kommunikationstechnologie und ihrer massenhaften Verbreitung radikal gewandelt. Die Menge der potenziell verfügbaren, vergleichsweise schnell zugänglichen und speicherbaren Informationen ist unvorstellbar riesig geworden. Dabei sind durch den alltäglichen Gebrauch von Rechnern und die Entwicklung des Internet zu einem Medium der Massenkommunikation Zugang zu und Beschaffung von Informationen nicht nur in viel größerem Umfang *möglich*, sondern werden auch zunehmend *erwartet*. Technologische Veränderungen

Zugleich haben diese Veränderungen direkte Auswirkungen auf den gesamten Recherchevorgang. Angesichts der zur Verfügung stehenden Informationen wächst z. B. die Bedeutung der präzisen Artikulation und Definition des jeweiligen Informationsbedarfs. Vereinfacht gesagt: Gerade wegen der Fülle an Information muss man immer genauer wissen, was man eigentlich sucht.

Die Recherchemethoden und -techniken haben sich in ihrer Bedeutung und zum Teil auch in ihrem Ablauf deutlich gewandelt. Unterschieden werden im Allgemeinen: Recherchemethoden

- die systematische Recherche,
- die Schneeballmethode,
- das „gesteuerte Stöbern",
- die Befragung.

Die tabellarische Übersicht in → ABBILDUNG 9 grenzt diese vier Methoden bezüglich ihrer Ziele, ihres Ablaufs und ihrer Vor- und Nachteile

Methode	Systematische Recherche
Ziel	Umfassende Recherche von Informationen bzw. Quellen
Ablauf	• Zu Beginn der Recherche wird ermittelt, wonach gesucht werden soll; dies geschieht durch eine systematische Ableitung von Schlüsselbegriffen. • Schlüssel- bzw. Suchbegriffe können Schlagworte, Oberbegriffe oder Autorennamen sein (z. B. „Sonett", „Petrarca"). • Über unterschiedliche Informationssysteme wird nach den Schlüsselbegriffen gesucht. • Die wichtigsten Informationssysteme für die literaturwissenschaftliche Recherche sind Bibliothekskataloge, z. B. Online-, Zettel-, Image- oder Mikrofichekataloge. • In den meisten Bibliotheken hat inzwischen ein OPAC (Online Public Access Catalogue) die Zettelkataloge der früheren Zeit abgelöst. • Bibliothekskataloge enthalten u. a. die relevanten Angaben zu Standorten, Signaturen und Ausleihbedingungen, wie z. B. Fernleihe. Ein Bibliothekskatalog macht fast immer nur Monografien und Zeitschriften auffindbar. • Beiträge in Sammelbänden bzw. Zeitschriften müssen daher in weiteren Informationssystemen wie Bibliografien, Internetsuchmaschinen, einschlägigen Zeitschriften und Jahrbüchern recherchiert werden. • Die sinnvolle Nutzung des Internet erfordert einen routinierten Einsatz von Suchstrategien.
Vorteile	• Über die systematische Recherche gewinnt man einen mehr oder weniger lückenlosen Überblick über die verfügbaren Informationen. • Die Rechercheergebnisse spiegeln eine gewisse Unvoreingenommenheit gegenüber den recherchierten Quellen.
Nachteile	• Der Prozess der Auswahl und Selektion ist oft schwierig, da die Informationssysteme in der Regel keine Bewertung der Ergebnisse vornehmen. • Es ist schwer, auf diese Weise an neue und überraschende Informationen zu kommen, da der Informationsbedarf bereits im Vorhinein sehr klar definiert wurde und man nur finden kann, was bereits von anderer Seite mit Schlüsselbegriffen verknüpft wurde.

Methode	Schneeballmethode
Ziel	Eine von anderen Quellen geleitete Recherche
Ablauf	• Ausgehend von einer Quelle werden andere, dort genannte Quellen recherchiert, die ihrerseits auf eine Vielzahl weiterer Quellen verweisen. Aus einem kleinen Schneeball wird damit beständig ein größerer. • Am besten funktioniert diese Methode anhand von schriftlichen Quellen, meist Büchern mit umfangreichen Literaturverzeichnissen. • Als Ausgangspunkt eignen sich insbesondere Forschungsüberblicke.
Vorteile	• Die gewonnenen Quellen sind leichter einzuschätzen, da sie häufig bereits bewertet sind. • Die Schneeballmethode führt am schnellsten zu einem Überblick über die von der Fachwissenschaft als relevant erachteten Quellen. Wenn sich die Verweise wiederholen, kann man sicher sein, den „Kanon" von Quellen zu einem Thema erfasst zu haben.
Nachteile	• Die Bewertung der Quellen durch andere Quellen führt zu einer stärkeren Voreingenommenheit vor der eigenen Lektüre. • Die Kanonermittlung verhindert oftmals den „neuen Blick" auf das Thema. Man findet sozusagen immer nur das, was andere auch schon gesehen haben.

Abbildung 9: Recherchemethoden und -techniken im Vergleich

Methode	„Gesteuertes Stöbern"
Ziel	Zufällige, (selbst-)gesteuerte Recherche von Informationen bzw. Quellen
Ablauf	• Diese Technik ist von der Schneeballmethode abgeleitet, weil ebenfalls von einer bereits recherchierten Quelle ausgegangen wird. • Nach dieser Ausgangsquelle wird nicht systematisch gesucht, sie fällt einem sozusagen zufällig in die Hände. • Eine Möglichkeit ist das Entlanggehen an den Regalen einer Bibliothek, gestöbert wird jedoch vor allem im Internet, indem man von einer Quelle über Verweise zu einer weiteren gelangt und so fort.
Vorteile	• Im Gegensatz zu den ersten beiden Methoden kann man durch das Stöbern Quellen und Informationen finden, die außerhalb der Suchparameter der systematischen Recherche und damit außerhalb eines ursprünglich definierten Informationsbedarfes liegen, sich aber dennoch (oder gerade deswegen!) als relevant für eine Fragestellung erweisen können.
Nachteile	• Nicht immer führt diese Methode zu einem fassbaren Ergebnis; es kann daher passieren, dass man lange Zeit damit verbracht hat, sich Quellen anzuschauen, die nichts zum Thema beitragen können.

Methode	Befragung
Ziel	Systematische Suche nach empfohlenen Quellen, Erfragen von Informationen
Ablauf	• Kompetente Personen werden nach geeigneten Quellen befragt oder gebeten, selbst als Quelle zu dienen. • Dazu werden anhand des bestimmten Informationsbedarfes konkrete Fragen formuliert, die mittels eines strukturierten und systematischen Fragenkatalogs an Experten gerichtet werden. • Ein Sonderfall der Befragung ist das Interview eines Literaturwissenschaftlers mit einem Autor.
Vorteile	• Die gewonnenen Informationen müssen nicht mehr bewertet werden; durch direktes Nachfragen kann diese Bewertung sogar auf konkrete Frage- und Problemstellungen zugeschnitten werden. • Es handelt sich um eine interpersonelle Methode, d. h. nicht nur Sie reagieren auf die „Quelle", sondern die „Quelle" reagiert auch auf Sie und ein Nachfragen ist möglich.
Nachteile	• Die Subjektivität von Fragendem und Befragtem führt zu einem entsprechend subjektiv gefärbten Rechercheergebnis. • Da Menschen weniger geduldig sind als Papier, besteht immer das Problem der Abhängigkeit von der Kooperationsbereitschaft anderer Personen.

voneinander ab. In den meisten Fällen macht man nicht nur von einer dieser Methoden, sondern von einer Kombination Gebrauch. Zugleich räumt man einer bestimmten Methode jeweils in Abhängigkeit von der konkreten Frage- oder Problemstellung einen gewissen Vorrang ein. So sind Schneeballmethode und Befragung für ein 10-minütiges Einführungsreferat zur Geschichte des Sonetts exzellente Recherchemethoden, für eine Abschlussarbeit ist hingegen die systematische Recherche unerlässlich. Die Übersicht über die Methoden zeigt, dass für deren Anwendung, insbesondere bei der systematischen Recherche, spezielle Kenntnisse und Fertigkeiten notwendig sind. Beispielsweise sollte man genau wissen, wie die Kataloge der Bibliotheken funktionieren, in denen man arbeitet – ob sie nun digital verfügbar oder lokal gebunden sind. In der eigenen Bereichs- oder Universitätsbibliothek sollte man sich so früh wie möglich auskennen, um sich Rückschläge und Zeitdruck zu ersparen. Wenn Sie Ihre Bibliotheken nicht über ein Seminar im ersten Semester kennenlernen, sollten Sie sich nach Bibliotheksführungen selbst erkundigen. Derartige Einführungen gibt es in allen Bibliotheken.

Eine ‚Führung‘ durch das Internet wird dagegen selten angeboten. Bei der Recherche im Internet ist daher immer zu bedenken, dass Informationen über Schlüsselbegriffe aufgefunden werden, die irgendjemand bestimmten Seiten zugeordnet hat. Zu finden ist daher nur, was eine andere Person oder ein automatisierter Indexierungsdienst bereits verortet und verlinkt haben. In diesem Fall gilt es also die eigene Fantasie anzustrengen, um Verknüpfungen zu finden, auf die man selbst nicht ohne Weiteres kommen würde. Auch wenn es inzwischen sehr viele gute und seriöse Informationsquellen im Internet gibt, muss dennoch weiterhin besonders genau überprüft werden, ob die Informationen verwendbar sind, da jeder ohne jede Überprüfung alles ins Netz stellen kann. In keinem Fall jedoch dürfen die Inhalte einer Internetseite ohne Angabe der Quelle einfach herunterkopiert und weiterverwendet werden. Wie bei einem Buch handelt es sich um ein Plagiat, wenn man ohne jede Kennzeichnung ganze Sätze, Absätze oder gar Seiten übernimmt. Die Urheber geistigen Eigentums müssen stets genannt werden.

Bei der Verwendung von Texten aus dem Internet ist außerdem zu beachten, dass sich die Inhalte permanent ändern können. Notieren Sie sich daher das Datum Ihres Abrufs und speichern Sie die Quelle gegebenenfalls auf Ihrem Rechner. Trotz der Zunahme an Projekten, die die systematische Archivierung des Internet zum Ziel haben (z. B. www.archive.org), können Sie sich nicht darauf verlassen, dass genau

Bibliotheks-Know-how

Internetrecherche

die Version einer Website, mit der Sie gearbeitet haben, von einem der Archivierungsdienste gespeichert wurde.

7.3 Informationskompetenz

Die richtige Recherche führt zum Erwerb von Information, die aber erst dann wirklich verfügbar ist, wenn sie richtig verwaltet wird. Eben diese Informationskompetenz – also die Sicherheit im Umgang mit Methoden, die dazu dienen, Informationen einzuschätzen, auszuwählen, zu beurteilen, weiterzubearbeiten und zu vermitteln – ist Ziel und Begleiterscheinung jeglicher Recherche. Da die Recherche in allen Studiengängen und Wissenschaftsfeldern wichtig ist, ist davon auszugehen, dass jeder Studierende in diesem Bereich Kompetenz erwirbt.

Methodensicherheit

Allerdings unterscheidet sich die Art der Kompetenz in den unterschiedlichen Disziplinen teilweise sehr deutlich. Nicht umsonst gelten Geisteswissenschaftler in dieser Hinsicht als besonders flexibel, Literaturwissenschaftler darüber hinaus als kreativ im Umgang mit Information, Informationskompetenz mithin als literaturwissenschaftliche Expertenfähigkeit. Abgesehen davon, dass es sich hierbei auch um Klischees handelt und nicht jeder Literaturwissenschaftler dieser Sicht entspricht, ist festzuhalten, dass ein Rechercheprozess in der Literaturwissenschaft tatsächlich sehr frei gestaltet bleibt.

Expertenfähigkeit

Dies liegt daran, dass es bei der Behandlung von Themen unterschiedliche Darstellungsmöglichkeiten gibt, die weniger vorherbestimmt sind als in anderen Disziplinen. Sie können die Geschichte des Sonetts am Beispiel von Autoren, anhand eines Textbeispiels, ohne jedes Beispiel beschreibend, ein Schema vorstellend, anekdotisch, historisch-gesellschaftlich oder mittels Zitaten aus der Forschung präsentieren. Sie können aber auch ein eigenes Sonett schreiben, das sich mit Sonetten beschäftigt. Die Entscheidung für eine der Vorgehensweisen lässt Ihre Informationskompetenz erkennen, und da Sie solche Entscheidungen in Ihrem Studium fast täglich treffen müssen, sind Sie in dieser Hinsicht im Vergleich zu Studierenden anderer Fächer besonders geschult.

Vielfältige Darstellungsmöglichkeiten

Die besonders hohe Informationskompetenz der Geisteswissenschaftler im Allgemeinen und der Literaturwissenschaftler im Besonderen ist für das Berufsleben höchst dienlich, da dort ebenfalls ständig schnelle Entscheidungen aufgrund eines groben Überblicks getroffen werden müssen. Eine Feuilleton-Zeitungsredakteurin formuliert ihre Erwartungshaltung folgendermaßen:

Überblick und
Auswahl

„Von einem Studierenden der Literaturwissenschaft erwarte ich, dass sie oder er in der Lage ist, sich schnell und zuverlässig einen Überblick zu verschaffen und eine Auswahl zu treffen. Wenn ich einem Universitätsabsolventen morgens einen Stapel Bücher hinlege, gehe ich davon aus, dass ich mittags eine Einschätzung bekomme, welche oder welches davon sich für eine Besprechung lohnt." (Fragebogen 2007, Redakteurin im Feuilleton einer großen Tageszeitung)

Um Recherche geht es in diesem Fall auf den ersten Blick überhaupt nicht. Es ist weder die Aufgabe, Informationen über die Autoren der betreffenden Bücher einzuholen, noch dürfte dafür Zeit genug vorhanden sein. Dennoch sind fast alle Kompetenzen gefragt, die für die Recherche nötig sind:

- Die Problemstellung ist zu analysieren (in welchem Medium soll die Rezension erscheinen, welche Bücher werden dort besprochen, welcher Leserkreis ist zu erwarten?),
- die Bücher sind mittels einer punktuellen Lektüre zu klassifizieren (welche klingen aufgrund der Paratexte und eines ersten ‚Reinlesens' am interessantesten?) und
- durch den Vergleich der auf diese Weise gesammelten Informationen ist eine endgültige Auswahl zu treffen.

Über die Recherche hinausgehend wäre anschließend das Ergebnis professionell festzuhalten und zu begründen.

Fertigkeiten und
Kompetenzen

Wie man sehen kann, erwirbt man mit der Kompetenz, an Information zu gelangen, gleichzeitig eine Vielzahl ‚untergeordneter' Fertigkeiten. Hierzu gehören:

- die Fähigkeit, analytisch und systematisch zu denken,
- kreative Kompetenzen,
- Bewertungs- bzw. Beurteilungsvermögen,
- Entscheidungs- und Reflexionskompetenzen,
- kommunikative Fähigkeiten, dabei insbesondere Lese- und Schreibkompetenz,
- EDV-Kenntnisse.

All diese Fertigkeiten gelten als überfachliche Schlüsselkompetenzen, die für den selbstständigen, lebenslangen Erwerb von Wissen unerlässlich sind. Auch die Informationskompetenz selbst, als Gesamtheit dieser Fähigkeiten, ist eine überfachliche Kompetenz.

Gestiegene Anforderungen im Beruf

Der Alltag sämtlicher Berufsfelder (→ KAPITEL 14) ist dadurch geprägt, dass – vor allem via Internet und Intranet – immer mehr Informationen potenziell bereitgestellt und verbreitet werden können; daran knüpft sich die Erwartung, dass diese Informationen immer schneller aufgegriffen und weiterverarbeitet werden. Entsprechend hoch sind die Ansprüche an jene Fähigkeiten, die Sie in die Lage versetzen, Informationen zu beschaffen, auszuwählen, zu verarbeiten, weiterzugeben und zu verwalten. Ebenso gestiegen sind die Anforderungen an jene Kompetenzen, die Sie dazu befähigen, die damit verbundenen Arbeitsprozesse zu managen sowie die eigenen Vorgehensweisen zu reflektieren, zu steuern und weiterzuentwickeln.

So beinhaltet, mit Ausnahme von Ein-Mann-Unternehmen, jeder Berufsalltag umfassende Prozesse der internen Kommunikation, die im Wesentlichen der Beschaffung und Weitergabe von Informationen dienen und die Auswahl, Weiterverarbeitung und Verwaltung von Informationen erforderlich machen. Team- oder Abteilungsbesprechungen gehören zu den klassischen Instrumenten des Informationsaustauschs innerhalb einer größeren Gruppe von Menschen, die gemeinsam an einem Projekt arbeiten oder für bestimmte größere Aufgabengebiete (z. B. in der Marketingabteilung) zuständig sind. Obwohl ein solcher Informationsaustausch regelhaft und unter Anleitung stattfindet, müssen Sie sich, um erfolgreich arbeiten zu können, im Vorfeld und während solcher Besprechungen genau überlegt haben, welche Informationen Sie von wem in welchem Umfang benötigen, welche Informationen für andere relevant sind, welche Informationen eventuell wichtig werden könnten usw. Dies gilt in gleichem Maße für alle anderen Formen der Informationsbeschaffung und -verbreitung in Organisationen und Unternehmen. Neben den methodischen, kommunikativen und persönlichen Kompetenzen (z. B. Recherchestrategien, Analysefähigkeiten, mündliche und schriftliche Darstellung von Informationen, Fähigkeit zur Auswahl und Bewertung von Informationen, Entscheidungsfreude) steigen die Anforderungen an IT-Kompetenzen sowohl bei der Verbreitung als auch bei der Verwaltung von Informationen zunehmend.

Neben diesen allgemeinen Anforderungen des beruflichen Alltags an die individuelle Informationskompetenz erfordern einige der Berufsfelder, in denen Literaturwissenschaftler traditionell beschäftigt sind, eine überdurchschnittliche Informationskompetenz. Dies gilt in besonderem Maße für die verschiedenen Formen des Journalismus, die Kulturvermittlung (z. B. in kulturellen Projekten und musealen Tätigkeiten), ebenso für die Bereiche der (professionellen) internen und externen Unternehmenskommunikation. In allen diesen Berufsfeldern steht die adressatenorientierte Aufbereitung und Vermittlung von Informationen an unterschiedliche Interessens- und Anspruchsgruppen im Zentrum der Tätigkeiten.

Interne Kommunikation

Berufsbereiche mit hoher Informationsdichte

Wissensvermittlung und pädagogische Tätigkeitsfelder

Die als Expertenfähigkeit beschriebene literaturwissenschaftliche Informationskompetenz spielt auch in den im weitesten Sinne pädagogischen Tätigkeitsfeldern von Literaturwissenschaftlern eine zentrale Rolle. Da Wissen in begrenzter Zeit niemals umfassend vermittelt werden kann, müssen sich Lehrende stets klar darüber werden, welche Informationen für ihren jeweiligen Adressatenkreis relevant sind – es muss also gemäß Fragestellung und Relevanz ausgewählt werden. Damit wird deutlich, dass den Lehrenden eine hohe Verantwortung zukommt, die ihnen nicht durch Lehrpläne abgenommen werden kann: Sie entscheiden, welches Wissen von den Schülern als kanonisch und entscheidend wahrgenommen wird. Diese Verantwortung wächst proportional zur verfügbaren Menge an Informationen, denn wer die Wahl hat, hat die Qual.

Wenn Sie also in Zukunft gebeten werden, ein Kurzreferat zur Geschichte des Sonetts zu halten, hadern Sie nicht mit Ihrem Schicksal, falls Sie Lyrik nicht besonders schätzen. Machen Sie sich klar, dass es sich dabei um eine Aufgabe handelt, die Sie auf Ihren späteren Beruf vorbereitet, weil Sie mit ihr lernen, zielgerecht zu recherchieren und Informationen entsprechend der Anforderung von Aufgabe und Situation auszuwählen. Wenn Sie Ihr Studium nutzen, in diesem Bereich kompetent zu werden, wird Sie der Stapel Bücher, den Ihnen Ihre Chefin bei einer Zeitung morgens auf den Schreibtisch legt, nicht erschüttern. Sie werden ihn sichten, Kriterien für eine sinnvolle Auswahl erstellen und sich aufgrund stichfester Argumente für ein oder zwei Bücher entscheiden, die eine Rezension auf der Feuilletonseite verdient haben.

Fragen und Anregungen

- Rekapitulieren Sie die vier Schritte der Recherche.

- Erläutern Sie die vier vorgestellten Recherchemethoden und reflektieren Sie Vor- und Nachteile.

- Was versteht man unter „Informationskompetenz"?

- Nehmen Sie sich ein Fachbuch aus dem Bücherregal und bewerten Sie es anhand einer kurzen Sichtung und einer Kenntnisnahme der Paratexte. Für welche Fragestellungen könnte das von Ihnen gewählte Buch hilfreich sein?

- Beginnen Sie mit einer Bestandsaufnahme und klären Sie, auf welche Weise Sie derzeit Ihre Bücher, Kopien und Daten verwalten.

- Überlegen Sie, was Ihre spezifischen Arbeitsschritte wären, wenn Sie unter acht Romanen einen geeigneten für eine Rezension in einer überregionalen Tageszeitung auszuwählen hätten.

Lektüreempfehlungen

- Matthias Brendel / Frank Brendel: Richtig recherchieren. Wie Profis Informationen suchen und besorgen. Ein Handbuch für Journalisten, Rechercheure und Öffentlichkeitsarbeiter, Frankfurt a. M. 1998, 6. Auflage 2004. *Anregend geschriebenes Buch mit zahlreichen praktischen Beispielen, das neben den „musts" auch Hinweise zu rechtlichen Aspekten der Recherche beinhaltet. Für Recherche im beruflichen Kontext lesenswert.*

- Burkhard Moennighoff / Eckhardt Meyer-Krentler: Arbeitstechniken Literaturwissenschaft, Paderborn 1990, 13. Auflage 2008. *War und bleibt eines der Standardwerke für Studierende, die sich in die literaturwissenschaftlichen Arbeitstechniken einüben.*

- Georg Rückriem / Joachim Stary / Norbert Franck: Die Technik wissenschaftlichen Arbeitens: eine praktische Anleitung, Paderborn 1977, 14. Auflage 2007. *Eine fächerübergreifende Anleitung, die für den Einstieg nützlich sein kann.*

8 Mit dem Stift in der Hand – Lektüre und Lesekompetenz

Abbildung 10: (Michelangelo da) Caravaggio: *Heiliger Hieronymus beim Schreiben*
(1605/06)

Im Gemälde des italienischen Malers Caravaggio (Michelangelo Merisi da Caravaggio, 1571–1610) ist der heilige Kirchenvater Hieronymus dargestellt, wie er am Tisch über ein Buch gebeugt sitzt und ins Lesen vertieft ist. Auf dem Tisch liegen weitere Bücher; auf ihnen thront ein an die Vergänglichkeit mahnender Totenkopf. In der rechten Hand hält Hieronymus schreibbereit einen Griffel, mit der linken greift er in das Buch, als würde er beim Lesen zwischen zwei Stellen hin- und herblättern. Diese Hieronymus-Darstellung hat eine lange Tradition: Hieronymus, Schutzpatron der Gelehrten, hat die hebräische Bibel in das zu seiner Zeit gesprochene Latein übersetzt, weshalb diese noch heute grundlegende Fassung den Namen „Vulgata" (lateinisch „allgemein verbreitet") trägt und Hieronymus auf einer Vielzahl anderer Gemälde als lesender und schreibender Denker gezeigt wird.

Lesen gehört, wie Rechnen und Schreiben, zu den ältesten Kulturtechniken. Auch und gerade im Zeitalter der Mediengesellschaft ist Lesekompetenz für die Bewältigung von Alltag unerlässlich. Lesen gilt als eine grundlegende Fähigkeit, ohne die die aktive Teilhabe am gesellschaftlichen Leben erheblich eingeschränkt ist. Sie dient der Aufnahme bzw. dem Austausch von Informationen ebenso wie der Unterhaltung und Bildung. Entsprechend gibt es verschiedene Formen des Lesens, die mit unterschiedlichen Lesern, Lesehaltungen, Lesezielen und -absichten sowie verschiedenen Lesestoffen und entsprechenden Lesestrategien korrespondieren. Wenn Hieronymus beispielsweise nicht nur zu seiner eigenen Information oder Bildung liest, sondern in der Absicht, das Gelesene anschließend zu übersetzen, muss sich seine Art des Lesens zwangsläufig von derjenigen der abendlichen Bettlektüre unterscheiden. Während des Studiums wird eine ganze Reihe unterschiedlichster Texte und Textsorten gelesen. Häufig muss innerhalb kurzer Zeit viel Lesestoff durchgearbeitet werden. Um das zu schaffen, sind einige Strategien nötig, die Teil der Lesekompetenz und für den späteren Berufsalltag nützlich sind.

8.1 Was und zu welchem Zweck lesen Literaturwissenschaftler?
8.2 Methoden und Techniken der Lektüre
8.3 Lesekompetenz

8.1 Was und zu welchem Zweck lesen Literaturwissenschaftler?

Verschiedene Wissenschaftsdisziplinen – vor allem die Kognitionspsychologie, die sich mit den psychischen Vorgängen des Denkens, Erkennens und Wissens beschäftigt, aber z. B. auch die Psycholinguistik – setzen sich mit der Frage auseinander, was beim Lesen eigentlich passiert. Eine eindeutige Antwort darauf gibt es bislang nicht, wohl aber zahlreiche Thesen, Modelle und Konzepte. PISA beispielsweise versteht Lesekompetenz als „ein wichtiges Hilfsmittel für das Erreichen persönlicher Ziele, als Bedingung für die Weiterentwicklung des eigenen Wissens und der eigenen Fähigkeiten und als Voraussetzung für die Teilhabe am gesellschaftlichen Leben". (Stanat / Artelt 2002, S. 6) **Lesekompetenz – Definition**

Konsens besteht im Allgemeinen darüber, dass – ausgehend von eigenen Interessen und Zielen – Texten beim Lesen Bedeutung entnommen und diese anschließend weiterverarbeitet wird. Ob dieser Prozess insgesamt stärker durch den Text oder durch das Vorwissen der Leser beeinflusst wird, ist umstritten. Gegenwärtig aber wird Lesen eher als Bestandteil eines kommunikativen Aktes aufgefasst, bei dem der Leser an der Konstruktion von Bedeutung beteiligt ist. Dieses vor allem durch die Kognitionspsychologie entwickelte Modell wird durch Ansätze ergänzt, die das allgemeine Verständnis von Lesetätigkeit um eine kulturwissenschaftliche Perspektive erweitern: Demnach ist Lesen nicht nur Bedeutungsentnahme und -weiterverarbeitung, sondern darüber hinaus eingebunden in den globalen kommunikativen Handlungszusammenhang des Einlebens in die eigene und andere Kulturen sowie in die individuelle Entwicklung des Einzelnen. **Lesen als kommunikativer Akt**

Neben kognitiven Dimensionen besitzt das Lesen auch interaktive und emotionale Dimensionen. Man tauscht sich über das Gelesene aus, kritisiert es, handelt Auffassungen aus, die alle an der Kommunikation Beteiligten akzeptieren können, schult dadurch die Fähigkeit zur ästhetischen Wahrnehmung und zum ästhetischen Genuss sowie die Fähigkeit, sich auszudrücken und zu artikulieren. Während die Kognitionspsychologie Unterschiede zwischen literarischen und nicht-literarischen Texten weitestgehend vernachlässigt, liegt dem kulturwissenschaftlichen Verständnis von Lesekompetenz ganz klar die Auffassung zugrunde, dass literarische Texte in besonderer Weise zur Ausbildung von Lesekompetenz beitragen: Beim Lesen literarischer Texte werden ‚fremde' Welten imaginiert (→ KAPITEL 2), und für die Teilhabe an bzw. die Arbeit mit diesen Welten sind spezifische **Lesen und Interaktion**

Fähigkeiten notwendig, die über das Verstehen des Textinhalts hinausgehen.

Als Lesender – ob Literaturwissenschaftler oder nicht – hat man es gemeinhin mit drei Arten von Texten zu tun:

Textarten

1. literarische Texte, sogenannte Primärtexte,
2. wissenschaftliche Texte, sogenannte Sekundärtexte,
3. Texte, die weder als wissenschaftlich noch als literarisch einzustufen sind, wie etwa Gebrauchsanweisungen.

Je nach Beruf, Interessen und Lebensphase wird der Anteil dieser Textsorten im täglichen (Lese-)Leben unterschiedlich sein. Auch wenn man davon ausgeht, dass man in einem literaturwissenschaftlichen Studium sehr viele literarische Texte rezipiert, kann es Phasen geben, in denen man fast ausschließlich Forschungstexte lesen muss und sich alle Primärlektüre auf den Krimi im Bett reduziert.

Literarische Texte

Dennoch machen literarische Texte, also solche Texte, die durch Literarizität bzw. Poetizität gekennzeichnet sind (→ KAPITEL 2.2), sicherlich einen sehr großen Teil der Lektüre von Literaturwissenschaftlern aus. Im Unterschied zu einem Leser, der nicht literaturwissenschaftlich tätig ist, liest ein Literaturwissenschaftler normalerweise nicht nur deutlich mehr literarische Texte, sondern zugleich andere – und diese auf andere Weise als jene Leser, denen es um (Allgemein-)Bildung oder Unterhaltung geht. Das Ziel der literaturwissenschaftlichen Lektüre ist folglich ein anderes, weshalb sich auch die Vorgehensweise unterscheidet.

Quantität der Lektüre

Natürlich gibt es überall Leseratten – für ein erfolgreiches Studium der Literaturwissenschaft ist viel Lesen jedoch eine Notwendigkeit, vor der man sich nicht drücken kann. Dafür gibt es drei Gründe:

- Erstens wirkt sich eine verstärkte Lektüre von Literatur auf die sprachlichen Fähigkeiten eines Lesers aus. Wie wichtig das sein kann, merkt man vor allem dann, wenn man selbst Texte korrigieren muss (im Lektorat eines Verlags oder als Lehrer in der Schule) und beispielsweise Sicherheit im Umgang mit Präpositionen hat, weil man genau weiß, welche Präposition in Verbindung mit welchem Verb zu nutzen ist.
- Zweitens verschafft eine größere Anzahl gelesener Texte nicht nur Kenntnisse über die historische und synchrone, d. h. gleichzeitige Vielfalt von Literatur, sondern vor allem die Möglichkeit zum vergleichenden Lesen, das den Blick für den einzelnen Text schärft.
- Drittens ist man zu einer tiefer gehenden (wie zum Beispiel einer intertextuellen) Lektüre erst dann fähig, wenn man eine gewisse Menge an Texten kennt.

Ein gutes Beispiel für die Tiefe von Textverständnis, die intertextuelle Lesekompetenz ermöglicht (→ KAPITEL 4.4), sind die Texte des Schriftstellers, Literaturwissenschaftlers und Philosophen Umberto Eco, insbesondere sein Bestseller *Der Name der Rose* (1980). Dieser Roman ist nicht zuletzt auch deshalb auf breites Interesse gestoßen, weil er auf ganz unterschiedlichen Ebenen gelesen werden kann: Er eröffnet einem trainierten Leser mit reichem Textwissen Bedeutungsebenen, die einem Leser, der über weniger Textkenntnis verfügt, verborgen bleiben. So ist die Hauptfigur William von Baskerville für die einen lediglich ein kluger Detektiv, für andere eine Art Sherlock Holmes des Mittelalters – was der Name Baskerville als Anklang an den Holmes-Fall *Der Hund von Baskerville* nahe legt –, für dritte, die sich mit mittelalterlicher Philosophie beschäftigen, verweist die Figur auf den Philosophen Wilhelm von Ockham (ca. 1285 – ca. 1350) und damit auf den Streit der Nominalisten gegen die Realisten (Universalienstreit genannt). William von Baskerville glaubt an die Zeichenhaftigkeit der Welt, folglich auch an Lüge und Täuschung, was bedeutet, dass göttliche Lehre und Erkenntnis für ihn nicht in den Dingen liegen (Sicht der Realisten), sondern subjektiv sind und konstruiert werden (Sicht der Nominalisten). Wer die philosophischen Verweise des Romans erkennt, sieht in bedeutungslos scheinenden Dialogen philosophische Dispute und erkennt Zitate neuzeitlicher Philosophen (beispielsweise Wittgensteins) wieder. Kriminalistische Arbeit wird auf diese Weise zum Ausdruck eines neuen Denkens.

Im Fall von Ecos Roman zielt das zur intertextuellen Erschließung nötige Textwissen demnach nicht in erster Linie auf moderne Literatur, sondern auf zahlreiche Texte des Mittelalters, also auf eine historische Lektüre, die im literaturwissenschaftlichen Studium erlernt wird. Denn eine Spezialisierung auf eine historische Epoche erfolgt im Studienverlauf in der Regel erst dann, wenn ein breiter Überblick über die Geschichte der Literatur (→ KAPITEL 3) vorausgesetzt werden kann. Demgegenüber liest der interessierte Leser von heute vor allem Gegenwartsliteratur, die ihm durch die Medien empfohlen wird oder die sich auf den Bestsellerlisten findet. Damit soll keineswegs behauptet werden, dass es außerhalb der Universitäten keine Goethe-Liebhaber oder Naturalismus-Fans gibt – diese Behauptung wäre auch gar nicht haltbar. Wenn man jedoch einen Blick auf das Verhältnis zwischen jährlichen Neuerscheinungen und Neuauflagen von Klassikern wirft, wird klar, dass der Markt sich vor allem für aktuelle Literatur interessiert. Für das Studium der Literaturwissenschaft ist eine historisch breite Lektüre allerdings unumgänglich, denn sie

Intertextuelle Lesekompetenz

Historisch breite Lektüre

schärft das Verständnis für die Zusammenhänge von Literatur und den Kontext ihres Entstehens, d. h. für ihre historische und kulturelle Variabilität.

Der Literaturkritiker Denis Scheck berichtete in einem Gespräch auf *Deutschlandradio Kultur* am 15. März 2008, er lese generell mit einem Schreibgerät in der Hand, weil er jeden Text, den er lese, bearbeite (vgl. Scheck 2008). Scheck ist nicht der Einzige, der – wie schon Hieronymus – mit dem Stift in der Hand ein Buch liest. Das liegt vor allem daran, dass Literaturwissenschaftler aus anderen Beweggründen und mit anderen Zielen lesen als ‚Freizeitleser‘: Sie versuchen lesend, auf der Grundlage einer theoriegeleiteten Methodenbildung und mehr oder weniger objektivierbarer Kriterien und Merkmale von Texten deren Struktur, Funktion, Wirkung, Geschichte, Bedeutung und sprachliche Besonderheiten zu analysieren und zu beschreiben. Sie beschäftigen sich dabei z. B. mit der Frage, mithilfe welcher bildsprachlicher Mittel in einem Text bestimmte Wirkungen und Bedeutungsebenen produziert werden. Beispielsweise kann eine Textstelle vordergründig ein freudiges Festmahl schildern; wenn diese Schilderung mit Metaphern und Vergleichen durchsetzt ist, die das gemeinsame Essen in die Nähe einer Schlacht rücken – zum Beispiel weil die Anwesenden das Büfett ‚stürmen‘ und mit den Gabeln wild auf das Fleisch einstechen –, dann wird dies der Literaturwissenschaftler feststellen und daraus Schlüsse für seine Gesamtinterpretation ziehen. Die Theorien und Analysemethoden der Literaturwissenschaft (→ KAPITEL 4) dienen diesen auf literarische Texte gerichteten Erkenntniszielen. Am Ende eines solchen Leseprozesses steht der Versuch, eine eigene Einschätzung des literarischen Textes vorzunehmen und gegebenenfalls zu Papier zu bringen.

Nach einiger Zeit kann sich durchaus eine ‚professionelle Deformierung‘ einstellen. Literaturwissenschaftler, die schon sehr lange im Geschäft sind, berichten – ähnlich wie Scheck –, dass sie nicht mehr in der Lage sind, einen Roman ‚einfach so‘ zu lesen, ohne sofort wissenschaftliche Beurteilungskriterien anzulegen. Das mag schlimmer klingen als es ist: Die Art der Lektüre verändert sich zwar, die Freude an der Lektüre bleibt aber in jedem Fall.

Die Einschätzung eines literarischen Textes schlägt sich bei Literaturwissenschaftlern häufig in einem wissenschaftlichen Text nieder. Dieser baut auf anderen wissenschaftlichen Abhandlungen auf, die nach den gängigen Recherchemethoden (→ KAPITEL 7) ermittelt wurden. Um selbst aktiv zur Literaturwissenschaft beizutragen, muss man demnach einen recht guten Überblick über die bereits erbrachten For-

Lektüreziele

‚Professionelle Deformierung‘

Wissenschaftliche Texte

schungsergebnisse haben. Dabei gilt es, nicht nur literaturwissenschaftliche Aufsätze zur Kenntnis zu nehmen, sondern auch Ausführungen anderer Disziplinen, wie der Linguistik, der Philosophie, der Soziologie, der Psychologie, der Kunstgeschichte, der Geschichtswissenschaft, der Anthropologie oder der Rechtswissenschaft. Außerdem gehören zur wissenschaftlichen Lektüre zahlreiche interdisziplinäre Texte.

Wissenschaftliche Texte werden nach ihrer Publikationsart, Funktion, Zielsetzung und ihrem Entstehungszusammenhang unterschieden. Am häufigsten begegnen: Monografien (oft Dissertationen oder Habilitationsschriften – sogenannte Qualifikationsschriften, weil sie geschrieben werden müssen, um sich weiterqualifizieren zu können; → KAPITEL 1.2), Aufsätze in Zeitschriften oder Sammelbänden, Exposés und Essays. **Arten wissenschaftlicher Texte**

Texte, die weder als wissenschaftlich noch als literarisch einzustufen sind, müssen hier nicht weiter besprochen werden. Ihr Ziel ist es, klar und unmissverständlich zu sein. Auch wenn dies, vor allem bei Gebrauchsanweisungen, nicht immer der Alltagserfahrung entspricht, handelt es sich dennoch nicht um Texte, die interpretiert und analysiert werden müssen und sollen.

8.2 Methoden und Techniken der Lektüre

Unter Lesetechniken werden verschiedene Weisen des Lesens verstanden, wobei im Wesentlichen sechs Techniken unterschieden werden: **Lesetechniken**

1. punktuelles Lesen: die teilweise Lektüre, die auf die Entnahme wichtiger Informationen aus dem Text zielt und immer wieder abgebrochen und an anderer Stelle fortgesetzt wird;
2. sequenzielles Lesen: die oberflächliche Lektüre zur Gewinnung eines ersten Überblicks;
3. diagonales Lesen: die überfliegende Lektüre durch das Anlesen von größeren Textteilen;
4. kursorisches Lesen: eine Lektüre, die auf der Basis von Vor- und Zurückgehen im Text auf eine umfassende Textkenntnis zielt;
5. intensives Lesen: reflektierte Lektüre, die in kritischer Distanz zum Text steht und begründete Sach- und Werturteile über das Gelesene nach sich zieht;
6. wiederholtes Lesen: mehrfaches intensives Lesen, das bis zu einem Zerlesen des Textes reichen kann. Dabei geht es um das Auffinden von Stellen zur Fundierung und Begründung von Urteilen des intensiven Lesens.

Freizeitlektüre Wer in seiner Freizeit aus Vergnügen einen Roman zur Hand nimmt, liest ihn in der Regel intensiv. Mit dieser Technik kann man dem Text am besten mit der üblichen Lektürehaltung begegnen, die auf einfache Interpretation zielt und Identifikation möglich macht. Schließlich ist Literatur (auch) genau dazu in der Welt: für das Entfliehen in andere Welten (→ KAPITEL 2) bzw. das Lernen aus Geschichten.

Bei einer literaturwissenschaftlichen Lektüre hingegen – egal ob es sich um einen literarischen Text oder einen wissenschaftlichen Forschungsbeitrag handelt – finden sämtliche der genannten Techniken Anwendung, wobei das intensive und das wiederholte Lesen unab- Wiederholtes, kreatives Zerlesen dingbar sind. Beim wiederholten, kreativen Zerlesen eines Textes wird durch die Vielzahl der Lektüren die Linearität des literarischen Textes gesprengt. Normalerweise liest man im wissenschaftlichen Kontext einen Text einmal vollständig sequenziell, um dann einzelne Textstellen punktuell herauszugreifen. „Zerlesen" meint somit recht wörtlich, den Text in wiederholenden punktuellen und intensiven Lektüren auseinanderzunehmen. Da der Text aber nicht einfach in seine Bestandteile bzw. Merkmale zerlegt wird, sondern eine solch sezierende Lektüre mit Blick auf selbst formulierte Erkenntnisziele erfolgt, ist die literaturwissenschaftliche Lektüre immer schon ein kreativer Prozess.

Lektüre als Kommunikation Wenn Lesen Kommunikation ist, bei der sich der Leser in Auseinandersetzung mit dem Gelesenen Bedeutung erschließt, beteiligt sich der Literaturwissenschaftler somit besonders aktiv an dieser Kommunikation, die anschließend in eine weitere mündet – in eine mündliche innerhalb einer Diskussion oder eine schriftliche durch einen Aufsatz. Zu den schriftlichen Äußerungen gehören aber nicht nur eigenständige Texte, etwa Seminararbeiten, sondern auch die den Leseprozess immer begleitenden Markierungen, Unterstreichungen und Randbemerkungen – die direkten Spuren Ihrer Lektüre im Text.

Obwohl die verschiedenen Techniken sowohl im Fall von Literatur als auch von Wissenschaft zur Anwendung kommen, gibt es Unterschiede in der Lektüre. Das Erkenntnisziel, dessentwegen ein Lektüre von Literatur literarischer Text kreativ zerlesen wird, kann mithilfe der verschiedenen wissenschaftlichen Analyse-, Beschreibungs- und Interpretationsmethoden der Literaturwissenschaft (→ KAPITEL 4) formuliert werden. Mithilfe dieser in den meisten Fällen theoriegeleiteten (nicht empirischen) Methoden entnimmt man nicht einfach Informationen oder Bedeutung, die der Autor im Text hinterlegt hat. Stattdessen untersucht man den Text mittels dieser Methoden, indem Inhalt und Form des Textes im Hinblick auf die Erkenntnisziele analysiert, d. h. nach so weit wie möglich objektivierbaren Kriterien beschrieben und im zweiten Schritt interpretiert, d. h. auf ihre möglichen Bedeutungen hin gelesen werden. Ein wesentlicher Teil des literaturwissenschaftlichen Studiums ist es zu lernen und einzuüben, wie man Erkenntnisziele ermittelt und formuliert.

Bei wissenschaftlichen Texten ärgert man sich zwar manchmal über Stil, Aufbau oder andere Besonderheiten – diese Merkmale sind aber nicht der Zweck der Lektüre. Wissenschaftliche Texte werden gelesen, um Informationen und Anregungen zu gewinnen. Wichtige Fragen, die an solche Darlegungen daher immer gerichtet werden müssen, sind:

Lektüre wissenschaftlicher Texte

- Welchen Standpunkt vertritt der Autor?
- Welche Erkenntnisziele werden formuliert?
- Welche Thesen werden aufgestellt?
- Wie werden diese argumentativ untermauert?
- Halten die Thesen einer kritischen Prüfung am (literarischen) Text stand?

Um dies herauszufinden, muss man häufig, aber nicht immer den gesamten Text lesen. Bereits bei der Recherche und der Auswahl der Quellen (→ KAPITEL 7) lässt sich mit punktueller und diagonaler Lektüre oft herausfinden, ob der betreffende Text für die eigene Fragestellung überhaupt relevant und dienlich sein kann.

Ob wissenschaftlich oder literarisch – wenn man darauf angewiesen ist, einen Text vollständig zu erfassen, muss man ihn mehrmals auf unterschiedliche Weise lesen. Eine erprobte Methode in diesem Zusammenhang ist die in den 1940er-Jahren von Francis P. Robinson entwickelte SQ3R-Methode, das Lesen in fünf Schritten, wobei sich der zunächst etwas seltsam anmutende Name aus den Anfangsbuchstaben der unterschiedlichen Schritte ergibt (→ ABBILDUNG 11).

SQ3R-Methode: Lesen in fünf Schritten

Für die Lektüre aller Arten von Texten ist es hilfreich, die Ziele und Techniken dieser fünf Lektüreschritte im Hinterkopf zu behalten, um die Strukturierung des Leseprozesses zu unterstützen. Zu bedenken ist aber, dass diese Methode besonders auf den Gewinn von Informationen ausgerichtet ist – und darum geht es bei literaturwissenschaftlichen Texten eben nicht nur bzw. nicht immer. Sie sollten den wissenschaftlichen Texten in Ihrem Studium immer mit einer neugierigen und zugleich kritischen Haltung begegnen (→ KAPITEL 10): Schrittweise nähern Sie sich, wie in der SQ3R-Methode beschrieben, den Zielen, Inhalten und Methoden des Textes, vollziehen seine Argumentation nach und formulieren vor dem Hintergrund Ihrer eige-

Lesehaltung: Neugier und Kritik

Survey	Überblick verschaffen, durchsehen: Auswerten schnell aufzubereitender Text-informationen (z. B. Titel, Inhaltsverzeichnis, Register) mit dem Ziel, einen ersten Eindruck von Textaufbau und -inhalt zu gewinnen.
Question	Fragen an den Text stellen: Auf Basis des ersten Überblicks, des eigenen Wissens und der Lektüre-Ziele werden Fragen an den Inhalt, zu einzelnen Kapiteln, zum Standpunkt des Autors formuliert.
Read	Lesen als aktiver Prozess der Verarbeitung von Textinformationen; Herausarbeitung von Textstruktur, zentralen Konzepten und deren Relationen, Trennung von Wichtigem und Unwichtigem.
Recite	Rekapitulieren: Vergegenwärtigen des Inhalts nach der Lektüre, unabhängig vom Text und in eigenen Worten.
Review	Gedankliches Wiederholen der ersten vier Schritte, um einen integrativen Gesamtüberblick zu erhalten.

Abbildung 11: Die SQ3R-Methode (nach Christmann/Groeben 1999, S. 192)

nen Erkenntnisziele und methodischer Überlegungen Fragen für die wiederholten Lektüren. Dabei sollten Sie immer wieder aufgeschlossen genug sein, andere Herangehensweisen und Prämissen zu akzeptieren, sie aber auch auf der Grundlage eigener Überlegungen und Untersuchungen zu kritisieren.

Auch für literarische Texte ist die SQ3R-Methode hilfreich. Nach den fünf Schritten kennen Sie den Text, an dem Sie arbeiten, sicher sehr gut. Ihre eigentliche literaturwissenschaftliche Arbeit wird dann aber der sechste, entscheidende Schritt sein: Analyse, Interpretation und Einordnung. Lesen im Rahmen wissenschaftlicher Arbeit sollte – wie bei Hieronymus und Denis Scheck – immer mit dem Stift in der Hand geschehen. Markieren Sie sich wichtige Stellen in den Texten, damit Sie, wenn Sie sich im mündlichen Gespräch oder schriftlich in einer Hausarbeit mit ihm auseinandersetzen, die Stellen, die Ihre Analyse oder Interpretation belegen, schnell finden. Wählen Sie ein System für Anstreichungen und Markierungen in Texten. Entscheiden Sie nicht je nach Stimmung, welche Farbe Sie verwenden und markieren Sie nicht alles – sodass man den Eindruck gewinnt, gerade das Wenige, das nicht angestrichen wurde, könnte wichtig sein. Farben oder die Zeichen, mit denen Sie einzelne Stellen hervorheben (etwa Schlangenlinien am Rand für Zweifelhaftes, ein Ausrufungszeichen an besonders herauszuhebenden Stellen, ein Blitz für Widersprüche usw.), sollten sorgfältig ausgewählt und beibehalten

Marginalien: Analyse, Interpretation und Einordnung — Markierungssystem

werden. Wenn Ihnen das Anstreichen von Texten widerstrebt oder Sie es schlicht nicht können, da es sich um ein Bibliotheksexemplar handelt, brauchen Sie eine Methode, die es Ihnen erlaubt, Stellen so zu notieren, dass sie – abgelöst von den Buchseiten – wiedergefunden und zugeordnet werden können. Zu beachten ist hierbei, dass man stets die richtigen Seitenzahlen notiert, wenigstens teilweise zitiert und den Kontext der Stelle benennt. Bedenken Sie dabei, dass Ihnen im Moment des Lesens und gleichzeitig Aufzeichnens die betreffende Textstelle bekannt und präsent ist, dass sich dies aber bereits kurze Zeit später ändern kann.

Sinnvoll ist weiterhin der Eintrag von Glossen, wie sie bereits zur Zeit von Hieronymus üblich waren. Notieren Sie sich auf oder zu den Buchseiten Schlüsselbegriffe und Beobachtungen. Solche Bemerkungen markieren nicht nur, sie strukturieren auch. Lesen Sie beispielsweise einen Roman, in dem es immer wieder um die religiösen Sichtweisen einzelner Figuren geht, dann schreiben Sie nicht nur „Religion" an den Rand solcher Passagen, sondern werden Sie konkreter („Funktion des Gebets", „Christus als Erlöser" oder ähnliches). Das Zusammenstellen aller Glossen nach der Lektüre des Textes kann Ihnen dann helfen, eine Inhaltsübersicht zu erstellen, die auf Ihre Fragestellung abgestimmt ist.

Glossierung

8.3 Lesekompetenz

Über eine hohe Lesekompetenz verfügt, wer die unterschiedlichen Techniken der Lektüre nicht nur kennt, sondern zielgerichtet einsetzen kann. In einem literaturwissenschaftlichen Studium erwirbt man dabei vor allem die folgenden Fähigkeiten:
1. Das Formulieren von Erkenntniszielen;
2. das Auswählen und Anwenden von Lektüretechniken und -methoden, die zum Erreichen der Ziele zweckdienlich sind;
3. bewusstes Lesen, das heißt Reflexion und Steuerung des Lektüreprozesses.

Besonders hervorzuheben ist dabei die dritte Fähigkeit. Statt sich in einen Text zu verlieren oder nur auf den Inhalt zu achten, lernt der Literaturwissenschaftler Distanz nicht nur zum Text einzunehmen, sondern auch zu sich selbst als Lesendem. Das versetzt ihn in die Lage, die eigene Lektüre zu reflektieren, zu relativieren und sich klar zu machen, dass das eigene Textverständnis von der Art der Lektüre abhängt. Diese Fähigkeit, von der die wenigsten Studierenden über-

Distanz zum Leseprozess

haupt wissen, dass sie sie haben, kann im Beruf sehr wichtig sein. Denn ein Literaturwissenschaftler hat gelernt, gleichzeitig Strategien und Regeln von Texten zu identifizieren und ihre Wirkung zu reflektieren, weil er weiß, wie Texte gelesen werden.

(Inter-)Kulturelle Kompetenz Insofern fördert literaturwissenschaftliches Lesen auch kulturelle bzw. interkulturelle Kompetenzen. Unter interkultureller Kompetenz versteht man die Fähigkeit, auf der Grundlage von Kenntnissen über andere Kulturen – d. h. deren kulturell spezifische Konzepte von Wahrnehmung, Denken, Fühlen und Handeln, die in Sprache und Text manifest werden – erfolgreich mit Vertretern anderer Kulturen zu kommunizieren. Weiterhin schult der Umgang mit Literatur die Fähigkeit, kulturelle Unterschiede zu erkennen. Vor allem die Anwendung kulturwissenschaftlicher Analysemethoden (→ KAPITEL 5) trägt dazu bei, dass Literaturwissenschaftler für kulturelle und historische Variabilität sensibilisiert werden und zugleich ein Bewusstsein für die Relativität der eigenen Kultur, deren Wissensformationen (und die Zusammenhänge von Wissen und Macht), deren Werte und deren Vorstellungen vom Anderen entwickeln.

Professionalisierung Die Menge an Informationen, die in beruflichen Kontexten schriftlich verbreitet werden, erfordert die Professionalisierung von Lesestrategien: Möglichst viel muss in möglichst kurzer Zeit zur Kenntnis genommen werden. Dies gelingt am besten durch diagonales Lesen. Dadurch kann schnell ermittelt werden,

- ob der jeweilige Text für den betreffenden Arbeitszusammenhang wichtig ist;
- ob eine zweite (intensive) Lektüre notwendig ist;
- ob der Text sofort, mittel- oder langfristig gelesen und weiterverarbeitet werden muss;
- ob und in welcher Form aus dem Text eine Handlung abzuleiten ist;
- für wen der Text noch relevant sein könnte.

Diagonales Lesen im Beruf Lesen im beruflichen Alltag ist in erster Linie durch das diagonale Lesen und eine Folge daran geknüpfter, komplexer Entscheidungsprozesse geprägt. Mit der Lesekompetenz, die Sie in einem literaturwissenschaftlichen Studium erworben haben, sind Sie für diese Anforderungen bestens gewappnet. Sie sind daran gewöhnt, durch den Einsatz adäquater Lesetechniken und -strategien große Mengen an Lesestoff auszuwählen, zu ordnen und zu entscheiden, welche Form von Aufmerksamkeit dem jeweiligen Text zusteht. Auf diese erste Selektionsphase folgt bei den Texten, für die Sie eine wiederholte Lektüre ansetzen, die Anforderung, sich im intensiven und selektiven

Lesen auf den Text zu konzentrieren und diesen durchzuarbeiten – eventuell mittels der SQ3R-Methode.

Das Lesen im Beruf und das Lesen im Studium unterscheiden sich vor allem durch die Rahmenbedingungen: Während Sie im Studium vorrangig in Bibliotheken oder im häuslichen Arbeitszimmer zurückgezogen lesen, ist die Zeit, die Sie im Berufsalltag im Durchschnitt für eine Leseaufgabe haben, bis Sie zum ersten Mal durch eine dringende Anfrage abgelenkt werden, geringer als die, die Sie eigentlich benötigen. Hierfür bedarf es der Entwicklung spezieller Lesestrategien je nach Arbeitsumfeld. Versuchen Sie zu ermitteln, wann Sie sich wohin am besten zum Lesen zurückziehen können, ohne permanent gestört zu werden. Dies gilt besonders für die „leseintensiven" Berufe rund um das Verlagswesen. Da Lektoren inzwischen meist eine Vielzahl von Aufgaben zu bewältigen haben, müssen sie Meister des Zeitmanagements mit höchster Lesekompetenz sein, wenn sie nicht alle Wochenenden des Jahres mit der Lektüre von Manuskripten beschäftigt sein wollen.

Spezielle Lesestrategien

Fragen und Anregungen

- Erläutern Sie, inwiefern man Lesen als Kommunikation mit dem Text verstehen kann.

- Überlegen Sie, worin sich die Art Ihres Lesens in der Freizeit von einem Lesen im Deutschunterricht oder im Studium unterscheidet.

- Stellen Sie Gemeinsamkeiten und Unterschiede des Lesens von wissenschaftlichen und von literarischen Texten heraus.

- Beschreiben Sie die SQ3R-Methode.

- Was hat die Lesekompetenz mit der interkulturellen Kompetenz zu tun?

- Überprüfen Sie Ihre eigenen Lesemethoden und -schritte und überlegen Sie, inwiefern Ihre Lektüre noch effektiver werden kann.

Lektüreempfehlungen

- **Aleida Assmann (Hg.): Texte und Lektüren. Perspektiven in der Literaturwissenschaft, Frankfurt a. M. 1996.** *Zeigt Lektüren*

*literarischer Texte im postmodernen Sinne. Der Leser kann mitver-
folgen, wie sich die Autoren des Bandes den jeweiligen literarischen Texten nähern und Bedeutungen entnehmen, ohne dabei den
Anspruch einer letztgültigen, alles erklärenden Interpretation zu erheben.*

- Norbert Franck: Fit fürs Studium. Erfolgreich lesen, reden, schreiben, München 1998, 9. Auflage 2008. *Norbert Franck bietet für
die drei grundlegenden Tätigkeiten des geisteswissenschaftlichen
Studiums Hilfe bei Problemen. Er ist dabei nah an den Erfahrungen der Studierenden und gibt in lockerem Stil Hilfestellungen für
den Studienalltag.*

- Norbert Groeben / Bettina Hurrelmann (Hg.): Lesekompetenz. Bedingungen, Dimensionen, Funktionen, Weinheim 2002. *Lesekompetenz wird hier aus der wissenschaftlichen Perspektive der Leser-
forschung untersucht. Neben grundlegenden, definitorischen
Fragen liegt der Fokus darauf, welche Relevanz Lesekompetenz im
Zusammenhang mit der umfassenderen Medienkompetenz hat. Die
Anwendung ist hauptsächlich auf den Erwerb von Lesekompetenz
bei Kindern und Jugendlichen gerichtet.*

- Heinz Schlaffer: Der Umgang mit Literatur. Diesseits und jenseits
der Lektüre, in: Poetica 31, 1999, S. 1–25. *Kein praktischer Rat-
gebertext, sondern ein wissenschaftlicher Aufsatz, der mit seinen
„17 Stadien der Lektüre" auf 25 Seiten mehr über diese und den
Leser verrät als dicke Handbücher zum Lesen.*

- Lutz von Werder: Grundkurs des wissenschaftlichen Lesens, Berlin
1995. *In diesem Buch werden 50 Lesetechniken vorgestellt. Diese
können anhand von Aufgabenstellung und Fragebögen durch den
Leser geübt werden.*

9 Hart am Text – Analysekompetenz

Abbildung 12: Charles Joseph Traviès: *La Critique* (ohne Jahr)

Genau betrachtet wird auf dem Bild ein überdimensional großes Buch schwer misshandelt: An den Seiten wird gesägt und gerissen, eine Schere kommt auf der rechten, eine Sense auf der linken Seite des Buchs zum Einsatz, im Vordergrund wird Wasser auf die Seite gespritzt, ein Hobel wird über die Seiten gezogen und rechts oben hat sich jemand tief darin verbissen. Die Seitenränder sind abgewetzt und zerfleddert. Kommt hier eine frevelhafte Tat zur Darstellung? Der eifrig Schreibende, der wörtlich in die Seiten Vertiefte, der mit einer Kerze auf dem Boden Kniende und schließlich das riesige Fernrohr, das am oberen Rand über das Buch gehoben wird, verraten jedoch ein Arbeiten am Buch und am Text – eine Arbeit, die darin besteht, den Text mit groben Schlägen in seine Bestandteile zu zerlegen und diese genauer unter die Lupe zu nehmen; eine Arbeit, die damit einhergeht, dass man beim groben Überfliegen Stellen markiert, die von besonderer Bedeutsamkeit zu sein scheinen, dass man sich in Absätze, Nebensätze und das Kleingedruckte vertieft und dass man sich an einem Gedanken festbeißen kann.

Analyse ist eine solche Arbeit am Text. Analysieren heißt, Situationen, Probleme oder auch Objekte in ihre Bestandteile zu zergliedern und diese durch Ordnung und Bewertung ganzheitlich und systematisch zu untersuchen. Die Textanalyse ist ein unabdingbarer Bestandteil literaturwissenschaftlicher Arbeit und hat doch – genau wie dieses Bild vermittelt – einen gewaltsamen, harten Zug. Der analytische Blick auf Literatur erfordert viel Übung, der Preis dafür kann sein, dass man den unschuldigen Umgang mit literarischen Texten verliert. Aber die Kunst der Analyse zu beherrschen heißt nicht zwangsläufig, dass man nie wieder in der Lage ist, sich in ein Buch zu verlieren. Der Analytiker hat lediglich immer seine zweite Brille dabei – ob er sie aufsetzt, das entscheidet er selbst.

9.1 Sicherungsarbeiten

Wenn in einem Seminar über eine Erzählung gesprochen wird, dann geht es in der Regel zunächst darum sicherzustellen, dass alle Anwesenden den Text in gleicher oder ähnlicher Weise verstanden haben. Texte, die Sie zu Hause beim genüsslichen Lesen für einfach und verständlich gehalten haben, können dann plötzlich unendlich kompliziert werden. Wie kommen die Anderen auf die Idee, dass der Mann diese Frau liebt? Wieso behauptet der Kommilitone neben mir, die Mutter sei unfähig mit ihrem Sohn zu kommunizieren?

Dass es bei Literatur manchmal sogar schwer sein kann, den Inhalt genau zu bestimmen, liegt daran, dass literarische Texte interpretiert werden wollen und darauf angelegt sind, dass nicht alle Leser dasselbe sehen und verstehen. Eben diese Vieldeutigkeit macht schließlich auch den Reiz von Literatur aus (und befördert die Gründung von Lesezirkeln und Internet-Foren). Was aber für Leser, die sich nicht in der Ausbildung zum Experten für Literatur befinden, privates Vergnügen ist, das sie an beliebiger Stelle beenden können, ist für Sie als Literaturwissenschaftler Ihre Hauptaufgabe: Sie sollen lernen, mögliche Interpretationen am Text abzusichern und die spezifische Form eines literarischen Textes zu beschreiben, die den Leser bei seiner Lektüre lenkt. Dies erreicht man selten allein durch Lektüre (→ KAPITEL 8). Hierfür ist eine Analyse vonnöten. **Vieldeutigkeit**

Vordergründiges Ziel der Analyse literarischer Texte ist es folglich, eine bestimmte Lesart wissenschaftlich zu begründen und kommunizierbar zu machen. Auf der Basis der Textanalyse kann eine Interpretation erfolgen und plausibel gemacht werden. Durch Textanalyse werden zuvor formulierte Thesen verifiziert und argumentativ untermauert; die Gültigkeit anderer Thesen kann auf diese Weise überzeugend in Zweifel gezogen werden. Analysieren ist also nichts anderes als Sicherungsarbeit. **Absichern einer Lesart**

Auf dieser allgemeinen Ebene unterscheidet sich die literaturwissenschaftliche Analyse nicht von Analysen anderer Disziplinen: Ein Gegenstand wird bei der Analyse systematisch in seine verschiedenen Ebenen und Elemente zerlegt, diese werden untersucht und geordnet sowie in ihren Interdependenzen und Interaktionen erforscht und beschrieben. Eigentlich genau so, wie es in → ABBILDUNG 12 gezeigt wird. Die literaturwissenschaftliche Analyse zielt – ebenso wie beispielsweise eine naturwissenschaftliche – auf die Beschreibung einer Art Ist-Zustand, die anschließend in neue mündliche oder schriftliche Äußerungen über diesen Zustand mündet. **Beschreibung des Ist-Zustands**

**Entscheidungs-
prozesse**

Das Formulieren von Erkenntnis- bzw. Analysezielen beinhaltet zwei wesentliche Entscheidungen und deren Begründung:
1. Die bewusste Entscheidung für einen Gegenstand und die Begründung seiner Auswahl;
2. die Wahl einer Analysemethode.
Wenn man genauer bestimmt, was man weshalb auf welche Weise untersuchen will, entscheidet man sich gleichzeitig gegen andere Gegenstände und Aspekte. Das klingt banal, ist es aber nicht: Durch diese Entscheidungen betreibt man eine umfassende Standortbestimmung. Man stellt klar, was man zu analysieren für wert hält und zieht bestimmte Methoden anderen vor.

**Erkenntnisziel und
Analysemethode**

Das Erkenntnisziel hängt unmittelbar mit der Analysemethode zusammen, sodass man stets sehr genau zu bedenken hat, ob sich mit einer bestimmten Methode ein gewünschtes Ziel überhaupt erreichen lässt. Will man die Bedeutung eines Textes als Ausdruck eines „Autorenbewusstseins" entziffern, wäre eine narratologische Untersuchung der Handlungsabfolge (was geschieht in welcher Reihenfolge) weniger hilfreich als ein hermeneutischer Zugang, bei dem man versucht, sich mittels einer Analyse in die Welt dieses Bewusstseins einzuleben und einzufühlen. Die Entscheidung für ein oder mehrere zusammenhängende Analyseziele schließt also notwendiger Weise die Abgrenzung gegenüber anderen ein. Vergewissern Sie sich daher während des Analyseprozesses immer wieder Ihrer Ziele.

Wie sich leicht denken lässt, gibt es in der Literaturwissenschaft eine Vielfalt möglicher analytischer Zugänge und keinerlei Einigung darüber, welche zu bevorzugen ist (→ KAPITEL 4). Zur Lösung dieses und weiterer Probleme, die sich bei der Auswahl einer Analysemethode stellen, hat die Literaturwissenschaft verschiedene Wege beschritten. Einer besteht darin, Klassifikationssysteme zu entwickeln, an die bestimmte Analysemethoden gebunden sind. Das wichtigste

Analyse und Gattung

dieser Systeme dürfte die Einteilung in Gattungen sein
Bereits in der Schule bekommt man beispielsweise Handwerkszeug zur Analyse von Gedichten an die Hand.

Methodenpluralismus

Ein anderer Weg ist die Anwendung von Methodenpluralismus. Oft stellt man fest, dass es die eine passende Analysemethode für das selbst gesteckte Ziel nicht gibt, sodass man mehrere Methoden mischt. Teilweise wurden darüber hinaus im Zuge der Anwendung klar umrissene Analysemethoden wie die Narratologie um zahlreiche Aspekte erweitert. Längst muss daher von Narratolo*gien* gesprochen werden, und wenn jemand als Analysemethode mit „Narratologie" antwortet, wird er sich die Gegenfrage „welche?" gefallen lassen müssen.

Methodenpluralismus ist inzwischen bei der literaturwissenschaftlichen Arbeit weitgehend der Normalfall: Wenn Sie die Konstruktion von „Männlichkeit" und „Weiblichkeit" in einem lyrischen Text als Effekt rhythmischer und metrischer Strukturen untersuchen wollen, muss Ihr Analyseinstrumentarium genderkritische Verfahren mit Methoden der strukturalen Analyse, die den Besonderheiten lyrischer Texte Rechnung tragen, verbinden. Die aus der Kulturwissenschaft stammenden genderkritischen Verfahren beruhen allerdings selbst häufig schon auf einer Kombination verschiedener Methoden (→ ASB SCHÖSSLER). Sie werden in diesem Fall folglich eine Methodenmischung auf mehreren Ebenen vollziehen. Nur in den seltensten Fällen werden Sie für die Analyse eines Textes eine bereits vorher existente Methode unverändert und vollständig anwenden können.

Das Problem der literaturwissenschaftlichen Analyse besteht vor allem darin, dass der Wunsch nach Objektivität kaum erfüllt werden kann. So objektiv eine Methode auch scheinen mag: Jede Form von (Text-)Analyse basiert auf subjektiven Entscheidungen und wird daher stets subjektiv geprägt sein. Denn Sie entscheiden nicht nur, welche Methode Sie verwenden, Sie wählen im Anschluss daran Teile der Analyse zum Stützen Ihrer Interpretation aus. Sie bestimmen, was für die Untersuchung eines Textes von Bedeutung ist, welche Bedeutung einzelnen Merkmalen beizumessen ist, welche Kriterien und Klassifikationen anzulegen und wie die Merkmale des Textes diesen zuzuordnen sind. Diese Tatsache bietet große gestalterische Möglichkeiten – sie muss nur im Prozess der Analyse im Bewusstsein bleiben.

> **Objektivität?**

Analysemethoden sind folglich hinterfragbar und die Ergebnisse, die eine Analyse liefert, beweisen im strengen Sinne gar nichts. Die Resultate erklären lediglich, wie ein Wissenschaftlicher hinsichtlich eines literarischen Textes zu einem bestimmten Ergebnis kommt, und lassen manche Resultate plausibler erscheinen als andere. Wenn Sie Ihre Methoden überlegt auswählen und die Auswahl gut begründen, werden die nachfolgenden Schritte Ihr Vorgehen legitimieren. Hüten sollten Sie sich nur vor zwei Dingen: Legen Sie sich nicht zu voreilig auf ein Ergebnis fest und suchen Sie nicht eine Analysemethode aus, die lediglich belegt, was Sie vorher schon wussten. Auch wenn man eine Vermutung hegt und das Erkenntnisziel sehr klar umrissen hat, ist eine Grundvoraussetzung wissenschaftlichen Arbeitens, dass das Ergebnis zunächst erst einmal offen ist. Die gewählte Methode sollte auch potenziell geeignet sein, die eigene Hypothese zu widerlegen.

> **Beginn der Analyse mit offenem Ergebnis**

9.2 Textarbeiter am Werk

Alle Texte können analysiert werden, aber nicht immer lohnt sich diese Arbeit. Während der Zugang zu literarischen Texten durch Analyse in der Regel vertieft wird, genügt für das Verständnis vieler anderer Texte eine gründliche Lektüre (→ KAPITEL 8). Daraus folgt nicht, dass nicht-literarische Texte niemals analysiert werden müssen. Teilweise ist der Übergang zwischen genauer Lektüre und Analyse fließend. Allgemein kann man davon sprechen, dass die Aufteilung eines Textes in Abschnitte sowie seine Untersuchung hinsichtlich Argumentation und Stil bedeutet, dass man analytisch arbeitet.

Die unterschiedlichen Methoden, literarische Texte zu analysieren, füllen eine Vielzahl von Büchern. Meistens orientieren diese sich an der Einteilung in die drei Hauptgattungen der Literatur – Epik, Drama und Lyrik.

Grundsätzlich aber beinhalten alle Analysen – auch die nicht-literarischer Texte – dieselben Schritte:

Schritte einer Analyse

1. Der vorliegende Text wird in Teile zerlegt, die ein genaues und gründliches Arbeiten überhaupt erst erlauben. Einfach ausgedrückt: Wenn man den Wald vor lauter Bäumen nicht sieht, muss man sich erst einmal Baum für Baum anschauen, bevor man den Wald erfassen kann.
2. Die einzelnen Abschnitte werden je nach Erkenntnisinteresse hinsichtlich ihres Inhalts, der Sprecher, der sprachlichen Gestaltung und sonstiger gattungsspezifischer Merkmale bestimmt.
3. Aus den Ergebnissen des zweiten Schritts wird versucht, die Besonderheiten des Textes zusammenfassend herauszuarbeiten. So kann in einem Fall der Satzbau äußerst bemerkenswert sein, im anderen fallen viele Metaphern auf, im dritten ist ein Erzähler besonders dominant.

Gegebenenfalls wird anschließend in einem vierten Schritt der Text, der auf diese Weise in seine Einzelteile zerlegt und wieder zusammengesetzt wurde, in Beziehung zu anderen, vergleichbaren Texten gesetzt, wobei dies nicht immer nur Texte derselben Gattung sein müssen.

Je formalisierter eine Gattung oder der Vertreter einer Gattung, umso einfacher ist das Einteilen eines Textes in kleinere Bestandteile.

Lyrik In der Lyrik beispielsweise geht man normalerweise strophenweise vor. Man beschreibt das Gedicht grob in seinem Aufbau, vollzieht den Inhalt der einzelnen Strophen nach und analysiert dann zunächst jede einzelne Strophe für sich. Dabei ist etwa auf Rhythmik und

Reim, auf Satzbau, stilistische Merkmale, rhetorische Figuren und die Frage, ob das Gedicht narrative Züge trägt, zu achten (→ ASB FELSNER / HELBIG / MANZ).

Beim Drama handelt es sich ebenfalls um eine recht formalisierte Gattung, wenn man auch einräumen muss, dass die moderne Literatur sich unter anderem dadurch auszeichnet, dass sie typische Merkmale gerade *nicht* aufweist. Einen Dramentext erkennt man meistens daran, dass er in Akte und Szenen aufgeteilt ist und Figurenrede von Regieanweisungen getrennt werden können. Bei einer Analyse ergibt sich die Einteilung aus der vorgegebenen Aufteilung des Dramas in kleinere Einheiten (meist Szenen oder Auftritte). Festzuhalten ist dabei stets, welche Figuren auftreten, wie und ob sie mit anderen kommunizieren und interagieren, ob es Monologe oder Dialoge gibt, wie lang diese sind, wie die Sprache der einzelnen Figuren zu charakterisieren ist, ob diese sich in ihrer Sprache unterscheiden sowie welche Themen und Gesichtspunkte verhandelt werden. Da Dramen meist dem Schema *Exposition – Zuspitzung – Höhepunkt / Wendepunkt – Lösung* folgen, hat bei einer Analyse das besondere Augenmerk auf dem dramatischen Moment zu liegen, also auf der Frage, an welcher Stelle innerhalb dieses Schemas eine bestimmte Sequenz steht und welche Funktion sie für den Fortgang der Handlung hat. Weil Dramen mit dem Ziel der Aufführung geschrieben werden, ist für ihre Analyse ein Blick auf die konkrete Aktion der Figuren auf der Bühne und ihre mögliche Interaktion mit dem Zuschauer besonders reizvoll.

Drama

Prosa hat eine fast unendliche Zahl an Erscheinungsformen, deshalb ist ihre Analyse oft sehr aufwendig. Allein die Einteilung in einzelne Sequenzen kann schwierig werden, wenn man es mit sehr viel Textmenge zu tun hat. Die analytische Unterteilung eines Prosatextes geschieht meist, indem man kleinere und größere Handlungssequenzen voneinander abgrenzt. Wenn in einem Text eine Figur zu einem Geschäft geht, die Tür öffnet, „guten Morgen" sagt und nach einer Zeitung greift und sie bezahlt, dann hat diese Figur fünf Handlungen ausgeführt, die man aber alle zu einer Einheit zusammenfassen kann: Figur kauft Zeitung. Interessant wird es nun, wenn die einzelnen Abschnitte eines Textes anders angeordnet sind, als es die Geschichte eigentlich erfordern würde. Wenn also in der Erzählung die Figur die Zeitung zunächst liest und erst dann berichtet wird, wie sie gekauft wurde. Oder wenn am Anfang einer Geschichte etwas passiert, das erst ganz am Ende erzählt wird – dieses Tricks bedienen sich keinesfalls nur Krimiautoren.

Prosa

Unabhängig von der Abfolge der Einheiten sind bei Prosatexten unter anderem die Funktion des Erzählers (meldet er sich ständig zu Wort oder hält er sich zurück?), die Art der Erzählung (eher Schilderungen oder Dialoge?) oder Innenansichten einer Figur interessant. Der entscheidende Punkt bei einer Analyse von Erzähltexten ist stets **Blicklenkung** das Herausarbeiten der Blicklenkung des Lesers durch die Art, wie der Text gemacht ist. Welche Sicht auf die Figuren wird dem Leser beispielsweise durch eine besondere Art der Präsentation nahe gelegt? Wird eine Figur zum Beispiel deshalb unsympathisch, weil sie nur mit den Augen einer anderen gesehen und geschildert wird, die diese ausdrücklich nicht leiden kann? Wird ein Text unheimlich, weil ständig Informationen vorenthalten werden und deshalb einzelne Ereignisse nicht eingeordnet werden können?

Wenn Sie sich also das nächste Mal in einem Seminar in einer Diskussion darüber wiederfinden, ob in einem Text ein Mann eine Frau heimlich liebt, dann zweifeln Sie nicht an Ihrer Lesefähigkeit. Stellen **Wo steht das?** Sie lieber die alles entscheidende Frage: Wo steht das? Wenn die nicht zu beantworten ist, weil es eben nirgendwo steht, dann mahnen Sie analytische Arbeit an: An welchen Stellen des Textes sind Indizien dafür zu finden, dass die These stimmt? Ob es sich bei den betreffenden Stellen um Hinweise auf ein Gefühl der Liebe handelt, ist dann zwar wieder Interpretation, aber wenigstens findet sie nicht im luftleeren Raum statt, sondern hat eine Buchseite zur Grundlage, auf der sie nach Herzenslust herumkrabbeln, sich verbeißen, hobeln und schneiden können. Als Textarbeiter dürfen Sie das. Zum Beispiel in Birgit Vanderbekes Erzählung *Alberta empfängt einen Liebhaber* (1997):

> „Wenn ich uns sehe, ist später dann wieder ein Milchmond dabei, und die Sterne sind wiedergekommen. Nadan sieht alles stockfinster. Immerhin haben wir uns irgendwann einmal darauf einigen können, daß wir zuletzt etwa die halbe Nacht auf einer umgefallenen Fichte saßen. Und saßen. Und immer noch weitersaßen. Und sitzen noch. Bis zum Jüngsten Tag. Immer auf dieser Fichte." (Vanderbeke 1997, S. 14f.)

Alberta liebt Nadan – schon lange. Hier erinnert sie sich an frühere Zeiten mit ihm. Oberflächlich betrachtet geht es in diesem Abschnitt um eine Erinnerung an vergangene Zeiten, wobei der Schluss ein wenig irritiert, denn Alberta und Nadan sind längst erwachsen geworden und selbstverständlich nicht auf der umgefallenen Fichte sitzen geblieben. Ein Bild also, denkt man sofort. Näher betrachtet ist festzuhalten, dass das Bemerkenswerte an diesem Zitat die Verschränkung der Zeitebenen ist. Die Ich-Erzählerin geht in die Vergangenheit zurück, von dort schrittweise nach vorne („Wenn ich uns sehe, ist später dann", „haben wir uns irgendwann", „zuletzt") bis zum Zeitpunkt des Erzählens („Und sitzen noch") und sogar darüber hinaus („Bis zum Jüngsten Tag"). Die Zeitspanne, die dieses Bild einfängt, wird auf diese Weise riesengroß. Gleichzeitig wirkt die Phase des beieinander Sitzens höchst gedehnt und lang durch die nur leicht variierende Satzfolge „Und saßen. Und immer noch weitersaßen. Und sitzen noch." Da die drei Sätze mit demselben Wort beginnen (Anapher), betrachtet der Leser sie als Einheit. Die Abfolge „saßen – weitersaßen – sitzen" betont einerseits die bereits festgestellte zeitliche Abfolge, andererseits die Länge des Vorgangs. Dass es sich um sehr viel Zeit handelt, wird weiterhin unterstützt durch die Wiederholung des „noch", das im Satz „Und sitzen noch" durch die syntaktische Endstellung besonders betont wird. Aus einer bloßen kurzen Erinnerungssequenz wird auf diese Weise eine Beschreibung der Beziehung von Alberta und Nadan, die als feste Einheit in Zeit und Raum zu verstehen ist. Die beiden gehören schon immer und bis in alle Ewigkeit zusammen. Gleichzeitig aber haben sie – obwohl sie

als Paar fest zusammengefügt sind – unterschiedliche Sichtweisen: „Wenn ich uns sehe, ist später dann wieder ein Milchmond dabei, und die Sterne sind wiedergekommen. Nadan sieht alles stockfinster." Die Tatsache, dass sie zusammengehören, ist nicht naturgegeben, sondern das Ergebnis ständiger Verhandlungsprozesse („Immerhin haben wir uns irgendwann einmal darauf einigen können"). Sie führen schließlich zu einer Paarverbindung „[b]is zum Jüngsten Tag".

Damit ist die exemplarische Analyse in drei Schritten abgeschlossen:

1. Aus Vanderbekes Roman wurde ein einzelner Abschnitt zur gründlichen Analyse ausgewählt.
2. Der Abschnitt wurde hinsichtlich der formalen Gestaltung der Zeitebenen sowie der inhaltlichen Aussagen über das Paar genauer bestimmt.
3. Aus den Ergebnissen wurde eine Gesamteinschätzung des Paars gewonnen.

9.3 Analysekompetenz

Der Kern literaturwissenschaftlicher Analysekompetenz besteht in der Fähigkeit, Texte nach wissenschaftlich objektivierbaren Kriterien und unter Anwendung spezifischer Analysemethoden zu strukturieren und dadurch in ihrer Komplexität zu reduzieren. Dazu müssen Texte in ihre Bestandteile zergliedert werden, die systematisiert, geordnet und bewertet werden, um sie in einer Art „Ist-Zustand" zu beschreiben. Sowohl die Kenntnisse geeigneter Analysemethoden und -kriterien als auch die Fähigkeit, Texte und Fragestellungen in der beschriebenen Weise zu analysieren, gehören zum spezifisch fachwissenschaftlichen Know-how des literaturwissenschaftlichen Studiums.

Wenn Sie über Analysekompetenz verfügen, dann besitzen Sie vor allem drei Fähigkeiten:

Drei Fähigkeiten

- die Fähigkeit, Analyseziele sowie systematische Analysekriterien zu identifizieren und zu definieren;
- die Fähigkeit, Strukturen zu erkennen und zu beschreiben;
- die Fähigkeit, Gemeinsamkeiten und Unterschiede gegeneinander abzugrenzen.

Transferleistung

Die Übertragung des fachwissenschaftlichen analytischen Handlungswissens auf andere Anwendungsbereiche ist eine Transferleistung, auf die Sie im Studium vorbereitet werden. Denn die Analysekompetenz, die Sie am Beispiel von Schillers Balladen erlernt haben, müssen Sie jederzeit auf die moderne Lyrik Ernst Jandls übertragen und notwendiger Weise entsprechend erweitern bzw. modifizieren können. Da das literaturwissenschaftliche Studium vor allem über exemplarische Vertiefung funktioniert, werden solche Transferleistungen mehrfach abverlangt. Dafür ist es nötig, vom konkreten Beispiel zu abstrahieren – eine Fähigkeit, die jeder Arbeitgeber zu schätzen weiß.

Aber nicht nur die allgemeinen analytischen Kompetenzen, die anhand des literaturwissenschaftlichen Gegenstandes ausgebildet werden und die es Ihnen erlauben, in allem Strukturen zu erkennen, sind in vielen Berufen bedeutsam, sondern auch die Fähigkeit, Texte kleinteilig ‚auseinanderzunehmen': Ihre Kenntnisse und Fähigkeiten im Bereich der Textanalyse machen Sie zum Experten für die Analyse von Texten aller Art.

Problemlösungs-strategien

Analysekompetenz als Fähigkeit, Probleme und Aufgaben in ihrer Komplexität zu reduzieren, ist eine für die meisten Berufsfelder elementare methodische Kompetenz. Probleme können aus komplexen Zusammenhängen herausgelöst und in ihre Elemente zerlegt werden, sodass Ursachen und Einflussfaktoren sichtbar, interpretierbar und vermittelbar werden. Komplexe Aufgaben können zeitlich (horizontal) strukturiert und in parallel ablaufende, überschaubare Teilaufgaben (vertikal) zerlegt werden, die sich wiederum nach Anforderungen, Teilprozessen und Verantwortlichen spezifizieren lassen. Analytische Fähigkeiten sind nicht nur für die Organisation, Koordination und Bearbeitung solcher komplexen Aufgaben erforderlich, sondern auch für die Planung der je individuellen Arbeitsabläufe, die zunehmend dadurch gekennzeichnet sind, dass der Einzelne an mehr als einer Aufgabe, in mehr als einem Projekt gleichzeitig arbeitet.

Da ein Literaturwissenschaftler stets darüber nachdenken muss, welche Folgen die Wahl einer Methode für die Ergebnisse einer Analyse haben kann, reflektiert er automatisch die eigene Tätigkeit und ihre Voraussetzungen. Analysekompetenz wird daher meist begleitet von einer hohen Reflexionskompetenz, die mehrere Fähigkeiten einschließt: **Reflexionskompetenz**

- die Fähigkeit, das eigene analytische Handeln zu reflektieren, d. h. seine Vorgehensweise zu beschreiben und zu begründen;
- die Fähigkeit, den eigenen Standort zu bestimmen und von anderen Interessen und Perspektiven abzugrenzen;
- die Fähigkeit, aufgrund des Bewusstseins über die Reichweiten und Grenzen der eigenen Analysemethode andere Analyseergebnisse als mögliche anzuerkennen;
- die Fähigkeit, die Analyse als Ergebnis von Vorannahmen, Bewertungen und Interpretation wahrzunehmen.

Diese Sensibilität für unterschiedliche Erkenntnisziele, unterschiedliche Vorgehensweisen sowie deren Reichweiten und Grenzen befähigt Sie als Literaturwissenschaftler in besonderem Maße für interdisziplinäres Arbeiten, das den Alltag im Berufsleben zunehmend prägt. Weil Sie die Arbeitsweise der Methodenpluralität (→ KAPITEL 4) nach einem literaturwissenschaftlichen Studium für selbstverständlich halten, werden Sie auf neue, Ihnen noch fremde Methoden vermutlich flexibel und aufgeschlossen reagieren.

Fragen und Anregungen

- Erläutern Sie, inwiefern eine Analyse literarischer Texte wichtig für die wissenschaftliche Arbeit ist.

- Vollziehen Sie die Entscheidungsprozesse nach, auf deren Basis ein Gegenstand zu seiner Methode kommt.

- Worin besteht Ihrer Meinung nach der Unterschied zwischen einer naturwissenschaftlichen und einer literaturwissenschaftlichen Analyse?

- Nennen Sie die wichtigsten Schritte der Textanalyse.

- Was hat Problemlösung mit Analysekompetenz zu tun?

- Beschreiben Sie, inwiefern Reflexionskompetenz und Analysekompetenz ineinander greifen.

Lektüreempfehlungen

- Dieter Burdorf: **Einführung in die Gedichtanalyse**, Stuttgart 1995, 2. überarbeitete und aktualisierte Auflage 1997. *Burdorf bietet eine umfassende Darstellung der formalen Elemente, die für die Lyrikanalyse relevant sind. Dabei werden auch Beispiele besprochen, die von den stringenten Klassifikationen abweichen. Ferner werden bildsprachliche und historische Aspekte der Gedichtanalyse dargestellt.*

- Manfred Pfister: **Das Drama**, München 1977, 11. Auflage 2001. *Pfisters Dramenbuch ist der ‚Klassiker‘ der Einführung in Dramentheorie und -analyse und daher zur ergänzenden Lektüre dringend zu empfehlen.*

- Heinrich F. Plett: **Einführung in die rhetorische Textanalyse**, Hamburg 1971, 9. Auflage 2001. *Plett führt in seiner kurzen Darstellung vor, nach welchen Gesichtspunkten man Texte rhetorisch analysieren kann, wobei der Schwerpunkt auf der Stilistik liegt.*

10 Jetzt wird's kritisch – Kritik und Thesenbildung

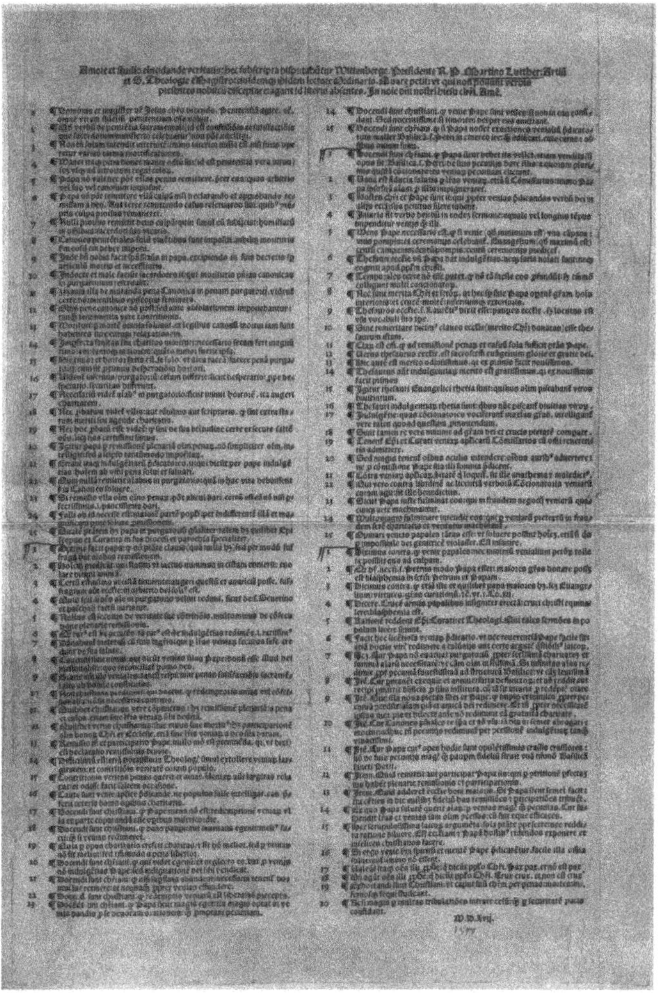

Abbildung 13: Martin Luther: 95 Thesen in lateinischer Sprache (1517)

Zu den wohl berühmtesten Thesen der europäischen Kultur- und Religionsgeschichte gehören zweifelsohne Martin Luthers „95 Thesen über Ablass und Gnade", die er am 31. Oktober 1517 an die Tür der Schloss- und Universitätskirche zu Wittenberg geschlagen haben soll. In ihnen kritisierte Luther insbesondere den Ablasshandel, übte aber auch wesentlich umfangreichere Kritik an der römischen Kirche und dem Papst. Nach dem Bekanntwerden seiner Thesen weigerte sich Luther nicht nur, diese zu widerrufen, sondern forderte darüber hinaus eine grundsätzliche Reform der Kirche. Die Weiterentwicklung und Veränderung, die Luther mit seiner Kritik angestoßen hat und die später in die Spaltung der Kirche mündete, ist ein extremes Beispiel für die Fähigkeit, Bestehendes infrage zu stellen, gültige Positionen in Zweifel zu ziehen und neue Standpunkte zu entwickeln.

Zwar reformiert nicht jeder auf diese Weise gleich eine Religion, gut formulierte Thesen können jedoch eine enorme Wirkung entfalten. Ihnen voraus geht das Entwickeln einer kritischen Haltung. Luther bildete sich durch Lesen der theologischen Schriften und Beobachten der Praxis eine eigene Meinung und entwickelte so einen eigenen Standpunkt. Er sah den Willen Gottes nicht angemessen verwirklicht und kritisierte daher die Verhaltensweisen der römisch-katholischen Kirche, vor allem von deren Oberhaupt, dem Papst. Anschließend formulierte er Thesen, die die Kritik prägnant auf den Punkt bringen und zugleich alternative Wege aufzeigen. Auf Basis dieser Thesen war Luther in der Lage, den eigenen Standpunkt zu verteidigen und viele Menschen zu überzeugen.

Es handelt sich dabei um einen Prozess, den man ansatzweise fast täglich durchläuft und der gerade im Zuge von Entscheidungen wichtig werden kann. Thesen bildet man zwar für gewöhnlich nicht bei einem Fahrradkauf; sollte man die Kaufentscheidung allerdings hinterher rechtfertigen müssen, dürften Thesen in der Argumentation zu finden sein, die auf der Basis einer kritischen Sicht entwickelt wurden. Kritik und Thesenbildung stellen also eine „Alltags-Kompetenz" dar. Diese ist immer dann gefragt, wenn Überlegungen und Gedanken geordnet und eingeschätzt werden müssen. Da dies in der Literaturwissenschaft permanent der Fall ist, kann diese Kompetenz als zentral für das literaturwissenschaftliche Studium und Arbeiten angesehen werden.

10.1 Kritik ist nicht gleich Kritik
10.2 Von der Kritik zur These
10.3 Kritik und Thesenbildung als Kompetenz

10.1 Kritik ist nicht gleich Kritik

Zu Beginn des Studiums wird sich Ihre Arbeit vor allem darauf konzentrieren, Neues kennenzulernen und einen Überblick zu gewinnen. Studierende, die gerade ihr Abitur erworben haben und sofort damit beginnen, literaturwissenschaftliche Positionen grundsätzlich zu kritisieren, werden auf mehr oder weniger heftige Ablehnung stoßen, denn Kritikfähigkeit setzt eine breite Kenntnis des Faches voraus. Trotzdem wird man von Anfang an von Ihnen erwarten, zu jedem von Ihnen gelesenen Text oder angeeigneten Thema Stellung zu beziehen – im Rahmen des Feldes, das Sie bei gründlicher Vorarbeit überblicken können. Wenn Sie beispielsweise einen wissenschaftlichen Aufsatz im Seminar vorstellen sollen, diesen nach gründlicher und mehrfacher Lektüre (→ KAPITEL 8) genau durchleuchtet und Lücken in der Argumentation festgestellt haben, dann sollten Sie diese Beobachtung den anderen Seminarteilnehmern, die den Text gar nicht oder weniger gut gelesen haben, mitteilen. Indem Sie Ihre Feststellung äußern, kritisieren Sie den Autor des Textes, dienen gleichzeitig jedoch einer Schärfung des Gegenstands. Nicht selten nämlich betreffen solche Lücken – die dem Verfasser des Aufsatzes gar nicht bewusst gewesen sein müssen – den Kern eines Problems. Sie werden also in einem literaturwissenschaftlichen Studiengang frühzeitig ermuntert, eigene Positionen zu entwickeln und wissenschaftlich zu begründen sowie andere wissenschaftliche Positionen ernsthaft infrage zu stellen. Damit leisten Sie entsprechend früh bereits eigene Forschungsarbeit.

(Randnotiz: Stellung beziehen)

Kritik aber ist eine heikle Sache. Denn oft können Kritiker und Kritisierte nicht zwischen Persönlichem und Sachlichem unterscheiden. Dieses Unvermögen ist weniger schlimm, als man zunächst denken mag, weil es auf etwas sehr Positives hinweist: Wer von einer sachlichen Kritik persönlich betroffen ist, identifiziert sich offensichtlich sehr stark mit seinem Gegenstand – und das zumindest ist ehrenwert, wenn auch auf Dauer nicht gesund. Eine Kunst ist es daher, mit jeglicher Kritik (nach einem eventuell ersten Schock) konstruktiv umzugehen. Ebenso kunstvoll ist es, stets sachlich zu kritisieren.

(Randnotiz: Persönliche und sachliche Kritik)

Das deutsche Wort „Kritik" geht auf das Griechische *téchne kritiké* zurück und meint „Beurteilungskunst", die Technik, die einem beim Urteilen, Entscheiden und Beurteilen hilft. Konkret damit gemeint ist die Fähigkeit, etwas genau zu prüfen und streng zu beurteilen. Seinem Ursprung nach ist das Wort völlig neutral gebräuchlich

(Randnotiz: Beurteilungskunst)

und bezeichnet eine Kompetenz, die bei einem Abwägungsprozess nützlich sein kann. Auf dieses Verständnis von Kritik berufen sich Literaturwissenschaftler und die Verfasser von Kritiken in Zeitungen (Literatur-, Theater-, Filmkritik). In der praktischen Arbeit haben sich literaturwissenschaftliche Kritik und die Kritik von Literatur allerdings inzwischen voneinander entfernt.

Seit der Frühen Neuzeit hat der Begriff häufig einen negativen Beigeschmack. Dies könnte daran liegen, dass das Adjektiv „kritisch" seit dem 16. Jahrhundert – erst in medizinischen Texten auf Latein, dann ebenso in deutschen Texten unterschiedlichen Inhalts – als Bezeichnung für „entscheidend", zum Beispiel im Fall einer Krankheit (Krise), etwa ab dem 18. Jahrhundert sogar für „bedrohlich" verwendet wird. Insofern ist mit Kritik „strenges und genaues Prüfen" gemeint, durch das Adjektiv „kritisch" wirkt der Vorgang jedoch häufig auch ein wenig beängstigend. Dennoch signalisiert die bedeutende Schrift *Critische Dichtkunst vor die Deutschen* (1730) des Aufklärers und Dichtungstheoretikers Johann Christoph Gottsched lediglich, dass in ihr die Dichtkunst seiner Zeit hinsichtlich Inhalt und Form referiert, geprüft und gewertet wird, bedrohlich ist sie keineswegs. Die Regeln allerdings, die Gottsched aufgrund seiner Kritik an der Dichtung aufstellt, wurden heftig kritisiert, wobei so manche kritische Äußerung ins Persönliche abglitt, was Gottsched bis heute in Misskredit gebracht hat (→ ASB D'APRILE / SIEBERS).

Kritik, die sich auf die Sache bezieht, zeichnet sich dadurch aus, dass sie den zu beurteilenden Gegenstand zunächst genau prüft – und das heißt im Fall der Literaturwissenschaft gründlich liest und analysiert (→ KAPITEL 8, 9). In einer literaturwissenschaftlichen Kritik wird demnach im Sinne der eigenen Thesenbildung von den Ergebnissen einer genauen Lektüre und Analyse das hervorgehoben, was der Prüfung nicht standhalten konnte. In der Literaturkritik ist dies so nicht möglich. Fundiert ist eine solche wissenschaftliche Kritik dann, wenn nicht nur die Ergebnisse der Prüfung durch Lektüre bzw. Analyse deutlich gemacht werden, sondern auch die Analysemethode genannt wird. Dies ist wichtig für alle diejenigen, die die Kritik zur Kenntnis nehmen sollen.

Wenn Sie einen Aufsatz einschätzen sollen, der ein literarisches Werk auf der Basis strukturaler Methoden betrachtet und ihn folglich ohne jeden Autorbezug in Abschnitte unterteilt, um diese zu untersuchen, dann ist es wenig sinnvoll, dem Verfasser vorzuwerfen, er achte nicht auf den Autor – es sei denn, Sie machen von vornherein klar, dass Sie selbst den Autor für unabdingbar halten und eine hermeneutische Methode bei Ihrer Arbeit bevorzugen (→ KAPITEL 4). Damit allerdings haben Sie nicht den Aufsatz selbst, sondern die Position des Verfassers kritisiert, wofür Sie nicht den Aufsatz lesen müssen. Wo sich der Autor eines wissenschaftlichen Beitrags positioniert, sieht man meist bereits am Titel oder nach wenigen Sätzen (→ KAPITEL 7, 8).

Sehr viel fruchtbarer ist es, die eigene Position stark zu machen, indem Sie sich auf die andere einlassen und prüfen, ob sie wesentliche Lücken oder problematische Stellen aufweist. Wenn Sie feststellen, dass der Aufsatz zwar eine strukturale Methode vorgibt, einzelne Argumente aber darauf hinweisen, dass eine Autorintention mitgedacht wird, können Sie die Reichweite der strukturalen Methode zumindest infrage stellen. Damit sprechen Sie über den Inhalt des Aufsatzes und bieten gleichzeitig Möglichkeiten zu einer weiterführenden Diskussion an. Diese Art der Kritik ist folglich nicht nur sachlich (auf die Sache bezogen), sondern auch konstruktiv (aufbauend, entwickelnd). Zudem lautet auf diese Weise der Kernsatz Ihrer Kritik nicht: „XY sollte mal endlich kapieren, dass er die falsche Methode benutzt." Eine solche Grundaussage würde auf Sie selbst zurückfallen, denn wer bestimmt in der Literaturwissenschaft, was falsch ist?

Problemstellen aufspüren

Die Kritik literarischer Texte wird meistens an Neuerscheinungen praktiziert und ist vorrangig die Aufgabe von Literaturkritikern (→ KAPITEL 2.1). Dem Germanisten Thomas Anz zufolge meint Literaturkritik „heute in der deutschsprachigen Kultur meist die informierende, interpretierende und wertende Auseinandersetzung mit vorrangig neu erschienener Literatur und zeitgenössischen Autoren in den Massenmedien" (Anz 2004, S. 194). Ihre Anfänge nimmt die Literaturkritik im deutschen Sprachraum mit der Zeit der Aufklärung und erreicht einen ersten Höhepunkt in der Romantik. Obwohl die Literaturkritik ein spezialisiertes Berufsfeld ist (→ KAPITEL 14), gehört das kritische Einschätzen von Literatur gleichermaßen zu den Aufgaben eines Literaturwissenschaftlers und folgt aus den Ergebnissen der genauen Analyse (→ KAPITEL 9).

Literaturkritik

Literaturkritik ist im Allgemeinen deutlich schwieriger als die Kritik wissenschaftlicher Positionen, da in literarischen Texten Logik und Argumentation eine sehr viel kleinere Rolle spielen. Ungereimtheiten und fehlende Teile müssen bei einem literarischen Text nicht auf mangelndes Denken und Nachlässigkeit hinweisen, weshalb die Beweislast für den Kritiker im Fall von Literatur sehr viel größer ist, Wertungen schnell subjektiv wirken und oft persönlich werden.

Schließlich ist der lebende Autor das einzig Konkrete, das der Literaturkritiker bei einem schwierigen literarischen Text hat. Jeder Literaturkritiker muss sich daher seine eigenen Maßstäbe klar machen, bevor er Literatur bewertet. Welche dies sein könnten, erfährt er in einem literaturwissenschaftlichen Studium. Im Fall von älteren Texten, mit denen es der Literaturwissenschaftler eher zu tun hat (→ KAPITEL 2), fällt die kritische Haltung unter Rückbezug auf bereits geäußerte Kritik der Forschung oder zeitgenössischer Rezensionen für gewöhnlich leichter – was die Kritik nicht unbedingt besser und fundierter machen muss.

Wertungsmaßstäbe (margin note)

10.2 Von der Kritik zur These

Auf der Basis konstruktiver Kritik kann ein Literaturwissenschaftler eigene Positionen entwickeln und diese über Thesen an die Wissenschaft weitergeben. Eine wissenschaftliche Leistung erbringt demnach, wer einen persönlichen Beitrag zur wissenschaftlichen Erkenntnis leistet, der auf der Auseinandersetzung mit bereits vorhandenen Positionen beruht und darauf zielt, durch die Erarbeitung eigener Positionen eine innovative Erweiterung bereits bestehender wissenschaftlicher Erkenntnisse zu leisten.

Wissenschaftliche Leistung (margin note)

Diese Neuerung muss der wissenschaftlichen Gemeinschaft – inzwischen oft auch *scientific community* genannt – bekannt und zugänglich gemacht werden. Geisteswissenschaftler machen dergleichen gerne auf vielen Seiten und in vielen Bänden, Naturwissenschaftler bevorzugen die einfache Formel, die anschließend mit ihnen in Verbindung gebracht werden kann. Ein berühmtes Beispiel ist der Physiker Albert Einstein, der auf ewige Zeiten mit der Gleichung $E = mc^2$ verbunden bleiben wird. Zugegebenermaßen sind die nicht weniger komplexen Gedankengänge in den Geisteswissenschaften selten auf eine so kurze Formel zu bringen. Hätte aber Luther seine Kritik an der katholischen Kirche 1517 in einer dreibändigen Abhandlung verewigt, wäre seine Wirkung ungleich schwächer gewesen. Schließlich gab es derartige Versuche zu seiner Zeit mehrfach, ohne dass sie auf große Resonanz stießen. Daraus ist zu lernen, dass, wer gehört werden will, den Mut zur These aufbringen muss. Mutig ist Thesenbildung nicht nur, weil man sich durch Thesen angreifbar macht und das Interesse anderer Forscher auf sich zieht, sondern auch, weil das Formulieren von Thesen meist eine Verknappung von Sachverhalten mit sich bringt und erfordert, von Relativierungen und Details abzusehen.

Mut zur These (margin note)

Nehmen wir an, Sie wollten sich im Rahmen einer größeren Arbeit mit einem bekannten Roman des 20. Jahrhunderts auseinandersetzen, zu dem entsprechend viel geforscht und gearbeitet wurde. Ihre Aufgabe ist es dabei, die weibliche Hauptfigur zu charakterisieren und ihre Bedeutung für die Gesamthandlung einzuschätzen. Ihr Anspruch ist es, nicht nur bereits Erforschtes zusammenzufassen – was nebenbei erwähnt häufig bereits Leistung genug ist –, sondern darüber hinaus innovativ zu sein und eine diskussionswürdige eigene These zu formulieren.

Der Weg zur These

- Der erste Schritt wäre hierbei sicherlich die genaue Lektüre und Analyse des Primärwerks in Hinblick auf die Problemstellung (→ KAPITEL 7, 8).
- Im zweiten Schritt würden Sie nach Forschungstexten zu dem Roman suchen und die recherchierten, relevanten Beiträge besorgen (→ KAPITEL 7).
- Drittens müssen Sie die Forschungsliteratur lesen, exzerpieren und bewerten (→ KAPITEL 8).

Nach diesen Arbeitsschritten sehen Sie sich einer Fülle an – fremden und selbst gewonnenen – Informationen gegenüber. Diese vielen Informationen gilt es nun wiederum kritisch gegeneinander abzuwägen und einzuschätzen, wobei das Hauptaugenmerk der Beantwortung von zwei zentralen Fragen zu gelten hat:

Kritisches Abwägen

- Was fehlt in der Forschung, das Ihrer Meinung nach wichtig für das Verständnis des Romans ist?
- Was wurde in der Forschung bisher zwar gesehen, aber anders interpretiert und beurteilt, als Sie dies tun?

Zu einer eigenen Erkenntnis kommt man demnach über die kritische Einschätzung, die auf Grundlage der genauen Kenntnis des Primärtextes mit Blick auf die eigene Aufgabenstellung und durch den Vergleich bestehender Meinungen zustande kommt. Dazu braucht man mitunter enorme kreative Fähigkeiten. Schließlich muss man bestehende Auffassungen aus anderer Perspektive akzentuieren oder fokussieren können sowie vorhandene Positionen mit bislang fremden Aspekten verknüpfen, um zu neuen Erkenntnissen über einen Text zu gelangen. Dahinter steckt die Fähigkeit, Alternativen zu denken, andere Wege und Lösungsmöglichkeiten zu imaginieren, zu begründen und zu realisieren.

Kreativität

Wenn Ihnen durch das Vergleichen des Romans mit der Forschung aufgefallen ist, dass die weibliche Hauptfigur stets nur in Hinblick auf den männlichen Protagonisten untersucht und als passiv eingeschätzt wurde, Sie aber der Meinung sind, dass sie bei genauer

Forschungslücke

Lektüre sehr viel aktiver ist, als dies vordergründig scheint, dann haben Sie eine Lücke der Forschung erkannt, die zu füllen sich lohnen könnte. Forschungslücken sollten nämlich keineswegs gefüllt werden, nur weil es sie gibt, sondern allein dann, wenn das, womit sie gefüllt werden sollen, die wissenschaftliche Erkenntnis bereichert.

Setzung

Mit der Feststellung, dass Ihre weibliche Hauptfigur nicht passiv, sondern aktiv ist, haben Sie noch keine These formuliert. Der Begriff „These" ist aus dem Griechischen abgeleitet und bedeutet so viel wie eine Setzung – ein Satz, der zunächst einmal in die Welt gesetzt wird und dann des Beweises bedarf. Beim Schreiben von Erörterungen in der Schule haben Sie das Formulieren von Thesen gelernt. *These – Argument – Beispiel* lautet gemeinhin die Abfolge beim Erörtern eines Gesichtspunktes. Das Argument (von lateinisch *arguere*, klarmachen, erhellen) soll in diesem Fall die These begründen – also erklären, auf der Basis welcher Urteile man zu der These gekommen ist. These und Begründung zusammen bilden die Argumentation (Beweisführung), deren Beherrschung die Grundlage guter wissenschaftlicher Praxis und im Alltag äußerst nützlich ist.

Anforderungen an Thesen

Relevanz

Wie Sie Ihre These formulieren, hängt davon ab, wen Sie damit erreichen wollen. Grundsätzlich aber sind zwei wesentliche Anforderungen zu nennen: Relevanz und Kürze.

- Einer These muss durch die (Fach-)Gemeinschaft eine gewisse Bedeutung zugemessen werden. Sie sollte nicht so formuliert sein, dass sie trivial zu sein scheint, wie: „Die Figur XY handelt." Da eine Figur in einem Text hauptsächlich über ihre Handlungen präsent ist, muss man diese Beobachtung nicht in eine These kleiden. Wohl gemerkt ist die Feststellung nicht überflüssig und es ist auch klar, dass eine Figur auf vielfältige Weise hervortritt – lediglich als These ist diese Bemerkung überflüssig.

Kürze

- Langatmige Thesen werden selten ernst genommen bzw. als solche erkannt. Ungeschickt wäre eine folgende Formulierung: „Anders als in den letzten vierzig Jahren von der Forschung gesehen, ist xy nicht das Werkzeug männlicher Figuren wie w oder z, die sie permanent ausnutzen, unterdrücken und nicht zu Wort kommen lassen, sodass sie am Ende nur noch in den Selbstmord gehen kann, da andernfalls ihr Vater sie hätte töten lassen. Sie ist auch weniger so passiv, wie vor allem die Beiträge von Hinz, Müller und Kunz behaupten, die sie als Frau sehen, die keinen eigenen Standpunkt aufweisen kann…" Eine These zeichnet sich durch ihre Kürze und präzise Formulierung aus. Die Begründung ist nicht Bestandteil der These. Eine Frage ist niemals eine These, sondern bleibt immer eine Frage.

132

Eine geeignete Formulierung für Ihre These zu dem Roman könnte folglich sein: „Die Figur XY beeinflusst das Romangeschehen aktiv." Wenn Sie diese These nachfolgend erläutern, werden Sie feststellen, dass die einzelnen Begründungsschritte wiederum als Thesen formuliert werden können, beispielsweise: „Die Figur XY tritt im Roman stets in den entscheidenden Handlungsmomenten auf." Die Menge an Thesen kann dazu dienen einzuschätzen, ob man sich beim Schreiben einer Arbeit zeitlich übernehmen wird (→ KAPITEL 11): Eine Abschlussarbeit sollte in der Regel nicht mehr als fünf, eine Doktorarbeit nicht mehr als zehn zentrale Thesen aufweisen. **Thesen im Umfeld**

Selbstverständlich muss jede These begründet und erläutert werden – und zwar immer und ausnahmslos. Viele Studierende glauben, dass jedem, der eine These liest, die Angelegenheit so klar sein müsste wie ihnen selbst, die einen langen Prozess der Thesenbildung hinter sich haben. Es ist daher immer wichtig, sich klar zu machen, dass sich keine These von selbst erklärt und dass es besser ist, von einem ahnungslosen Leser oder Zuhörer auszugehen, als ein hohes Niveau vorauszusetzen. Problematisch werden solche falschen Einschätzungen oftmals in Prüfungen: Einerseits gehen die Prüflinge davon aus, dass der Prüfer denselben Kenntnisstand wie sie selbst hat, weshalb sie viele Einzelheiten oder Begründungszusammenhänge weglassen. Andererseits ist die mündliche Nennung oder die schriftliche Darlegung aller Zusammenhänge die Basis der Benotung, sodass die Prüflinge manchmal Gefahr laufen, bei hervorragendem Kenntnisstand eine schlechte Note zu erhalten. Begründen Sie also stets so ausführlich wie nötig und sinnvoll. **Begründung**

Eine formulierte These ist außerdem in Bezug auf ihre Praktikabilität zu prüfen, da es einen bestimmten, vorgegebenen Zeitraum und/oder eine festgelegte Seitenzahl für eine Arbeit einzuhalten gilt. Sollten Sie also feststellen, dass Sie zwar eine These formulieren können, dass Sie zu deren Beweis aber eine unüberschaubare Vielzahl weiterer Thesen aufstellen müssen, die ihrerseits wieder begründet werden müssen, dann überdenken Sie Ihr Thema, Ihre Fragestellung und Ihre These lieber noch einmal oder besprechen Sie sie mit Ihrem Dozenten. Selbstkritisch muss man darüber hinaus auch hinsichtlich der eigenen Begründungen sein. Die formulierten Thesen müssen durch Analyse und Argumentation einsichtig gemacht werden. Zitate aus der Primärliteratur begründen übrigens gar nichts, im besten Fall machen Sie eine Erläuterung anschaulich. **Praktikabilität**

Im Zweifel ist das Sparsamkeitsprinzip anzuwenden, das auch Ockhamsches Rasiermesser genannt wird, weil es sich dabei um ei- **Ockhamsches Rasiermesser** nes der Grundprinzipien des mittelalterlichen Philosophen William von Ockham handelt: Streichen Sie alle unnötigen Argumente, die sie zwar spannend finden, die aber zur Begründung der These nicht erforderlich sind.

Ein „Beweisverfahren" zur Stützung und Erklärung einer These sollte die folgenden vier Elemente enthalten:

Elemente des Beweisverfahrens

- die Darstellung und Begründung der zugrunde gelegten Annahmen, u. a. durch Offenlegung des eigenen theoretisch-methodischen Hintergrundes, etwa in einem eigenen „Methodenkapitel";
- die Interpretation und Auswertung der Analyseergebnisse, wie es normalerweise im Hauptteil einer Darstellung geschieht;
- die geordnete Darstellung der Argumente für (oder gegen) die aufgestellten Thesen, womit man dem Leser die Einordnung erleichtert;
- die Bezugnahme und Abgrenzung von fremden Thesen und Argumentationen auf der Grundlage der Analyseergebnisse – dies geschieht meist in einem „Forschungsbericht".

Ziele der Begründung von Thesen sind die wissenschaftliche Rechtfertigung des eigenen Standpunktes und das Überzeugen anderer Wissenschaftler bzw. Kommilitonen von der eigenen Sichtweise (→ KAPITEL 12). Da dies im Studium jederzeit wichtig ist, sind Thesen der alltägliche Begleiter des Literaturwissenschaftlers – in mündlicher wie in schriftlicher Form.

Schriftlich dargelegte Thesen werden vor allem im Zusammenhang mit mündlichen (Abschluss-)Prüfungen und „Verteidigungen" von Qualifikationsschriften wie einer Doktorarbeit verlangt (Disputation). Damit Studierende aber das Bilden von Thesen nicht erst dann anwenden müssen, wenn es ‚ernst' wird, fordern viele Seminarleiter regelmäßig sogenannte Thesenblätter. Sie umfassen in der Regel nicht nur eine Auflistung von Thesen, sondern auch stützende Informationen, die es leichter machen, die Thesen nachzuvollziehen. Dazu zählen vor allem Zitate, Zahlen, Daten und Literaturangaben. Diese Angaben sollten aber die Thesen auf keinen Fall verdrängen.

Thesenblätter

Mit der Darstellung der Thesen sollen in den jeweiligen Verwendungszusammenhängen Gespräche angeregt und erleichtert werden. Während das Thesenpapier in Prüfungsgesprächen vor allem von den Prüfern als Leitfaden genutzt wird, kann es bei Referaten dem Redner als Grundlage der Diskussionsmoderation und als Gedächtnisstütze dienen (→ KAPITEL 12). Die Zuhörer können die zentralen Annahmen jederzeit nachlesen und eigene Anmerkungen dazu notieren. Schon deshalb sollten die Thesen präzise formuliert und im Umfang

Diskussionsgrundlage

übersichtlich sein: Wenn die Zuhörer zu viel Zeit und Konzentration benötigen, um sich eine These klar zu machen, wird sich eine Diskussion nur schleppend entwickeln. Auch bei Thesenblättern greift die oft zitierte Feststellung Goethes: „Getretner Quark / Wird breit, nicht stark." (Goethe 1994, S. 67)

10.3 Kritik und Thesenbildung als Kompetenz

Durch Kritik wird nicht nur etwas beurteilt, der Urteilende gewinnt auch einen eigenen Standpunkt durch Abgrenzung. Ausdruck der eigenen Positionierung und Ergebnis des kritischen Bewertungsprozesses sind Thesen. Die Bildung von Thesen ist stets ein innovativer Prozess, da versucht wird, dem bereits Vorhandenen etwas Neues hinzuzufügen. Da auf diese Weise Ordnung und Inhalte einer wissenschaftlichen Disziplin oder eines Arbeitsbereichs beeinflusst, mitunter sogar verändert werden, kann man die mit Kritik und Thesenbildung verbundene Kompetenz konzeptionelle Kompetenz nennen.

Wenn Sie im Rahmen eines literaturwissenschaftlichen Studiums gelernt haben, Kritik zu üben und Thesen zu bilden, verfügen Sie über eine Reihe von Fähigkeiten, die sich als Bewertungs- und Beurteilungskompetenz zusammenfassen lassen. Sie können im Einzelnen

Bewertungs- und Beurteilungskompetenz

- Texte systematisch, d. h. nach definierten und objektivierbaren Kriterien befragen und dadurch deren wesentliche Positionen, Argumente und Strukturen beschreiben;
- entscheiden, ob bestimmte Methoden geeignet bzw. notwendig sind, um aufgestellte Thesen plausibel zu machen;
- aufgrund einer Analyse Primärtexte interpretieren und aus den beschriebenen Merkmalen Schlussfolgerungen bezüglich Text und Fragestellung ziehen;
- die fremden Positionen mit den eigenen Ergebnissen vergleichen sowie
- die Beobachtungen sprachlich präzise und differenziert ausdrücken.

Voraussetzung dafür sind kreative Fähigkeiten, das heißt in diesem Zusammenhang vor allem die Bereitschaft,

Kreative Fähigkeiten

- herrschende Positionen und Meinungen durch die Einbeziehung neuer oder bislang nicht berücksichtigter Aspekte sowie durch die Veränderung der Perspektive weiterzuentwickeln;
- bisher geltende Grenzziehungen zu überschreiten, neue Verbindungen (z. B. von theoretischen Ansätzen) zu entwickeln und zu erproben;

- neben den oder statt der eigenen Überzeugungen alternative Denkweisen auszuprobieren und die eigene Wahrnehmung kritisch zu überprüfen;
- (vermeintliche) Widersprüche zuzulassen und nicht-logische Weisen des Denkens zu fördern.

Diese kreativen Fähigkeiten werden im Zuge von Kritik und Thesenbildung geschult und sind in den verschiedensten beruflichen Kontexten von zentraler Bedeutung, weil sie die Fähigkeit zur Veränderung und Weiterentwicklung ebenso fördern wie das Vermögen, flexibel zu denken und zu handeln.

Meinungsbildung Kritik, Thesenbildung und innovatives Denken sind in allen Berufsfeldern wichtig, in denen die Entwicklung von Standpunkten, Positionen und Meinungen, die kritische und kreative Auseinandersetzung mit verschiedenen Themen wie auch die Ingangsetzung und Begleitung öffentlicher Meinungsbildung zu den zentralen Aufgaben gehören. Dies ist beispielsweise in verschiedenen journalistischen und politischen Tätigkeitsfeldern gegeben: So gehören die Vermittlung eines Standpunktes, die Artikulation einer Auffassung und die Bewertung eines Sachverhaltes – je nach Rubrik und Textsorte in unterschiedlichem Maße – zu den wesentlichen Zielen journalistischer Arbeit. Neben der objektiven Berichterstattung und der Unterhaltung soll Journalismus zum Nachdenken anregen und alternative Denkweisen und -wege aufzeigen, manchmal sogar zum Handeln motivieren.

„Geiz ist geil" Eine besondere Form der Thesenbildung fordert die Werbebranche. Texter sind auf der dauernden Suche nach kurzen, prägnanten Thesen, deren Begründung über das Produkt, das verkauft werden soll, erfolgt. „Geiz ist geil" ist eine These, eine Setzung im wahrsten Sinn des Wortes, die gerade nicht argumentativ begründet werden soll. Ihre ‚Wahrheit' soll sich durch die Nutzung des damit verbunden Produkts erweisen – in diesem Fall durch den Kauf bei einem bestimmten Anbieter. Dieser Slogan hat es nicht nur geschafft, im Gedächtnis zu bleiben, er scheint darüber hinaus eine gesellschaftliche Grundstimmung erfasst zu haben. Griffig, kurz und prägnant wie er ist, wird er bleiben.

Fragen und Anregungen

- Definieren Sie Kritik und These.

- Überlegen Sie, was für Sie zu einer sogenannten „konstruktiven Kritik" gehört.

- Zeichnen Sie den Prozess der Thesenbildung nach und überlegen Sie, inwiefern dabei Kreativität gefragt ist.

- Nennen Sie die wichtigsten Bestandteile eines Thesenblatts.

- Untersuchen Sie einen wissenschaftlichen Text hinsichtlich seiner Thesen und suchen Sie nach alternativen Formulierungen.

- Suchen Sie nach weiteren Werbeslogans, die Thesencharakter haben und prüfen Sie deren Plausibilität.

Lektüreempfehlungen

- **Thomas Anz / Rainer Baasner (Hg.): Literaturkritik. Geschichte – Theorie – Praxis, München 2004.** *Der Band bietet einen historischen Überblick zur Literaturkritik seit der Aufklärung sowie Theorien und Analysen zur Wertung.*

- **Hans Georg Coenen: Rhetorisches Argumentieren im Licht antiker und moderner Theorien. Eine Einführung, Baden-Baden 2006.** *Coenen zeigt verschiedene Argumentationsformen, die systematisch und mit historischen Verweisen vorgestellt werden.*

- **Arnulf Deppermann / Martin Hartung (Hg.): Argumentieren in Gesprächen. Gesprächsanalytische Studien, Tübingen 2003.** *Der Band enthält Gesprächsanalysen zu ganz unterschiedlichen Themen wie Wahldebatten im TV oder Argumentationsformen unter Jugendlichen. Dabei steht die Analyse von face-to-face-Kommunikation im Vordergrund.*

- **Stefan Neuhaus: Literaturkritik. Eine Einführung, Göttingen 2004.** *Leicht lesbare Einführung, die kritisch mit der Literaturkritik umgeht und mutig eine „kleine Theorie der idealen Kritik" entwirft.*

- **Stefanie Schnöring: Kommunikation im Spiegel der Unternehmenskultur. Dialogisches Handeln und unternehmerische Zwecke,** Tübingen 2007. *Unter dem Stichwort „kommunikative Handlungskompetenz" analysiert Schnöring verschiedene Gesprächssituationen, die im Unternehmensalltag immer wieder stattfinden. Diese werden in ihren Argumentationsverläufen beschrieben und systematisiert.*

11 „Da war es auch gut" –
Schreiben und Schreibkompetenz

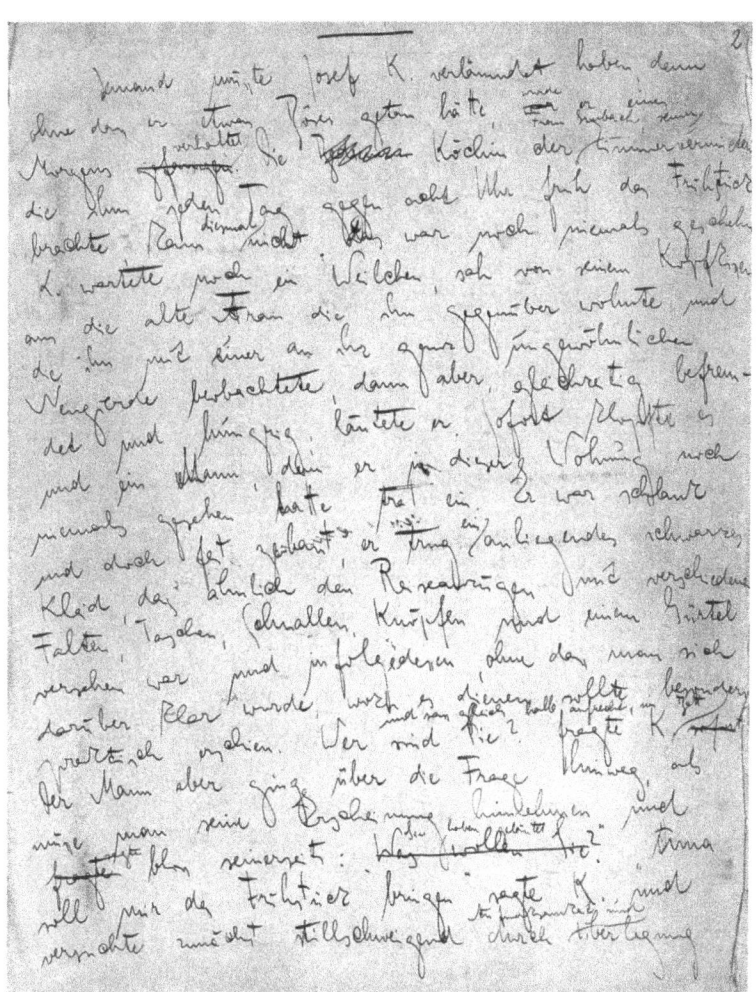

Abbildung 14: Franz Kafka: *Der Proceß*, Erste Seite des Manuskriptes (1915)

Wie die meisten Autoren hat auch Franz Kafka seine Texte mehrfach überarbeitet. Dieser Prozess des Schreibens – in diesem Fall also ein „Prozess" im doppelten Sinne – lässt sich über Streichungen und Ergänzungen recht genau nachzeichnen. Die erste Seite aus Kafkas Handschrift zu seinem „Proceß" zeigt die Arbeit am Wort, das Verwerfen und Neufinden von Formulierungen, die jeden Schreibprozess kennzeichnet, deutlich: Ob Josef K. „gefangen" oder „verhaftet" wurde – zwischen den beiden Worten musste sich der Autor offensichtlich bereits zu Beginn seines Textes entscheiden –, mag man für eine unbedeutende Vorliebe halten. Der analytisch-interpretatorisch Geübte aber wird die Bedeutung des Unterschieds zwischen dem Gefangennehmen, das jeder zu jeder Zeit tun kann, und dem Verhaften, für das es eines Haftbefehls aufgrund richterlicher Verfügung bedarf, verstehen. Und er wird den Prozess der sprachlichen Präzisierung, der in der Handschrift offenbar wird, entsprechend würdigen.

Zwar kann gerade bei literarischen Texten die einzelne Formulierung besonders relevant sein, die Entscheidung für das ,eine' Wort sollte jedoch auch beim Verfassen nicht-literarischer Texte bewusst und überlegt erfolgen. Schließlich vermitteln Geschriebenes und Gesprochenes den eigenen Standpunkt, wobei schriftlich Festgehaltenes jederzeit überprüft und genau untersucht werden kann. Gutes Schreiben und Sprechen wurden in der Renaissance als Hinweis auf klares Denken verstanden. Inzwischen gibt es in dieser Hinsicht eine höhere Toleranz der Leser – gut lesbare Texte werden jedoch nach wie vor besonders gelobt und wegen ihres Stils hervorgehoben. In einem literaturwissenschaftlichen Studium werden die meisten Leistungen durch schriftliche Arbeiten erbracht. Auf diese Weise erlernt ein Studierender nicht nur, wie man Untersuchungsergebnisse schriftlich präsentiert, er übt auch regelmäßig das Schreiben. Und das ist für einen Literaturwissenschaftler ebenso wichtig wie das häufige Lesen.

11.1 Schwarz auf weiß – Textsorten im Studium
11.2 Last und Lust – der Schreibprozess
11.3 Schreiben als Kompetenz

11.1 Schwarz auf weiß – Textsorten im Studium

Jedes wissenschaftliche Studium soll Studierende dazu befähigen, einen eigenen Beitrag zur wissenschaftlichen Erkenntnis zu leisten. Innovative Ideen müssen aber verbreitet werden, um der Wissenschaft wirklich zu nützen. Das geschieht normalerweise durch die Veröffentlichung eines kürzeren oder längeren Beitrags als Buch, in einem Sammelband, einer Fachzeitschrift oder im Internet. Ist eine Innovation schwarz auf weiß festgehalten, dann kann sie nicht mehr so leicht übergangen werden. Damit eine solche Veröffentlichung den gewünschten Anklang findet, muss sie allerdings bestimmten Standards genügen. Die Fähigkeiten, die benötigt werden, diese zu erfüllen, werden im Verlauf des Studiums eingeübt. **Veröffentlichung**

Während eines literaturwissenschaftlichen Studiums begegnen Ihnen unterschiedliche Textsorten, in denen Sie sich schreibend betätigen sollen. Jede erfordert eine bestimmte Art des Schreibens und eine spezifische Herangehensweise. Es handelt sich vor allem um: **Textsorten**

- Mitschrift
- Exzerpt
- Thesenblatt / Thesenpapier (→ KAPITEL 11.2)
- Protokoll
- Klausur
- Exposé
- Seminararbeit
- Abschlussarbeit
- Essay
- Rezension.

Eine Mitschrift, zum Beispiel einer Seminarsitzung, hat gewöhnlich die Funktion einer Erinnerungsstütze für den Schreibenden, manchmal soll sie einen abwesenden Kommilitonen über das Verpasste informieren. Sie muss demnach so gestaltet sein, dass derjenige, der nicht da war, sofort, der Schreibende auch noch Jahre nach dem Moment der Niederschrift mit den Aufzeichnungen etwas anfangen kann. Zudem dient eine Mitschrift der ersten Verarbeitung und Präzisierung eines Gegenstandes. Da man nicht alles mitschreiben kann, notiert man das, was einem im Moment wesentlich zu sein scheint. Stil und Wortwahl sind dabei zwar nicht völlig unwichtig, aber zweitrangig. Meist haben Mitschriften lediglich Stichwortcharakter. Sie sollten nachbearbeitet und gut verwahrt werden. Schließlich hilft das beste Papier nichts, wenn man es im entscheidenden Moment nicht wiederfinden kann. Falls Sie also ein Liebhaber von Notiz- **Mitschrift** büchern oder Kladden sind – schreiben Sie niemals alles in ein Buch hintereinander, ohne dass Sie sich ein effektives System überlegt haben, das Ihnen hilft, die einzelnen Eintragungen wiederzufinden.

Exzerpt   Auch das Exzerpt hat vor allem eine Erinnerungsfunktion. Ein Text, den man einmal gelesen hat, soll über das Exzerpt erinnert werden können, ohne den Text ein weiteres Mal ganz lesen zu müssen. Dass Ihnen ein Exzerpt für alle Zeiten den erneuten Blick in die Quelle erspart, ist illusorisch. Aber immerhin kann es eine erste Einordnung und Orientierung bieten. Ein Exzerpt enthält für gewöhnlich

- eine genaue Titelangabe;
- die Angabe des Standorts (beispielsweise die Signatur, unter der die Quelle in der Bibliothek steht);
- eine kurze Inhaltsangabe (bei einem wissenschaftlichen Text Darstellung der Argumentation, evtl. Wiedergabe einer Gliederung);
- Zitate, die als wichtig eingeschätzt werden, wobei die betreffenden Sätze immer vollständig notiert und die Seitenzahlen unbedingt mit angegeben werden sollten;
- Stellenangaben mit Seitenzahlen (falls ein Zitieren zu aufwendig wäre);
- Fragen, die sich bei der Lektüre ergeben haben;
- Hinweise auf weitere (Primär- und Sekundär-)Literatur;
- im Fall eines wissenschaftlichen Textes kommt die Herausarbeitung der wichtigsten Thesen hinzu.

Auch bei Exzerpten ist die sprachliche Ausgestaltung nicht entscheidend. Wichtig ist, dass das Papier übersichtlich ist. Zu beachten ist weiterhin eine strenge Unterscheidung zwischen Zitaten und der Wiedergabe in eigenen Worten. Die Ausrede, man habe auf ein Exzerpt zurückgegriffen, hat bei dem Vorwurf, Plagiarismus (geistigen Diebstahl) begangen zu haben, bisher noch niemandem geholfen.

Protokoll   Protokolle, die bereits in der Schule geschrieben und geübt werden, unterscheiden sich nicht von denen, die an Universitäten verfasst werden müssen. Sinn des Protokolls ist neben der Gedächtnisstütze für das Seminar ein Festhalten des Arbeits- und Diskussionsstandes im Lauf eines Semesters, Ausgangspunkt einer Rekapitulation des Besprochenen in der darauffolgenden Sitzung sowie Beleg für den Erfolg einer Sitzung, da ein Protokoll sehr gut zeigt, was wie gut verstanden bzw. was nicht wahrgenommen wurde. In anderen, etwa beruflichen Zusammenhängen bilden Protokolle darüber hinaus Entscheidungsprozesse ab. Das Schreiben von Protokollen ist eine mechanische Aufgabe, die selten Freude macht, für die es aber Muster gibt, an denen man sich orientieren kann. Allerdings ist hier der präzise Wortlaut sehr wichtig, da diese Textsorte viele Funktionen und potenzielle Leser hat. Zu unterscheiden sind Ergebnis- und Verlaufsprotokolle. Wie die Namen bereits vermuten lassen, müssen im ersten Fall lediglich die Ergebnisse einer Sitzung festgehalten werden, im zweiten geht es zudem um deren Verlauf, also eine Abbildung der Prozesse, die zu Entscheidungen geführt haben. Erforderlich ist in beiden Fällen, dass alle notwendigen Informationen – Datum, Ort, Zeit des Anfangs und des Endes, anwesende Personen, verhandelte Gegenstände und Inhalte – abgebildet werden.

Eine Klausur hat normalerweise nur einen oder zwei Leser – den oder die Prüfer, je nachdem ob es einen oder zwei Korrektoren gibt. Im Vorfeld der Klausur sollten Sie sich bei Ihrem Prüfer im Seminar oder in der Sprechstunde über Vorgaben und mögliche Themen informieren. Während der Klausur herrscht häufig Zeitnot. Planen Sie daher vor dem Klausurtermin Übungen ein, für die Sie sich selbst mögliche Aufgabenstellungen überlegen und versuchen, diese innerhalb der Klausurzeit zu erfüllen. Selbst wenn nachher die Fragestellung anders lautet – sofern Sie sich nicht völlig im Thema verschätzt haben, sind einzelne Teile Ihrer Übungsklausur immer wieder verwendbar. In jedem Fall aber haben Sie Klausurroutine entwickelt. Bei der Prüfung selbst ist Folgendes zu beachten:

Klausur

1. Schreiben Sie nicht einfach drauflos, sondern beschäftigen Sie sich intensiv mit der gestellten Aufgabe. Diese sollten Sie eingehend analysieren, damit Sie keinesfalls Teile übersehen. Wenn Sie beispielsweise einen Text interpretieren und in den Kontext der Zeit einordnen sollen, dann sind beide Aufgabenteile für eine sehr gute Note gleichermaßen zu erfüllen. Keine noch so gute Interpretation kann einen in der Aufgabe geforderten Teil, wie eine historische Einbettung oder die Diskussion des Forschungsstandes, aufwiegen. Achten Sie besonders auf die Verben, die in der Aufgabenstellung verwendet werden. „Erörtern" und „beurteilen" etwa meinen nicht dasselbe.

Aufgabe analysieren

2. Gliedern Sie Ihre Klausur klar und machen Sie Ihre Gliederung deutlich. Allerdings sollten Sie das – anders als in einer Hausarbeit – nicht gleich zu Beginn der Klausur tun, wenn Sie sich nicht völlig sicher sind, dass Sie alle versprochenen Gesichtspunkte auch wirklich angemessen behandeln können. Es genügt völlig, im Klausurtext regelmäßig darauf hinzuweisen, an welchem Punkt der Argumentation Sie sich befinden und auf was im Folgenden eingegangen wird.

Klare Gliederung

Einleitung und Schluss

3. Vergessen Sie Einleitung und Schluss nicht. Vor allem mit einer gelungenen Zusammenfassung am Ende können Sie bei einem Prüfer punkten.

Korrigierendes Lesen

4. Planen Sie ausreichend Zeit ein, die Klausur am Ende noch einmal durchzulesen. Schreiben Sie jedoch nur im Ausnahmefall noch etwas hinzu, denn das macht die Klausur schwer lesbar. Achten Sie besser auf Schreibfehler, vergessene Buchstaben, Wörter oder Satzteile, Flüchtigkeitsfehler (wie 1945 statt 1845) und Argumentationsmängel.

Werkzeug

5. Bringen Sie das richtige Werkzeug mit. Statt sich mit Proviant für drei Tage einzudecken, achten Sie lieber darauf, dass Ihr Füller genug Tinte enthält oder nehmen Sie zwei statt nur einen Kugelschreiber mit. Wer sich von anderen, die um ihn herum schreiben, leicht stören lässt, besorge sich Ohrenstöpsel.

Exposé

Exposés werden immer dann verlangt, wenn eingeschätzt werden soll, ob sich die Arbeit einer Person in die richtige Richtung bewegt. Dies kann der Fall vor mündlichen oder schriftlichen Prüfungen sein. Meist jedoch dienen Exposés der Vorarbeit für längere schriftliche Arbeiten. Sie präsentieren – je nach Kontext auf bis zu zehn Seiten – Thema, Hauptthesen mit Begründung, Forschungsstand, vorläufige Gliederung und Zeitplan. Solche Darstellungen geben Ihren (potenziellen) Betreuern einen ersten Einblick und erleichtern das Gespräch über die Arbeit. Im Fall von Dissertationen sind Exposés in der Regel Voraussetzung für die Zulassung zum Promotionsverfahren und eine Bewerbung um Stipendien.

Seminararbeit

Die Seminararbeit ist an deutschen Universitäten die beliebteste Prüfungsform im Bereich der Literaturwissenschaft. Obwohl es auch hier eigentlich wieder nur einen Leser gibt – der Sie gleichzeitig bewertet –, versteht man unter einer Seminar- oder Hausarbeit eine Vorform des wissenschaftlichen Aufsatzes. Selbst wenn Sie befürchten müssen, dass Ihre Arbeit nach einmaligem Lesen in den Tiefen eines Ordners verschwindet, sollten Sie daher stets eine Veröffentlichungsmöglichkeit imaginieren. Diese Vorstellung ist übrigens auch gar nicht abwegig: Ab und zu werden Hausarbeiten durchaus zu Aufsätzen umgearbeitet und in Zeitschriften veröffentlicht. Angesichts der Funktionsbeschreibung einer Seminararbeit durch die Literaturwissenschaftler Burkhard Moennighoff und Eckhard Meyer-Krentler dürfte das auch gar nicht allzu schwer sein:

> „Die Hausarbeit ist auf die systematische Entwicklung eines Sachverhalts, die sachgerechte Darstellung, Diskussion und Lösung eines Problems ausgerichtet, kann pointiert argumentieren und fern

von atemraubenden Zeitproblemen der Seminarsituation wichtige Aspekte vertieft untersuchen." (Moennighoff / Meyer-Krentler 2003, S. 16)

Eine Seminararbeit ist eine Textsorte mit starrem Muster. Dies klingt nach einem großem Nachteil, ist jedoch eher vorteilhaft: Sie können sich auf diese Weise voll und ganz auf die Ausbreitung der Inhalte konzentrieren, ohne sich um den grundlegenden Aufbau Gedanken machen zu müssen. Eine Seminararbeit umfasst nämlich immer die folgenden sechs Teile:

1. Deckblatt mit Angaben zu Seminar und Verfasser sowie dem Thema der Arbeit;
2. Inhaltsverzeichnis mit Nennung der Seitenzahlen;
3. Einleitung, in der in das Thema eingeführt wird – meist dient dieser Teil einer Präzisierung der Problemstellung;
4. Hauptteil, das Kernstück der Arbeit, in dem die Thesen formuliert, erläutert und begründet werden;
5. Schluss, der zusammenfasst, einen Ausblick gibt oder Nebenaspekte erwähnt – dieser Teil darf auf keinen Fall neue Argumente liefern;
6. Literaturverzeichnis mit der Nennung der verwendeten Primärquellen sowie der Forschungsliteratur.

Aufbau

Achten Sie beim Schreiben der Arbeit auf die folgenden Aspekte, die ausschlaggebend für die Benotung sind: Klarheit des Argumentationsaufbaus, Stichhaltigkeit der Argumentation, Thesenbildung, Thesenbegründung, verwendete Forschungsliteratur, Einbeziehung von Primärquellen, Gestaltung von Einleitung und Schluss, formale Vorgaben (Zitierweise in den Fußnoten, korrekte Wiedergabe der Zitate usw.), Stil, Grammatik und Orthografie. Das Schreiben von Seminararbeiten ist Übungssache und fällt mit jedem Mal leichter. Die meisten Seminarleiter geben formale Richtlinien vor oder erläutern ihre Erwartungen auf Nachfrage. Bitten Sie die Seminarleiter stets um eine Nachbesprechung der Arbeiten, damit Sie wissen, was Sie bei nachfolgenden Arbeiten beachten sollten.

Kriterien für die Benotung

Nachbesprechung

Die vielen Seminararbeiten, die Sie im Laufe eines Studiums verfassen, bereiten Sie auf die Arbeit vor, die Sie zum Abschluss eines Studiums schreiben müssen – die Bachelor- oder die Masterarbeit. Sie unterscheiden sich voneinander und von der Hausarbeit durch Umfang und Anspruch. Der Schreibprozess ist jedoch derselbe – nur ein wenig langwieriger.

Abschlussarbeit

Der Essay ist die Königsdisziplin des wissenschaftlichen Schreibens, da er sich an der Grenze zum literarischen Schreiben befindet.

Essay

Eine konkrete Bestimmung des Essays ist problematisch. In einer ersten Annäherung lässt sich der literaturwissenschaftliche Essay durch die folgenden Merkmale charakterisieren, nach denen der Essay

Merkmale

- bekanntes Wissen neu ordnet und darüber hinaus sowohl explizit im Text (Zitate, Verweise) als auch durch seinen Publikationsort (Zeitschriften, Tagungsbände etc.) auf die Forschung Bezug nimmt;
- in der Regel nicht umfassend im wissenschaftlichen Sinne, sondern eher selektiv-innovativ gestaltet ist;
- einerseits durch eine starke Standpunkt- und individuelle Meinungsbildung geprägt ist und sich andererseits durch eine Thesenbildung auszeichnet, die eher implizit bleibt;
- zur Zuspitzung, Unvollständigkeit und zum Einsatz metaphorischer Sprache bzw. zur sprachlichen Annäherung an den literaturwissenschaftlichen Gegenstand neigt;
- eine eher unsystematische Auseinandersetzung mit einem Gegenstand ermöglicht und
- dem Wissenstransfer zwischen Spezialisten und Interessierten dienen kann.

Aufgrund der benannten Merkmale und der darin begründeten Flexibilität der Textsorte „wissenschaftlicher Essay" eignet sich dieser in besonderer Weise

Funktionen und Aufgaben

- zur Reflexion und Provokation der Konventionen wissenschaftlichen Schreibens;
- zur Erprobung anderer Schreibstile und Anwendung anderer rhetorischer Strategien, sprachlicher Muster und Besonderheiten, die für das Wissenschaftliche untypisch sind;
- zur Übertragung der am wissenschaftlichen Gegenstand erworbenen Schreibkompetenz auf andere Schreibaufgaben.

Vom Essay ist es dann nicht mehr weit zum journalistischen Schreiben. War das Schreiben von Essays vor einigen Jahren eher selten Gegenstand literaturwissenschaftlicher Studiengänge, so wird es inzwischen zunehmend als kreative Form wissenschaftlichen Schreibens entdeckt.

Rezension

Dazu gehört als Textsorte, die im Studium gelegentlich eine Rolle spielt, die Rezension. In manchen Seminaren üben Studierende das Schreiben von Literaturkritiken, wie man sie zu Neuerscheinungen in den Zeitungsfeuilletons oder im Internet lesen kann. Die Kunst einer Rezension besteht darin, einen Eindruck von einem Buch zu vermitteln, ohne dem Leser zu viel zu verraten, sowie das Werk einzuschätzen und dieses Urteil zu begründen (→ **KAPITEL 10**). Selbst wenn es an Ihrer Universität nicht üblich sein sollte, Rezensionen zu schreiben:

Informieren Sie sich in Zeitungen oder im Internet über literarische und wissenschaftliche Neuerscheinungen und schreiben Sie nach der Lektüre von Büchern zur Übung Rezensionen. Auf diese Weise prägen Sie sich den Inhalt des Gelesenen nicht nur besser ein, Sie halten ihn zudem fest und reflektieren ihn auf sehr viel tiefer gehende Weise.

11.2 Last und Lust – der Schreibprozess

Von den verschiedenen Elementen wissenschaftlichen Arbeitens fällt das Schreiben häufig am schwersten, und mit Sicherheit fehlen auch an den Schwarzen Brettern Ihrer Hochschule oder Ihres Institutes nicht die Angebote, bei „Schreibblockaden" oder „Schreibproblemen" zu helfen. In der Schreibforschung wird für Schreibprobleme im Wesentlichen die folgende Ursachenkonstellation benannt: Beim wissenschaftlichen Schreiben stellt man sich sozusagen stets hinten in der Schlange an, wenn man ein Thema bearbeitet – das geht erfahrenen Wissenschaftlern nicht anders als Studierenden. Einerseits hat man das Gefühl, kein Wort zu Papier bringen zu dürfen, ohne alle Darstellungen der früheren Jahrhunderte gelesen zu haben. Andererseits scheint es unmöglich, nach der Lektüre von zahllosen Büchern noch etwas Bleibendes, Neues zu Papier zu bringen – scheinbar ist doch schon alles gesagt worden.

Im Wesentlichen berühren diese Probleme allerdings nicht das Schreiben selbst, sondern die mangelnde Vorbereitung des Schreibens. Doch selbst wenn man über Recherche, Lektüre, Analyse, kritische Beurteilung und Thesenbildung die eigene Fragestellung fest im Blick hat, kann das Niederschreiben der Ergebnisse erhebliche Schwierigkeiten aufwerfen. Denn das, was man sagen möchte, lässt sich nicht immer leicht in Worte fassen, und Zusammenhänge, die als Gedanken logisch klangen, wirken auf dem Papier nicht selten einfältig.

Auch wenn die Betroffenen das oft nicht glauben wollen – Schreibprobleme hat jeder, selbst ‚die Profis'. In der Erzählung *Schwere Stunde* (1905) beschreibt Thomas Mann sehr anschaulich die Qualen, die Friedrich Schiller beim Schreiben eines Textes leidet. Heftig erkältet müht dieser sich tief in der Nacht an seinem Schreibtisch ab und zweifelt immer wieder an seiner Arbeit:

„Nein, es mißlang, und alles war vergebens! Die Armee! Die Armee hätte gezeigt werden müssen! Die Armee war die Basis von allem! Da sie nicht vors Auge gebracht werden konnte – war die ungeheure Kunst denkbar, sie der Einbildung aufzuzwingen? Und der Held war kein Held; er war unedel und kalt! Die Anlage war falsch, und die Sprache war falsch, und es war ein trockenes und schwungloses Kolleg in Historie, breit, nüchtern und für die Schaubühne verloren!" (Mann 2004, S. 421)

Dieses Gefühl kennt jeder, der schon einmal einen Text zu einem bestimmten Zeitpunkt fertig stellen musste – selbst wenn es sich dabei eher im seltenen Fall um einen literarischen Text gehandelt haben dürfte. Der Schreibprozess kann zwar sehr beglückend sein und macht meist Spaß, ist aber nie durchgängig leicht, weshalb ihn viele Autoren mit einer Geburt vergleichen. Um ihn ein wenig einfacher zu machen, gibt es mehrere Möglichkeiten:

Schreibtagebuch
- Überlisten Sie Schreibblockaden, indem Sie nicht an der konkreten Aufgabe arbeiten, sondern ein Schreibtagebuch führen, in dem Sie festhalten, was in Ihrem Kopf geschieht, was Sie Ihrer Einschätzung nach bedrückt, was Sie am Schreiben hindert usw. Meist nähern Sie sich auf diese Weise allmählich Ihrem Thema an – und plötzlich finden Sie einen Anknüpfungspunkt, der Ihnen bisher gefehlt hat.

Routine
- Das Schreibtagebuch soll Sie dazu bringen, täglich zu schreiben – ob wissenschaftlich oder nicht. Denn an das Schreiben kann und muss man sich gewöhnen. Nur wenn man eine eigene Routine entwickelt hat, wird man zu neuen Einfällen kommen. In einem Gespräch mit Seminarteilnehmern an der Freien Universität Berlin im Jahr 2004 wies der Schriftsteller Josef Winkler darauf hin, dass Inspiration nicht vom Himmel falle. Sie stelle sich erst dann ein, wenn man Körper und Geist an das regelmäßige Schreiben gewöhnt habe (vgl. Winkler in: Werndl 2005, S. 108f.).

Konzentrationsphasen
- Planen Sie Ihre Schreibphasen nach Phasen der höchsten Konzentration: In seinem Buch *Wovon ich rede, wenn ich vom Laufen rede* (2008) beschreibt der Bestsellerautor Haruki Murakami seinen Tagesablauf. Demzufolge steht er gegen fünf Uhr morgens auf, schreibt bis gegen Mittag, treibt Sport, erledigt Kleinigkeiten, die wenig Aufmerksamkeit fordern, entspannt sich am Abend und geht früh schlafen. Auf diese Weise kann er, so erläutert er, Zeit und Energie am besten einteilen (vgl. Murakami 2008, S. 39f.). Nicht jedem gefällt der Gedanke an ein derart geregeltes Leben. Gleichwohl sollten Sie versuchen herauszufinden, in welcher Phase des Tages Sie sich am besten konzentrieren können. Genau diese Phase sollte – wenn möglich – zur täglichen Schreibphase erklärt werden.

- Identifizieren Sie Ihren Schreibort: Der Schreibtisch trägt seinen Namen nicht umsonst. Er ist ein Tisch, an dem geschrieben werden soll. Nutzen Sie die Tatsache, dass der Mensch ein Gewohnheitstier ist, auch in dieser Hinsicht. Wählen Sie einen bestimmten Ort zum Schreiben und nutzen Sie ihn einige Zeit nur dafür. Bald schon werden Körper und Geist verinnerlicht haben, dass ein Niederlassen an diesem Ort nur Eines bedeuten kann: Schreiben. *Schreibort*

- Sie können sich den Schreibprozess unbequem oder komfortabel gestalten – es liegt bei Ihnen. Gestalten Sie das Schreiben doch einfach einmal als Ausflug ins Kreative, der Ihrer Seele gut tut und lustvoll ist. Gestalten Sie Ihre Umgebung, zünden Sie eine Duftlampe an, sorgen Sie für warmes Licht, hören Sie Ihre Lieblings-CD bei der Arbeit, legen Sie, wie Schiller, einen faulen Apfel neben sich, kurz: Machen Sie aus dem Schreibprozess eine ‚Wellnessaktion‘. *Schreiben und Wohlfühlen*

Der Schreibprozess selbst erfolgt in sechs Schritten, die einander teilweise überlagern, aber doch deutlich voneinander unterschieden werden können: *Schreiben in sechs Schritten*

1. Analyse der Aufgabe
2. Vorarbeiten
3. Strukturierung von Inhalten
4. Erste Niederschrift
5. Überarbeitung
6. ‚Endabnahme‘.

Für jeden der Schritte sollte ausreichend Zeit eingeplant werden.

Im Idealfall beginnt jeder Schreibprozess mit der Analyse der Schreibaufgabe: Sie zerlegen das von Ihnen erwartete Produkt und den Weg dorthin in seine Elemente, systematisieren und ordnen diese, um die vor Ihnen liegende Schreibaufgabe in ihrer Komplexität zu reduzieren und dadurch bearbeitbar zu machen (→ KAPITEL 9). Mithilfe der Analyse der Schreibaufgabe versuchen Sie, sich eine Vorstellung vom Ergebnis sowie vom Prozess des Schreibens zu machen. *Schritt 1: Analyse der Aufgabe*

Die Mittel dieser Analyse sind zunächst die klassischen W-Fragen: Was?, Für wen?, Warum? und Wann? Angenommen Sie sollen eine 15-seitige Seminararbeit unter einer definierten Themen- und Fragestellung verfassen und dabei konkrete Thesen untermauern (oder widerlegen) (was?). Die Arbeit richtet sich in erster Linie an den Dozenten, simuliert als Leserschaft aber eine nicht genauer zu personalisierende Gemeinschaft von Wissenschaftlern (für wen?). Ihr Ziel (warum?) besteht darin, einen eigenen wissenschaftlichen Beitrag zu einem fachwissenschaftlichen Problem zu leisten und die bisher dazu *W-Fragen* erbrachte Forschung zu würdigen, zu kritisieren und weiterzuentwickeln. Die Beantwortung der Wann-Frage hängt von den Vorgaben der Prüfungsordnung und des Dozenten ab.

Schritt 2: Vorarbeiten

Die genaue Analyse der Was-Frage führt zu den nächsten Tätigkeiten: Recherche, Lektüre, Analyse, Kritik und Thesenbildung (→ KAPITEL 7–10). An diese Vorarbeiten, die ihrerseits zahlreiche Schreibaufgaben beinhalten (z. B. Exzerpte von wissenschaftlichen Beiträgen), schließt der dritte Schritt an.

In der Regel ist es nicht so, dass Sie die für Ihre Schreibaufgabe relevante Literatur lesen, analysieren und kritisieren sowie Thesen entwickeln und sich dann daran machen, die inhaltliche Gestaltung zu konzipieren. Stattdessen ist es meistens so, dass sich während des gesamten Prozesses bereits eine Fülle von möglichen Aspekten angesammelt hat. Meist ist Ihr Kopf zu diesem Zeitpunkt schon voll von Ideen hinsichtlich der Ausgestaltung der Arbeit. Um daraus eine Seminararbeit zu machen ist eine Ergänzung, Konkretisierung, Explikation, Strukturierung und Systematisierung der Informationen und Inhalte notwendig, die für Sie zu diesem Zeitpunkt zum Thema gehören.

Schritt 3: Strukturierung von Inhalten

Kreativitätstechniken

Hierfür können Sie auf eine Reihe von Kreativitätstechniken zurückgreifen. Die bekanntesten sind Brainstorming bzw. Brainwriting, Clustering und Mindmapping. Im Allgemeinen geht es bei diesen Methoden darum, über assoziative Verfahren Inhalte zu verknüpfen, weiterzuentwickeln und aus neuen Perspektiven zu betrachten. Dabei unterscheiden sich die genannten Methoden vor allem durch ihren Grad der Reflexion (→ ABBILDUNG 15).

Brainwriting

- So zeichnet sich Brainwriting dadurch aus, dass Assoziationen unreflektiert, scheinbar automatisch, gesammelt werden, ohne dass schon entschieden wird, welcher Stellenwert ihnen später zukommen kann.

Clustering

- Beim Clustering geht es stattdessen darum, Assoziationen schon zu ‚bündeln', Verbindungen und Zusammenhänge zwischen Inhalten herzustellen, vielleicht auch schon erste Assoziationen zu verwerfen und andere zu stärken.

Mindmapping

- Mindmapping schließlich zielt ganz wesentlich auf die Strukturierung, Systematisierung und Hierarchisierung Ihrer inhaltlichen Überlegungen – in der Regel durch schematische Visualisierung auf dem Papier oder am Bildschirm.

Mit diesen Kreativitätstechniken können Sie eine konkretere Vorstellung vom eigenen Schreibgegenstand entwickeln und Schritt für Schritt auf die Planung und Strukturierung einer komplexen, anspruchsvollen Schreibaufgabe hinarbeiten.

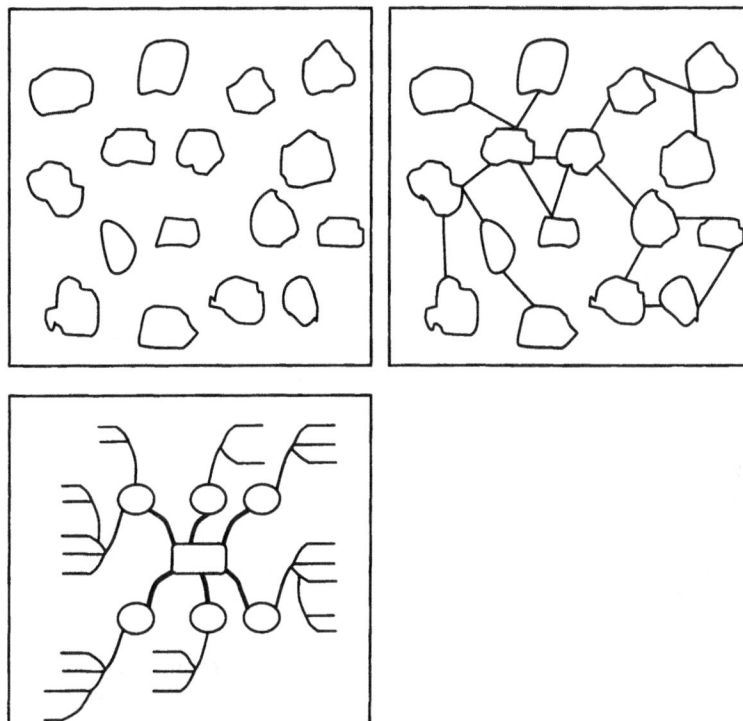

Abbildung 15: Kreativitätstechniken: Brainstorming, Clustering, Mindmapping

Am Ende dieses dritten, die Inhalte strukturierenden Schrittes soll- **Gliederung**
te eine Gliederung stehen. Diese kann vorläufig sein, denn manchmal
erweisen sich geplante Abfolgen im Schreibprozess als nicht mehr
haltbar. Die Gliederung kann Ihnen als Fahrplan für Ihre Formulierungsprozesse dienen. Dazu ist es hilfreich, die Abschnitte in ihrem
Umfang einzuschätzen und sich darüber klar zu werden, was in ihnen verhandelt werden soll. Von der Gliederung aus können Sie eine
Planung des Formulierungsprozesses vornehmen. Ziel dieser Planung
ist es, sagen zu können, in welcher Reihenfolge und in welchem Zeit-
rahmen Sie Ihre Gliederungspunkte bearbeiten wollen.

Grundsätzlich folgt Schreiben natürlich einer gewissen Chronolo- **Schritt 4: Erste**
gie (was noch längst nicht bedeutet, dass Schreiben so linear erfolgt, **Niederschrift**
wie es das endgültige Produkt nahe legt). Nur wenige Personen sind
allerdings in der Lage, mit der Einleitung zu beginnen, und das aus
zwei Gründen:

- Erstens beinhaltet eine Einleitung – ganz banal – den ersten Satz jeder Arbeit. Nichts an einem Text jedoch ist so schwer wie der erste Satz. Mit dem 21. Satz zu beginnen verleiht dem Anfangen weniger Gewicht. Der amerikanische Schriftsteller John Irving fängt seine Romane sogar stets mit dem letzten Satz an.
- Zweitens stellt eine Einleitung im Grunde die gesamte Arbeit *in nuce* dar. Um in ihr zum Problem hinführen zu können, muss man dieses vollständig erfasst haben. Gerade bei wenig Erfahrung ist man damit schnell überfordert.

Schreibroutine Haben Sie ausreichend Schreibroutine gewonnen, kann der Einstieg mit der Einleitung auch von Vorteil sein: Sie können sich dadurch noch einmal Ihres Gesamtprojektes versichern, seine einzelnen Elemente in ihren Zusammenhängen darstellen, gewissermaßen eine erste Explikation Ihrer Gliederung geben. Insgesamt gilt für die Planung der Schreibarbeit: Finden Sie heraus, was Ihnen liegt. Tauschen Sie sich mit Kommilitonen und erfahrenen Schreibern aus.

Nutzen Sie die Motivation, die gerade zu Beginn der Formulierungstätigkeit häufig sehr hoch ist, um einen Abschnitt zu verfassen, **‚Warm schreiben'** bei dem Sie sich ‚warm schreiben' können. Hierzu eignet sich in der Regel das erste Kapitel.

Formulieren Das Wesentliche über den Prozess des Formulierens hat der Sprachwissenschaftler Arne Wrobel folgendermaßen skizziert:

„Einigkeit besteht innerhalb der Schreibforschung darin, daß die Stufe des Formulierens ein theoretisch wie empirisch nur unzureichend erforschter Teilbereich des Schreibprozesses ist. Dies ist kein Zufall, sondern hat systematische Gründe. Ein Grund liegt sicherlich darin, daß Formulieren jene Stufe der Textproduktion ist, in der gleichsam Geist und Materie, Kognitionen und Sprache zusammentreffen und ineinander übergehen. Wie das geschieht, ist ein uraltes philosophisches Problem, dass hier natürlich weder diskutiert werden soll oder gar gelöst werden kann." (Wrobel 1997, S. 15f.)

Formulieren beginnt im Kopf und ist ein Hin- und Her-Gehen zwischen Kopf (Nachdenken) und Bildschirm / Blatt (Schreiben), ein Wechselspiel zwischen Innovation und Automatismus, zwischen eigenem Text und anderen Texten, zwischen schon Geschriebenem und noch zu Schreibendem. Im Unterschied zum Schreiben im Alltag beinhaltet wissenschaftliches Schreiben eine Vielzahl an Leseprozessen während des Formulierens, sogenanntes *source reading* (vgl. Jakobs / Knorr 1997). Sie sollten sich darauf einstellen, dass Sie einzelne Abschnitte immer und immer wieder neu lesen und umformulieren müssen.

Eine Seminararbeit umfasst eine Vielzahl unterschiedlicher Formulierungsanforderungen: Sie müssen beschreiben, darstellen, Analyseergebnisse kommunizieren, verweisen, zitieren, kritisieren, argumentieren, erörtern, schlussfolgern, Beziehungen herstellen (zwischen Textteilen, zu anderen Texten, zum Adressaten) und durch Ihren Text führen, zusammenfassen oder Beispiele geben (vgl. Sandig 1997). All diese Anforderungen sind ein Zusammenspiel aus Innovation und Automatismus: Formulierungs-anforderungen

- Auf der einen Seite erzeugen Sie Wortgruppen, Sätze, Abschnitte und Kapitel, Sie sind also kreativ und innovativ.
- Auf der anderen Seite sollten Sie sich auf einer untergeordneten Ebene einer Vielzahl von standardisierten Formulierungen bedienen, die dem jeweiligen Textmuster angemessen sind. So greifen Sie beispielsweise in argumentierenden Passagen auf Formulierungen wie „einerseits ... andererseits", „daraus folgt", „hier wird die Auffassung vertreten ...", „auf der Basis der Ergebnisse von X kann angenommen werden ..." usw. zurück. Gerade der Studienanfänger muss sich diese standardisierten Formulierungen der Wissenschaftssprache erst aneignen.

Am Ende des vierten Schrittes, der ersten Niederschrift, haben Sie eine erste Fassung Ihrer Seminararbeit vor sich.

Kaum ein Text wird niedergeschrieben, ohne anschließend bearbeitet werden zu müssen. Das gilt schon für Texte, die Sie im Alltag produzieren (man denke z. B. an Streichungen auf einem Einkaufszettel). Umso mehr gilt es für eine Seminararbeit und andere wissenschaftliche Texte. Prozesse des Überprüfens, Überarbeitens und Reformulierens nehmen einen großen Teil des Schreibens ein. Schritt 5: Überarbeitung

Schaffen Sie dazu regelmäßig Distanz zwischen sich und dem Manuskript, das Sie, falls Sie es am Computer geschrieben haben, ausdrucken sollten. Distanz zum Manuskript erleichtert häufig das Bearbeiten. Oft fällt es schwer, sich von dem bereits Geschriebenen zu trennen, vor allem wenn es im Computerzeitalter wie bereits gedruckt vor einem liegt. Den Trick des Zurücktretens vom Geschriebenen kannten bereits Thomas Mann bzw. Friedrich Schiller in der *Schweren Stunde*: Distanz

„Er war aufgestanden, um sich ein wenig Distanz davon zu verschaffen, denn oft bewirkte die räumliche Entfernung vom Manuskript, daß man Übersicht gewann, einen weiteren Blick über den Stoff, und Verfügungen zu treffen vermochte. Ja, es gab Fälle, wo das Erleichterungsgefühl, wenn man sich abwendete von der Stätte des Ringens, begeisternd wirkte. Und das war eine unschuldigere Begeisterung, als wenn man Likör nahm oder schwarzen, starken Kaffee ..." (Mann 2004, S. 420)

Aspekte der Überarbeitung

Überarbeitung bedeutet, gleichzeitig zu lesen, neu zu formulieren, zu ergänzen, zu streichen und Übergänge zu prüfen. Sicher ist es nicht immer nötig, so sehr am Wortlaut zu feilen wie Franz Kafka, die Arbeit am Wort lohnt sich jedoch immer. Hilfreich kann es mitunter sein, den Text laut zu lesen, um seine sprachliche Angemessenheit, inhaltliche Treffsicherheit und argumentative Logik zu überprüfen. Die zunehmende und vorrangige Erzeugung von Texten am Computer unterstützt derartige Überarbeitungsmechanismen, hat aber (einen bisher unzureichend erforschten) gravierenden Einfluss auf die Formulierungsprozesse selbst und fördert vor allem die Wiederholung von Redewendungen. Gerade am Ende einer Seminararbeit erscheint die Verlängerung des Schreibprozesses durch Überarbeitung manchmal zu anstrengend. Einem Text merkt man jedoch sehr schnell an, wie viel Energie auf seine Überarbeitung verwandt wurde. Indiz dafür sind im Übrigen besonders formale Aspekte. Prüfen Sie die Formalia daher in einem gesonderten Arbeitsschritt besonders gründlich. Falsches Zitieren etwa weist auf fehlende Gründlichkeit bei der wissenschaftlichen Arbeit hin.

Der fremde Blick

Sinnvoll ist es weiterhin, einen fremden Blick auf den eigenen Text werfen zu lassen, ihn also zum Lektorat aus der Hand zu geben (→ KAPITEL 13). Der fremde Blick, der nicht erst kurz vor der Abgabe des Textes eingeholt werden sollte, sieht nicht nur, was Sie längst nicht mehr wahrnehmen, er hilft auch, die Wirkung des Textes, seine Verständlichkeit und die Stringenz seiner Argumentation zu testen.

Schritt 6: „Endabnahme"

Die letzten Revisionen sind erfolgt, das Dokument ist inhaltlich und formal auf dem letzten Stand. Jetzt müssen Sie es nur noch ausdrucken und abgeben. Planen Sie auch für diesen Arbeitsschritt ausreichend Zeit ein. Erfahrungsgemäß streiken Drucker immer genau dann, wenn eine Arbeit dringend ausgedruckt werden muss. Vielleicht halten Sie das Einreichen einer Arbeit im Moment noch für eine Selbstverständlichkeit. Aber wenn Sie zum ersten Mal das Gefühl haben, die Arbeit lieber in der Schublade verschwinden lassen zu wollen, werden Sie feststellen, wie schwer eine Ab- bzw. Übergabe sein kann. Selten hält man einen Text für restlos geglückt und immer würde man ganze Kapitel im Nachhinein völlig anders und neu schreiben. Machen Sie sich daher klar, dass jede Arbeit – ob sie veröffentlicht wird oder in einem Ordner verschwindet – stets nur einen Zwischenstand Ihrer eigenen Entwicklung markiert. Ein wissenschaftlicher Text ist dazu da, eine Position zu präsentieren, an der weiter gearbeitet werden kann und muss. Wenn Sie sich dies verdeutlichen, werden Sie nach Abgabe der Arbeit schnell Erleichterung verspüren, schließlich stolz auf Ihre Ausführungen sein und Kraft für die nächste Arbeit tanken:

> „Und es wurde fertig, das Leidenswerk. Es wurde vielleicht nicht gut, aber es wurde fertig. Und als es fertig war, siehe, da war es auch gut." (Mann 2004, S. 248)

11.3 Schreiben als Kompetenz

Die Förderung literaturwissenschaftlicher Schreibkompetenz beinhaltet die Entwicklung einer überfachlichen Kompetenz, (die Fähigkeit zum wissenschaftlichen Schreiben), die Ausbildungsziel jedes Hochschulstudiums ist. Diese Kompetenz beinhaltet insbesondere: *Überfachliche Kompetenz*

- die Kenntnis der spezifischen Anforderungen und Konventionen wissenschaftlichen Schreibens;
- die Kenntnis verschiedener wissenschaftlicher Textsorten;
- umfangreiches Fachwissen über Texte und Sprache;
- die Fähigkeit, wissenschaftliche Texte zu planen, zu strukturieren und sprachlich umzusetzen;
- die Fähigkeit, den eigenen Schreibprozess zu reflektieren, zu kontrollieren und zu steuern.

Souveräne schriftliche Ausdrucksfähigkeiten sind aus den meisten beruflichen Arbeitszusammenhängen nicht mehr wegzudenken: *Schreiben im Beruf*

> „Elektronische Arbeitsmittel wie E-Mail, Textverarbeitung, Multipublishing-Software, Internet und Intranet haben zu einer Renaissance des Schreibens geführt. Arbeitsaufgaben, die traditionell bevorzugt mündlich oder telefonisch erledigt werden (Anweisungen, Absprachen, Vereinbarungen), werden heute zunehmend schriftlich gelöst, dokumentiert oder ratifiziert. Mit dem Übergang der Industrie- zur Informations- und Wissensgesellschaft gewinnt Kommunikation als Wirtschaftsfaktor an Bedeutung." (Jakobs/Lehnen/Schindler 2005, S. 7)

Literaturwissenschaftler gelten als Experten auf dem Gebiet des Schreibens und damit für die Anforderungen der beruflichen Textproduktion besonders gewappnet. Allerdings folgt aus der gewachsenen Bedeutung, die Schreibkompetenz für Karrierechancen hat, nicht, dass Fachkenntnisse für ein spezielles Berufsfeld unerheblich werden: Es werden nicht zwangsläufig Scharen von Ingenieuren durch Literaturwissenschaftler ersetzt, weil diese den Schreibaufgaben eher ge- *Literaturwissenschaftliche Schreibkompetenz* wachsen wären. Vielmehr steigen die Anforderungen in allen spezialisierten Berufen, gut schreiben zu können (vgl. Jakobs / Knorr 1997).

Career writer

Die Chancen von Literaturwissenschaftlern hingegen liegen in Berufsfeldern, in denen *career writer* (Jakobs / Knorr 1997) benötigt werden – Schreibende also, für die Schreiben Routinesache ist. Dies ist im besonderen Maße der Fall im Journalismus, in den für Literaturwissenschaftler typischen Bereichen der Werbung (z. B. als Werbetexter), in einigen Bereichen des Marketings, in Webagenturen sowie in der Presse- und Öffentlichkeitsarbeit.

Laut der amerikanischen Erziehungswissenschaftlerin Anne Beaufort sind für professionelles Schreiben fünf Kompetenzen vonnöten:

1. Wissen über den Schreibprozess (*Writing Process Knowledge*),
2. Wissen über den Gegenstand der Schreibaufgabe (*Subject Matter Knowledge*),
3. Textsortenkenntnis (*Genre Knowledge*),
4. Rhetorische Fähigkeiten (*Rhetorical Knowledge*) und
5. Wissen über die Diskursgemeinschaft (*Discourse Community Knowledge*) (vgl. Beaufort 2005, S. 205).

Da die Fähigkeit, in einem spezifischen, z. B. literaturwissenschaftlichen Diskurs sicher und erfolgreich schriftlich zu kommunizieren, keine Garantie dafür ist, dass dies auch in anderen Kontexten gelingt, sollten Sie als Literaturwissenschaftler in der Lage sein, sich flexibel in neue Zusammenhänge einzufügen. Vielleicht sind dazu alle Universitätsabsolventen in der Lage – für Literaturwissenschaftler gehört die ständig neue Ausrichtung des Schreibens auf wechselnde Bedingungen zum Alltag, weshalb sie zumindest nicht im Nachteil sein werden. Franz Kafka, der, wie man an seinen Notizbüchern sehen kann, intensiv an seinen literarischen Texten gearbeitet hat, war Jurist und arbeitete als Beamter in einer Versicherung in Prag. Er musste sich deshalb in seinem Alltag auf mindestens zwei Stilebenen und mehrere unterschiedliche Textsorten einstellen. Das erfordert einige Übung. Sie haben die Chance, bereits im Studium die dazu notwendigen Fähigkeiten zu erwerben.

Fragen und Anregungen

• Wählen Sie drei wissenschaftliche Textsorten aus und erläutern Sie deren Funktion, Form und Anforderungen.

• Welche Gründe werden im Allgemeinen für Schreibprobleme angegeben?

- Überprüfen Sie, welche der genannten Methoden zur Vermeidung von Schreibblockaden bei Ihnen bereits Anwendung finden oder neu in Ihren Alltag integriert werden könnten.

- Rekapitulieren Sie die sechs Schritte eines Schreibprozesses.

- Überlegen Sie, weshalb Anne Beaufort der Überzeugung ist, dass es keine professionellen Schreiber geben könne, die sozusagen qua Qualifikation über alles schreiben können.

- Nehmen Sie sich einen literarischen und einen wissenschaftlichen Text vor und überlegen Sie, worin sie sich hinsichtlich Stil und Formulierung unterscheiden.

Lektüreempfehlungen

- **Umberto Eco: Wie man eine wissenschaftliche Abschlußarbeit schreibt. Doktor-, Diplom- und Magisterarbeiten in den Geistes- und Sozialwissenschaften**, Heidelberg 1988, 12. Auflage 2007. *Ein Klassiker, der sich besonders mit umfangreichen Schreibaufgaben beschäftigt und zahlreiche Aspekte des literaturwissenschaftlichen Arbeitens anspricht.*

- **Andrea Frank / Stefanie Haacke / Swantje Lahm: Schlüsselkompetenzen: Schreiben in Studium und Beruf**, Stuttgart / Weimar 2007. *Aus der alltäglichen Erfahrung im Schreiblabor der Universität Bielefeld heraus ist dieses Buch entstanden. Es gibt Hinweise zu allen Schritten während des Schreibprozesses und berücksichtigt dabei, dass es ganz unterschiedliche Ansätze für die Schreibarbeit gibt.*

- **Otto Kruse: Keine Angst vor dem leeren Blatt. Ohne Schreibblockaden durchs Studium**, Frankfurt a. M. 1993, 12., völlig neu bearbeitete Auflage 2007. *Im Kern ist dieses Buch ein Ratgeber, der dabei hilft, den eigenen Schreibprozess sinnvoll zu strukturieren und dabei auftretenden Problemen zu begegnen. Darüber hinaus erläutert Kruse auch die Bedeutung des Schreibens und des Geschriebenen für den Wissenschaftsbetrieb. Die 12. Auflage wurde in Bezug auf die Studienreform Bachelor / Master sowie mit Blick auf die Entwicklung und Einflüsse des Internet überarbeitet.*

- Daniel Perrin / Ingrid Böttcher / Otto Kruse / Arne Wrobel (Hg.): Schreiben. Von intuitiven zu professionellen Schreibstrategien, Wiesbaden 2002, 2., überarbeitete Auflage 2003. *Dieser Band will bei der Professionalisierung der eigenen Schreibtätigkeit helfen und dabei Intuition mit Methodik verbinden. Die einzelnen Texte sind untergliedert in die Erforschung, das Überdenken und die Verbesserung der eigenen Schreibprozesse. Sinnvoll anzuwenden, wenn bereits Erfahrungen mit dem Schreiben längerer Texte gemacht wurden.*

12 „Hier stehe ich" – Rede- und Präsentationskompetenz

Abbildung 16: Gustave Doré: *Jesus im Tempel* (1865)

Das Bild zeigt 14 Männer, die einen kleinen Jungen umringen, der in Redner- und Predigerpose vor ihnen steht – einen Arm erhoben, den rechten auf der Brust. Es handelt sich um den zwölfjährigen Jesus Christus im Disput mit den Schriftgelehrten. Diese wirken in Körperhaltung und Gestik teils gebannt, teils erwartungsvoll, teils skeptisch. Die Augen, Köpfe und Körper der Männer sind auf den jungen Messias im erleuchteten Bildzentrum gerichtet, nur einer der Gelehrten blickt nach oben. Ein Zuhörer am rechten Bildrand zeigt deutlichen Widerstand, der durch seine zur Faust geballte Hand und den entblößten Oberarm auf der rechten Bildseite zum Ausdruck kommt. Durch eine komplex gestaffelte Anordnung der Personen wird ein Linienverlauf in den Gewändern und Körpern der Männer erzeugt, der diesen Eindruck des Hin und Her, der Zustimmung und Ablehnung unterstützt.

Ob Jesus Christus oder ein anderer: Wer spricht, steht im Mittelpunkt. Nicht immer ist das ein angenehmes Gefühl – vor allem wenn, wie in diesem Fall bildlich dargestellt, nicht alle Zuhörer die Meinung des Redners teilen. Reden und Präsentieren aber gehören zum Alltag an der Universität und in vielen Berufen. Man kann sich daher kaum darum drücken, Informationen an andere mündlich weiterzugeben oder den eigenen Standpunkt zu erläutern. Wie alle Kompetenzen und Fähigkeiten kann man Reden und Präsentieren jedoch lernen und üben. Die Rhetorik, die Kunst des guten Redens, die seit der Antike die Regeln für gutes Sprechen bereithält, verzeichnet eine Vielzahl von berühmten Rednern, die erst durch intensives Training in der Lage waren, bekannt zu werden. Kunst kommt hier also ausdrücklich von „können". Man muss nicht als perfekter Redner geboren werden, um gute Reden zu halten und Projekte zu präsentieren – man sollte es aber rechtzeitig lernen. Das literaturwissenschaftliche Studium bietet hierfür reichlich Gelegenheit.

12.1 Rhetorik – Kunst und Wissenschaft der Rede
12.2 „Wenn einer spricht" – die Praxis
12.3 Rede- und Präsentationskompetenz

12.1 Rhetorik – Kunst und Wissenschaft der Rede

Sie haben ein Thema vorbereitet, gut recherchiert und ein aussagekräftiges Thesenpapier erstellt. Irgendwann kommt der Moment, an dem Sie vor die Seminargruppe treten müssen, um einen Vortrag zu halten. Viele Menschen haben vor diesem Moment großen Respekt. Denn Geschriebenes lässt sich leicht überarbeiten, Gesagtes steht im Raum und ist schwer wieder zu korrigieren. Zudem steht man als Redner im Mittelpunkt des Geschehens – ein Gefühl, das nicht jedem gefällt. Verständlich, dass man sich daher so gut wie möglich auf diese Situation vorbereiten möchte und muss.

Weiterhelfen kann in diesem Fall die Rhetorik. Dabei handelt es sich einerseits um eine Wissenschaft (lateinisch *scientia*) – die antike Vorform der Kommunikationswissenschaft sozusagen, denn die Rhetorik untersucht, was gelungene Kommunikation ausmacht. Andererseits handelt es sich um eine praktische Kunst (lateinisch *ars*), die auf eine Reihe von Regeln zurückgeht, die man als guter Redner in der Praxis beachten muss. Die Wissenschaft ermittelt die Grundsätze, die für die Kunst des Redens wichtig sind. *(Wissenschaft und Kunst)*

Die Wurzeln der Rhetorik liegen im antiken Griechenland, im 5./4. Jahrhundert v. Chr. Sie stehen im Zusammenhang mit der Ausbildung eines demokratischen Gesellschaftssystems, in dem die öffentliche Auseinandersetzung und damit die Sprache als rationales Instrument der Argumentation an Bedeutung gewann. Von Anfang an war die Rhetorik dabei umstritten. Wenn die Rede eine Waffe ist und sie jeder erlernen kann, dann wird es schwer, zwischen Wahrem und Falschem zu unterscheiden. Der Philosoph Aristoteles (384–322 v. Chr.) beschäftigte sich mit dieser Abgrenzung und schrieb sowohl eine Rhetorik als auch eine Topik, die das systematische Auffinden von Argumenten ermöglichen sollte. Die berühmtesten Rhetoriker der römischen Antike waren Cicero (106–43 v. Chr.), Tacitus (um 55–116 n. Chr.) und Quintilian (um 30–96 n. Chr.). Cicero war nicht nur selbst ein bekannter und gefürchteter Redner in der Politik und in Gerichtsprozessen, er schrieb darüber hinaus drei Standardwerke der Rhetorik. Quintilians Lehrbuch der Rhetorik (*De institutione oratoria*) spielt noch heute eine zentrale Rolle im Rhetorikunterricht. *(Antike Rhetorik)*

Im Mittelalter wurde die antike und insbesondere spätantike Rhetorik rezipiert und weiterentwickelt: Als wesentliche Neuerungen gelten vor allem die Ergänzung der rhetorischen Gattungen um die Brieflehre und die Entwicklung der Homilektik (Predigttheorie). Rhe- *(Mittelalter)* torik wurde im Rahmen des mittelalterlichen Ausbildungssystems der *Septem Artes Liberales* (die Sieben Freien Künste) gelehrt und war Teil der „Grundausbildung", dem *Trivium* („Dreiweg"), bestehend aus den drei Fächern Grammatik, Dialektik und Rhetorik. Darauf aufbauend studierten die Schüler im *Quadrivium* („Vierweg") Arithmetik, Geometrie, Astronomie und Musik.

Frühe Neuzeit   In der Frühen Neuzeit ausgebaut, manifestierte die Rhetorik im 17. Jahrhundert ihre Stellung innerhalb der verschiedenen gesellschaftlichen und kulturellen Bereiche des Lebens und spielte auch in der Literatur als Grundlage der Poetik eine prominente Rolle. Das System und die Terminologie der Rhetorik wurden bei gleichzeitiger Veränderung und weiterer Differenzierung in die Nationalsprachen übertragen. Besonders die Humanisten des 15. und 16. Jahrhunderts begeisterten sich für die Rhetorik und lasen alte rhetorische Schriften neu (→ ASB KELLER). Für sie wurde die Rhetorik zu einer Disziplin, die für Prosa generell wichtig war, also nicht nur für das Halten von Reden, sondern auch für das Verfassen überzeugender Briefe und Schriften aller Art. Man konnte davon ausgehen, dass gutes Sprechen, Schreiben und Argumentieren Kompetenzen waren, über die jeder verfügte, der eine gute Ausbildung genossen hatte, was zahlreiche Lehrbücher sicherstellen wollten. Wie wichtig diese Kompetenzen waren, kann man an zahlreichen Personen und Vorkommnissen zeigen. Man stelle sich beispielsweise vor, Martin Luther hätte auf dem Reichstag zu Worms 1521 nur inkompetent gestammelt. Stattdessen hat er eine kurze, geschliffene Rede gehalten und ist mit dem Satz „Hier stehe ich, ich kann nicht anders" in die Geschichtsbücher eingegangen.

Wurde die Rhetorik im 18. Jahrhundert noch sehr geschätzt, so nahmen die kritischen Stimmen ab 1800 stark zu. Grund dafür war die neue Sicht auf die Kunst und die Künstler. Gelobt wurde, was als **Original und Regellosigkeit** „original" (ursprünglich) und damit „originell" gelten konnte. Originell kann jedoch nur sein, wer sich nicht so verhält wie alle anderen. Das echte Genie gehorchte folglich keinen Regeln, es schuf sich seine Regeln selbst (→ ASB D'APRILE/SIEBERS). Da Rhetorik aber die eigene Regelhaftigkeit stets herausstellte – schließlich besteht sie fast ausschließlich aus Leitsätzen –, eignete sie sich in der Zeit des Geniekults nicht mehr als grundlegende Disziplin. Sie wurde an den Rand des wissenschaftlichen Systems gedrängt – an manchen Orten, zum Beispiel in Deutschland, verschwand sie fast völlig. Ganz untergegangen ist sie jedoch nie. In der Praxis halten sich Redner bis heute an dieselben Grundsätze wie seinerzeit Cicero.

Beim Vorbereiten einer Rede muss man sich zunächst, so die rhetorischen Lehrbücher, darüber klar werden, dass man durch mündliches Sprechen allerhand bewirken kann. Man kann

- belehren und beweisen (*docere et probare*),
- unterhalten und gewinnen (*delectare et conciliare*) sowie
- bewegen und aufstacheln (*movere et concitare*).

Delectare, conciliare, movere und *concitare* entsprechen einer affektiven Motivation der Hörer, also einer Art Aufforderung zu emotionalen Handlungen, während das Belehren und Beweisen die rationale Überzeugung der Hörer durch die Vermittlung von Wissen ermöglichen sollen. Man greift in der Rhetorik sozusagen auf zwei Arten an: rational und emotional. Um dies tun zu können, muss eine Rede geschickt aufgebaut, ausgeformt und vorgetragen werden.

Dies möglichst genau umzusetzen, gehört zu den wichtigsten Aufgaben des Redners. Dabei geht er in fünf Schritten vor:

1. Er sammelt Informationen und Argumente für sein Thema (*inventio*);
2. er ordnet die gesammelten Gesichtspunkte und erstellt eine Gliederung (*dispositio*);
3. er formuliert die Rede aus und verfeinert sie stilistisch (*elocutio*);
4. er prägt sich die Rede ein, damit er sie frei halten kann (*memoria*);
5. er trägt die Rede gekonnt vor (*actio*).

Gegenstand der *inventio* ist die Auffindung der Argumente, die für die überzeugende Vermittlung des Themas wichtig sind (→ **KAPITEL 11**).

In der Phase der *dispositio* werden der für die Rede erarbeitete Stoff und die gefundenen Argumente in eine wirkungsvolle Reihenfolge gebracht. Auch hier überlässt die Rhetorik wenig dem Zufall, indem sie vier Teile als Grundgerüst einer Rede vorschlägt. Demnach folgt auf die Einleitung (*exordium*) die Erzählung bzw. Darstellung des Sachverhalts oder Hergangs (*narratio*). Es schließen sich die Beweisführung (*argumentatio*) und der Schluss (*conclusio*) an. In der konkreten Anwendung kann es zu einer unterschiedlichen Gewichtung der einzelnen Teile oder zur Ergänzung weiterer Elemente oder Formen der Überleitung kommen.

Der Bearbeitungsphase der *elocutio*, der sprachlich-stilistischen Umsetzung der Gedanken, wurde seitens der Rhetorik viel Aufmerksamkeit geschenkt. In diesen Bereich fallen unter anderem Aspekte der Sprachrichtigkeit, der Klarheit und des Schmucks. Im schulischen und universitären Unterricht sind Tropen und Figuren häufig das Einzige, was von einer Rhetorikschulung geblieben ist, weshalb die gesamte Rhetorik oft fälschlich mit ‚Redeschmuck' gleichgesetzt und infolgedessen als ‚unnatürlich' abgestempelt wird. Analysen zeigen jedoch, wie wichtig der gezielte Einsatz rhetorischer Mittel für den Erfolg einer Rede sein kann.

Memoria: Einprägen der Rede für freies Sprechen

Das Einprägen der Rede, die *memoria*, erfolgt in der klassischen Rhetorik mithilfe von Mnemotechniken (Merk- und Erinnerungstechniken), die eigens erlernt und von der Allgemeinen Rhetorik erforscht werden. Ziel ist es, die Rede völlig frei zu halten. In der heutigen Zeit verwenden wenige Menschen Zeit und Sorgfalt auf diesen Punkt. Tatsächlich ist es inzwischen der Normalfall, dass Redner selbst bei kurzen Äußerungen vom Papier ablesen. Dabei sollte aber nicht vergessen werden, dass trotz aller Gewöhnung die Zuhörer einem Redner mehr Aufmerksamkeit und Glauben schenken, der sein Publikum während des Sprechens anschaut. Vermutlich wirkt es so, dass ein Redner in diesem Fall in besonderem Maß hinter dem Gesagten steht, da es direkt seinen Gedanken zu entspringen scheint. Das, was ein Redner abliest, muss er dagegen nicht unbedingt selbst verfasst haben, weshalb die Äußerungen weniger authentisch klingen.

Actio: Vortrag

Ist die Rede im Kopf, wird sie vorgetragen (*actio*). In diesem Bereich gehört heute nicht nur das Erlernen von Sprechtechniken und die Befähigung zur Anwendung von Regeln der Körpersprache, sondern auch der Erwerb von Präsentationstechniken und Wissen um die mediale Unterstützung der Rede.

Rhetorik im Studium

Im literaturwissenschaftlichen Studium werden Sie mit der Rhetorik sowohl praktisch als auch theoretisch in Berührung kommen:

- Erstens werden Sie beim Verfassen eigener mündlicher und schriftlicher Texte die Regeln der Rhetorik anwenden. Zudem können Sie bei der Lektüre fremder Texte deren Rhetorik erkennen, bewerten und interpretieren.
- Zweitens werden Sie die Rhetorik im Rahmen eines literaturwissenschaftlichen Studiums als wissenschaftlich-theoretische und als historische Disziplin kennenlernen. Rhetorik hat über Jahrhunderte auch für die Produktion literarischer Texte eine herausragende Rolle gespielt, sodass Sie z. B. Texte der Frühen Neuzeit nur dann angemessen behandeln können, wenn Sie sich mit der Rhetorik als Leitwissenschaft für die Produktion (literarischer) Texte auseinandersetzen.
- Von hier aus ist es dann nicht mehr weit zur Rhetorik als textanalytischer Methode (→ KAPITEL 9), von der Sie im Rahmen literaturwissenschaftlichen Arbeitens Gebrauch machen (können). Viele der

theoretischen und methodischen Ansätze, die in der Literaturwissenschaft seit den späten 1960er-Jahren entwickelt wurden, greifen in unterschiedlicher Weise auf die Rhetorik zurück.

12.2 „Wenn einer spricht" – die Praxis

Wie bei einem schriftlichen Text können mit einem mündlichen Beitrag unterschiedliche Ziele verfolgt werden. Genannt wurden bereits Belehren, Beweisen, Gewinnen, Unterhalten, Bewegen und Aufstacheln. Wenn Sie ein Referat in einem Seminar halten, wollen Sie in der Regel vor allem Wissen vorbringen und weitergeben. Eine Rede auf einer studentischen Vollversammlung hat jedoch meistens viel mehr zum Ziel, die Anwesenden zum Handeln zu bewegen. Die Zielsetzung muss also gut überlegt und an die Situation angepasst werden. Die Tatsache, dass man über Sprechen Macht ausüben kann, sollte man niemals ausnutzen, auch wenn der Schriftsteller Kurt Tucholsky 1930 in ironischer Absicht anderes empfahl: „Wenn einer spricht, müssen die andern zuhören – das ist deine Gelegenheit! Mißbrauche sie." (Tucholsky 1975, S. 292)

Bestimmung der Ziele

Was genau die Ziele eines mündlichen Beitrags sind, ist also abhängig von der Redesituation und den Zuhörern. Was immer man sagt und wie man es sagt, muss sich an diesen beiden Faktoren orientieren, es muss angemessen sein. Oberstes Gebot mündlicher Rede ist daher die Angemessenheit (lateinisch *aptum*).

Aptum: Angemessenheit

Wenn Sie vor der Aufgabe stehen, vor Leuten zu sprechen, sollten Sie zunächst die Situation, in der Sie sprechen, und die Zuhörer, vor denen Sie sprechen, so genau wie möglich betrachten. Erst dann können Sie daran gehen, Ihren Redebeitrag näher zu bestimmen. Beschränkt sich dieser auf eine gelungene Darstellung von Informationen oder Zusammenhängen und damit auf das *docere*, nennt man das im Allgemeinen Präsentation. Eine Diskussion findet normalerweise nach einer Präsentation auf der Basis des Gesagten statt. In einer Rede – ob kurz oder lang – möchte ein Redner für gewöhnlich mehr: die Zuhörer aufrütteln, zum Widerspruch anregen oder ein Handeln bewirken. Die Begriffe „Präsentation" und „Rede" können synonym gebraucht werden, eine Rede verfolgt jedoch meist umfassendere Ziele. Zu Beginn Ihres Studiums wird es vor allem um die reine Präsentation von Wissen gehen, später aber wird zunehmend von Ihnen verlangt, dass Sie Ihre Zuhörer von Ihrem eigenen Standpunkt überzeugen – was natürlich erst dann möglich ist, wenn Sie

Rede vs. Präsentation

eine eigene Position gefunden haben. Dies ist der Fall bei mündlichen Abschluss- oder Doktorprüfungen, die daher oft Disputationen (von lateinisch *disputatio*, die Unterredung über eine streitige Materie) genannt werden.

Referat

In einem literaturwissenschaftlichen Studium hat man es am häufigsten mit einer bestimmten Form der Präsentation zu tun, dem Referat. Referate sind in unterschiedlichen Schwierigkeitsstufen denkbar – vom Zusammenfassen eines Textes bis zur Darlegung eigener Forschungsergebnisse. Gleichwohl sind sie vor allem als Präsentationen gedacht: Sie präsentieren durch ein Referat wichtige Informationen.

Wie Sie das konkret in Ihrem Redebeitrag tun, hängt von der Aufgabenstellung des Seminarleiters, von der Art des Seminars und von den Rahmenbedingungen ab. Falls in einem Seminar pro Sitzung mehrere kurze Beiträge gefordert sind, die jeweils in wenigen Minuten einen Aufsatz resümieren, und Sie das siebte Referat dieser Art halten, sollten Sie bestrebt sein, die vorgegebene Zeit nicht zu überschreiten und Ihre Zuhörer nicht zu überfordern. Wenn Sie bei einem Blockseminar den Abendvortrag halten, bedenken Sie, dass Ihre Zuhörer bereits ermüdet sein dürften. Gestalten Sie Ihre Ausführungen daher nicht zu kompliziert. Sollen Sie Studienanfängern die Grundregeln der Textanalyse erläutern, dann machen Sie das auf eine Art, die dem stilistischen und inhaltlichen Niveau Ihrer Zuhörer gerecht wird.

Rahmenbedingungen

Einfluss auf die Redeproduktion

Man kann folglich sagen: Die Angemessenheitsregel beeinflusst alle Prozesse der Redeproduktion, wie sie von der Rhetorik gelehrt werden. Bei einem geschulten Zuhörerkreis ist es beispielsweise möglich, den Aufbau einer Rede komplexer zu gestalten (*dispositio*), indem man etwa den Inhalt eines literarischen Werks nicht chronologisch wiedergibt, sondern sich zunächst auf eine Hauptfigur konzentriert und eine Textstelle herausgreift. Was den Bereich der Redeausgestaltung angeht (*elocutio*), so ist die Verwendung von Metaphern bei einem mündlichen Vortrag stets problematisch, besonders aber dann, wenn die Zuhörer an uneigentliche Rede nicht gewöhnt sind. Beim Verfassen und Konzipieren einer Rede oder Präsentation darf daher niemals aus dem Blick geraten, vor wem, worüber und mit welchem Ziel gesprochen wird.

Das Finden von inhaltlichen Punkten und Argumenten und das Anordnen derselben unterscheidet sich in der Vorbereitung eines mündlichen Vortrags nicht vom Vorbereiten eines schriftlichen Textes (→ KAPITEL 10, 11). Sie sollten allerdings bedenken, dass es schwerer ist, einem mündlichen Beitrag zu folgen, als einen Text zu lesen, bei dem man Sätze wiederholt rezipieren kann. Die Gliederung sollte daher eingängig und durchschaubar sein. In wissenschaftlichen Zusammenhängen wird sie oft zu Anfang vorgestellt, um das Mitdenken zu erleichtern. Bei Festreden oder politischen Reden ist dergleichen nicht immer gut, wie bereits Kurt Tucholsky ironisch bemerkt hat: „Du mußt dir nicht nur eine Disposition machen, du mußt sie den Leuten auch vortragen – das würzt die Rede." (Tucholsky 1975, S. 292)

Gliederung

Auch Sprache und Stil sollten sorgfältig bedacht werden. Ein Text, der auf dem Papier wunderbar klingt, muss noch lange kein guter Redetext sein. Die folgende Empfehlung Tucholskys ist daher unbedingt zu missachten:

Sprache und Stil

> „Sprich mit langen, langen Sätzen – solchen, bei denen du, der du dich zu Hause, wo du ja die Ruhe, deren du so sehr benötigst, deiner Kinder ungeachtet, hast, vorbereitest, genau weißt, wie das Ende ist, die Nebensätze schön ineinandergeschachtelt, so daß der Hörer, ungeduldig auf seinem Sitz hin und her träumend, sich in einem Kolleg wähnend, in dem er früher so gern geschlummert hat, auf das Ende solcher Periode wartet … nun, ich habe dir eben ein Beispiel gegeben. So mußt du sprechen." (Tucholsky 1975, S. 291)

Die Sätze sollten also nicht allzu lang und verschachtelt sein, die rhetorischen Figuren sollten die Argumentation unterstützen, nicht verdecken. Wenn Sie beispielsweise in Ihrem Beitrag auf einen Widerspruch aufmerksam machen wollen, ohne ihn ausdrücklich zu benennen, sollten sie dafür sorgen, dass die sich widersprechenden Teile in einem zweigliedrigen Satz in den beiden Teilsätzen an gleicher Stelle stehen. Der Zuhörer bezieht dann automatisch die beiden Punkte aufeinander und erkennt den Gegensatz selbst.

Rhetorische Figuren

Selbstverständlich müssen Sie Ihr Referat nicht unbedingt frei halten. Wenn Sie aber vom Manuskript ablesen, gestalten Sie es entsprechend. Das heißt: Wählen Sie eine geeignete Schrifttype und -größe, sodass Sie den Text überhaupt lesen können. Achten Sie darauf, dass Sie nicht mitten im Satz die Seiten umblättern müssen. Zeichnen Sie sich Betonungen und Pausen in Ihrem Manuskript ein, vor allem aber: Üben Sie das Lesen des Manuskripts mehrere Male. Die Kunst des Vortrags besteht nämlich darin, ein Manuskript vor sich liegen zu haben, ohne dass die Zuhörer ständig daran erinnert werden. Dies zu schaffen, erfordert Übung. Sollten Sie kein ausgearbeitetes Referat benötigen und mit einem Stichpunktzettel auskommen – umso besser.

Redemanuskript

Frei Sprechen

Hilfreich ist es in jedem Fall, wenn Sie wenigstens einzelne Teile Ihrer Rede oder Präsentation auswendig beherrschen, z. B. Anfang, Schluss und den wichtigsten Gesichtspunkt. Zudem gibt es Phrasen, die weniger überzeugend wirken, wenn Sie abgelesen werden, wie „Ich freue mich, dass Sie heute hier sind", „Endlich habe ich Gelegenheit, das hier sagen zu können", „Nun lade ich Sie herzlich zu einem Glas Wein ein" oder „Wie wir alle wissen". Auch in diesem Fall gibt Tucholsky folglich absichtlich einen falschen Rat, wenn er schreibt:

> „Sprich nicht frei – das macht einen so unruhigen Eindruck. Am besten ist es: du liest deine Rede ab. Das ist sicher, zuverlässig, auch freut es jedermann, wenn der lesende Redner nach jedem viertel Satz mißtrauisch hochblickt, ob auch noch alle da sind."
> (Tucholsky 1975, S. 290)

Blickkontakt

Apropos Hochblicken: Der Blickkontakt ist das wichtigste Bindeglied zwischen dem Redner und seinen Zuhörern. Schon deshalb ist es angebracht, textsicher zu sein, um nicht ständig auf das Manuskript blicken zu müssen. Wenn ein Redner einen stillen Kampf mit dem Papier auszufechten scheint, fühlt man sich als Beobachter unwohl. Bedenken Sie, dass das Manuskript nur ein Hilfsmittel ist, entscheidend ist, was Sie sagen und zu wem Sie es sagen. Um dies deutlich zu machen, müssen Sie anschauen, wen Sie ansprechen. Hier sollte Tucholsky also abermals nicht befolgt werden:

> „Eine Rede ist, wie könnte es anders sein, ein Monolog. Weil doch nur einer spricht. Du brauchst auch nach vierzehn Jahren öffentlicher Rednerei noch nicht zu wissen, daß eine Rede nicht nur ein Dialog, sondern ein Orchesterstück ist: eine stumme Masse spricht nämlich ununterbrochen mit. Und das mußt du hören. Nein, das brauchst du nicht zu hören. Sprich nur, lies nur, donnere nur, geschichtele nur." (Tucholsky 1975, S. 291)

Körpersprache

Jeder Mensch hat seine eigene Körpersprache – und dennoch gibt es Verhaltensweisen, die Zuhörer stören können. Hier gilt es, individuell abzuwägen, pauschale Angaben sind unsinnig. Es gibt Personen, die beim Sprechen in ständiger Bewegung sind, ohne dass dies stören würde, und andere, deren Auf- und Abgehen nervös macht. Einige Redner gestikulieren ständig, viele verwenden Gesten nur sehr spärlich. Eine Faustregel gibt es nicht. Allerdings sollte man beobachten, ob man in einer Redesituation, in der man beobachtet wird, zu Bewegungen und Verhaltensweisen neigt, die allein der Situation geschuldet sind und die eventuell merkwürdig wirken. Überlegt eingesetzte Gesten können außerdem das Gesagte unterstützen und müssen deshalb noch lange nicht künstlich wirken. Am besten Sie lassen sich zu diesem Zweck einmal bei einem Referat filmen oder beauftragen Kommilitonen, Sie aufmerksam zu beobachten. Auch wenn Ihnen das, sobald Sie es bewusst tun, seltsam vorkommen wird: Die Haltung, die am wenigsten stört und Sie am sichersten macht, ist die, bei der man mit beiden Beinen fest steht und die Hände entweder neben dem Körper oder leicht angewinkelt hat. Achten Sie einmal darauf, wenn Sie das nächste Mal einen Vortrag hören oder Moderatoren im Fernsehen sehen.

Das wichtigste Medium eines Redners ist die Stimme. An ihr muss man gegebenenfalls arbeiten oder dafür sorgen, dass Mikrofone sie stützen. Im Allgemeinen vertraut man den Äußerungen derjenigen Redner am meisten, die mit fester, deutlicher und angemessen lauter Stimme vortragen. Sollten Sie bei einer Präsentation unsicher wirken, haben Sie zwar vermutlich die Sympathie der meisten Anwesenden auf Ihrer Seite, das Vertrauen in das Gesagte aber sicherlich nicht. **Stimme**

Für eine hörbare Stimme sorgt vor allem die richtige Atmung, weshalb Sie möglichst nicht im Sitzen sprechen sollten. Sich auf den eigenen Atem zu konzentrieren hilft für gewöhnlich ebenso bei Aufregung und Lampenfieber. Lassen Sie sich daher vor allem am Anfang eines Referats Zeit, stellen Sie sich sicher hin, blicken Sie einmal in die Runde und atmen Sie zwei- oder dreimal tief ein, bevor Sie mit Ihrem Vortrag beginnen. Die Zeit, die man dafür benötigt, kommt einem selbst lange vor, aber zum einen schätzt man dergleichen immer falsch ein, zum anderen helfen Sie damit nicht nur sich selbst, sondern auch dem Publikum: Die Anwesenden können sich sammeln, sich einstellen und auf Sie konzentrieren. Setzen Sie Pausen überlegt ein, variieren Sie in Geschwindigkeit und Lautstärke. Das macht den Vortrag lebendig, Ihre Darbietung wirkt dadurch natürlicher und weniger ‚vorgelesen'. **Atmung**

Der Einsatz weiterer Medien will gelernt und vorbereitet sein. Sollten Sie eine wirklich wichtige Rede oder eine Präsentation vortragen müssen, ist es unbedingt notwendig, sich nach den Bedingungen am Ort zu erkundigen und eventuelle technische Geräte vorher auszuprobieren und einzustellen. Overhead- und Powerpointfolien sollten gut in den Vortrag eingebaut werden. Das Vorlesen von Folien ist keine Rede. Machen Sie sich also klar, welche Funktion die Folien in Ihrer Präsentation haben sollen – veranschaulichen sie komplexe Sachverhalte, fassen sie zusammen oder bieten sie zusätzliche Informationen, die ihren Vortrag entlasten? Mikrofone sollten stets getestet werden, da sie je nach Raumverhältnissen auch irritierend wirken können. **Medieneinsatz**

Länge der Rede

Vor allem aber: Sprechen Sie nicht zu lang. Zuhörer verzeihen viel, aber nie überzogene Redebeiträge. Jede Rede kann man beliebig kürzen und die Größe liegt nicht in der Länge, selbst wenn Tucholsky empfiehlt: „Sprich nie unter anderthalb Stunden, sonst lohnt es gar nicht erst anzufangen." (Tucholsky 1975, S. 292) Man sollte sich daher stets überlegen, was die Kernthese oder die wichtigste Information einer Darstellung ist, um notfalls eben nur diese vorstellen zu können. Länger sprechen kann man dann je nach Situation immer noch.

Redeangst

Nur wenige Menschen sprechen wirklich gerne vor einer Gruppe von Menschen – es gibt lediglich einen höheren oder niedrigeren Grad der Gewöhnung an diese Situation. Sollten Sie also mit Lampenfieber zu kämpfen haben, gibt es nur eines: Desensibilisierung. Begeben Sie sich, so oft dies möglich ist, in eine Redesituation. Nehmen Sie sich vor, in Seminarsitzung stets mindestens eine Frage zu stellen oder einen mündlichen Beitrag zu leisten. Sie werden sehen, dass Sie mit jedem Mal ruhiger werden. Bis sie eines Tages in der Lage sind, Luther zu zitieren: „Hier stehe ich, ich kann nicht anders."

Übrigens wusste Kurt Tucholsky natürlich sehr wohl, was einen guten Redner ausmacht. Die bisherigen Zitate stammen allesamt aus einem Text, der den Titel *Ratschläge für einen schlechten Redner* trägt. Der Text, der die *Ratschläge für einen guten Redner* enthält, ist sehr viel kürzer und fasst das Wichtigste wunderbar zusammen:
„Hauptsätze, Hauptsätze, Hauptsätze.
Klare Disposition im Kopf – möglichst wenig auf dem Papier.
Tatsachen, oder Appell an das Gefühl. Schleuder oder Harfe. Ein Redner sei kein Lexikon. Das haben die Leute zu Hause.
Der Ton einer einzelnen Sprechstimme ermüdet; sprich nie länger als vierzig Minuten. Suche keine Effekte zu erzielen, die nicht in deinem Wesen liegen. Ein Podium ist eine unbarmherzige Sache – da steht der Mensch nackter als im Sonnenbad.
Merk Otto Brahms Spruch: Wat jestrichen is, kann nich durchfalln." (Tucholsky 1975, S. 292)

12.3 Rede- und Präsentationskompetenz

Kompetenzspektrum

Rede- und Präsentationskompetenz, wie man sie in einem literaturwissenschaftlichen Studium erwerben kann, umfasst vor allem rhetorische und kommunikative Fähigkeiten, das heißt:

- umfangreiches Fachwissen über Sprache und Kommunikation im Allgemeinen sowie über poetische Sprache und literarische Kommunikation im Besonderen;
- theoretisch fundiertes anwendungsbezogenes Fachwissen über die Geschichte, die Systematik und die Regeln der Rhetorik, ihre Grundbegriffe sowie ihre Anwendungsbereiche und -bedingungen;
- die Fähigkeit, rhetorische Strategien und Effekte sprachlicher Konstruktion zu erkennen und aktiv zu nutzen;
- das auf der Grundlage intensiver und zahlreicher Lektüre sowie dem Verfassen eigener mündlicher und schriftlicher Texte erworbene Vermögen, sich sprachlich präzise, differenziert und kontextbezogen auszudrücken;
- eine Argumentationskompetenz, die sowohl strategische Kenntnisse zum Auffinden von Argumenten beinhaltet als auch die Fähigkeit zur systematischen und mit einer bestimmten Wirkungsabsicht verbundenen Strukturierung dieser Argumente;
- die Fähigkeit zur Vermittlung komplexer Sachverhalte durch Abstraktion, Reduktion und sprachlichen sowie visualisierenden Transfer;
- die Fähigkeit zur Reflexion, Kontrolle und Steuerung der spezifischen Präsentationssituation.

Dass diese Kompetenzen und Fähigkeiten im Berufsleben elementar **Reden im Beruf** wichtig sind, liegt auf der Hand. Die Fähigkeit, sich und seine Arbeit gegenüber anderen – das schließt im Berufsleben Kollegen ebenso ein wie Vorgesetzte und Firmenkunden – darstellen zu können, gehört zu den grundlegenden Anforderungen aller Berufsfelder. Kompetenz im kommunikativen Bereich versetzt Sie in die Lage, Fachfremden Ihre Ideen vorzustellen und adressatenorientiert zu vermitteln. Sie hilft Ihnen, Vorgesetzte, Teammitglieder oder Kunden von Ihren Ideen zu überzeugen. So bedienen Sie sich ihrer rhetorischen und argumentativen Fähigkeiten z. B. bei der Redaktionsbesprechung, wenn Sie sich für eine bestimmte Recherche oder die Veröffentlichung eines Artikels einsetzen. Bei der Arbeit in politiknahen Verbänden oder Stiftungen werden häufig die Interessen einer bestimmten Gruppe von (positiv oder negativ) Betroffenen vertreten. Hierzu bedarf es der Fähigkeit, sich die Standpunkte und Anliegen dieser zu vertretenden Gruppe zu eigen zu machen sowie andere dafür zu interessieren und von bestimmten Forderungen oder Bedürfnissen zu überzeugen.

Ähnlich wie die Informationskompetenz (→ KAPITEL 7) ist Präsentationskompetenz demnach eine spezielle Form der Vermittlungskom- **Vermittlung** petenz, über die Sie als Literaturwissenschaftler nach ihrem Studium verfügen sollten. So erfordern zum Beispiel die meisten Berufe, in denen es um die Vermittlung oder Förderung von Kultur geht, die Fähigkeit, mit völlig unterschiedlichen Adressaten zu kommunizieren: mit Film- oder Literaturfans, Geschichtsinteressierten, Senioren und Seniorinnen, Kindern usw. Sie alle gilt es für Kunst und Kultur zu begeistern oder – wenn dies nicht mehr nötig ist – sie in einer adressatenorientierten Präsentationsform über bestimmte Aspekte kulturellen Wissens zu informieren. Überzeugungsarbeit ist dagegen bei Kulturprojekten vor allem gegenüber potenziellen Geldgebern (Fundraising) zu leisten, die solche Projekte unterstützen sollen.

Präsentations- und Überzeugungskompetenz ist in politischen Aufgabenfeldern von besonderer Bedeutung: Hier gilt es, komplexe Sachverhalte sehr unterschiedlichen Anspruchsgruppen zu vermitteln, um Verständnis und Unterstützung für politische Entscheidungen zu wecken und dadurch ihre Durchsetzungskraft sicherzustellen. Dabei geht es um eine Form von Marketing für politische Ideen und politische Gruppierungen, wie sie in ähnlicher (wenngleich natürlich weniger politischer) Weise auch in den Marketingabteilungen von produzierenden Unternehmen oder Dienstleistungsgesellschaften zu finden sind.

Pädagogen schließlich, die nicht in der Lage sind, Wissen ansprechend und klar weiterzugeben, erweisen ihren Schülern und sich selbst keinen Gefallen. Sie sehen: Reden können muss man in allen Berufen, ob als Lehrer, als Dozent an der Hochschule, als Verlagsmitarbeiter oder als Redakteur. Meinungsbildungsprozesse in modernen Gesellschaften finden nun einmal hauptsächlich über Kommunikation statt – vertiefen Sie sich daher nicht allein in die Ausbildung schriftlicher Fähigkeiten, selbst wenn Sie später zur schreibenden Zunft gehören wollen. Reden zu können ist ebenso wichtig.

Fragen und Anregungen

- Zeichnen Sie kurz die Geschichte der Rhetorik nach.
- Nennen und erläutern Sie die Aufgaben des Redners.
- Worin unterscheiden sich Rede und Präsentation?
- Überlegen Sie, was in einer Redesituation hinsichtlich des *aptums* zu beachten ist.

- Sammeln Sie die zentralen Elemente einer gelungenen Rede und prüfen Sie selbstkritisch, wie Sie in eigenen Beiträgen bisher damit umgegangen sind.

- Bereiten Sie eine Kurzpräsentation (zum Beispiel eines Buches) vor, halten Sie den Vortrag vor Freunden und bitten Sie um deren Feedback.

Lektüreempfehlungen

- Barbara Maria Bernhard: Sprechen im Beruf. Der wirksame Einsatz der Stimme, Wien 2003. *Gibt nützliche Hinweise zur Stimmbildung und zum täglichen Training der Stimme.*

- Daniel Händel / Andra Kresimon / Jost Schneider: Schlüsselkompetenzen: Reden – Argumentieren – Überzeugen, Stuttgart 2007. *Dieser Band enthält in leicht verständlicher Form Hinweise zu allen wichtigen Aspekten mündlicher Kommunikation, sei es für eine Diskussion, sei es für einen Vortrag. Rhetorische und stilistische Grundlagen sind ebenso enthalten wie Erläuterungen zu Kommunikationssituationen und Gesprächslenkung. Hierauf basierend gibt es praktische Tipps, anhand derer die eigene Redekompetenz geübt werden kann.*

- Lothar Kolmer / Carmen Rob-Santer: Studienbuch Rhetorik, Paderborn / München / Wien / Zürich 2002. *Das Studienbuch bietet in kurzer und prägnanter Weise eine Einführung in die Rhetorik. Es enthält eine Geschichte der Rhetorik, die Teile der Rede, Figuren und Tropen sowie eine ausführliche Klassifikation von Argumentationsmustern.*

13 Anderes Lesen – das Lektorieren

Abbildung 17: Ernst Kahl: *Viele Köche verderben den Brei* (1993)

Mit zufriedenen Gesichtern treiben die Köche im mittleren Teil von Ernst Kahls Karikatur allein in ihren Töpfen über das Meer, einer von ihnen beobachtet mit einem Schmunzeln auf den Lippen das Hauen und Stechen, das sich unter den Köchen, die sich den Topf im Bildvordergrund teilen müssen, abspielt. Auf den ersten Blick drängt sich dem Betrachter das Sprichwort von den vielen Köchen, die den Brei verderben (das der Karikatur auch ihren Namen verleiht), geradezu auf. Bei genauerem Hinsehen aber stellen sich erste Zweifel ein: Geht es den rabiaten Köchen im vorderen Topf, die nicht davor zurückschrecken, den versinkenden Kollegen noch tiefer in den Brei zu stoßen, tatsächlich um denselben? Und evozieren die einsam auf den Horizont zusteuernden Mützen nicht zugleich ein ganz anderes Sprichwort, nämlich das vom Schmoren im eigenen Saft?

Man muss nicht in einer Küche gearbeitet haben, um zu wissen, dass die Hilfe und die wohl gesonnene, am Ergebnis orientierte Kritik anderer für die Qualität der eigenen Arbeit von unverzichtbarer Bedeutung ist. Das gilt für ein Drei-Sterne-Menü wie für gute Texte gleichermaßen. Der fremde, externe Blick hilft im Entstehungsprozess eines Textes auf vielfältige Weise und geht über eine bloße Korrektur von Rechtschreib- und Grammatikfehlern weit hinaus: Er hilft, die Stärken des Textes auszubauen, seine Schwächen zu identifizieren und zu verbessern, er hilft über Formulierungssackgassen hinweg, deckt schonungslos sprachliche Ticks auf und steht mit alternativen Vorschlägen zur Seite – anspruchsvolle Aufgaben, die sich unter einer Bezeichnung zusammenfassen lassen: Lektorat.

13.1 **Ein Text mit drei Sternen**
13.2 **Der Prozess des Lektorierens**
13.3 **Lektorieren als Kompetenz**

13.1 Ein Text mit drei Sternen

Vor der Abgabe einer schriftlichen Arbeit im Studium ist stets ein
wichtiger Schritt einzuplanen: das Lektorat des Textes durch andere
Personen. Egal, wie sicher Sie sich in Rechtschreibung, Stil und Argumentation fühlen – es wird stets einen Punkt bei Ihrer Arbeit geben,
an dem Ihnen der eigene Text zu vertraut ist, um Fehler und Unre-
gelmäßigkeiten sehen zu können oder zu wollen. Daher brauchen Sie
zuverlässige Korrekturleser, die die Qualität Ihres Textes einschätzen
und sichern können.

Qualitätssicherung

Gute Leser aber sind selten. Aus nachvollziehbarem Grund: Lektorieren heißt, einen Text gleichzeitig inhaltlich nachzuvollziehen,
formal zu kontrollieren und insgesamt hinsichtlich seiner Qualität
einzuschätzen. Wer lektoriert, muss also über die Fähigkeit des Multitasking verfügen, er muss mehrere Tätigkeiten gleichzeitig ausüben
können, und er muss sie alle gleich gut beherrschen.

Multitasking

Natürlich kann man die einzelnen Schritte des Lektorierens auch
nacheinander tun – zuerst auf Rechtschreibung achten, dann Wieder-
holungen und schlechten Stil aufspüren und in einem dritten Schritt
die Argumentation und den Inhalt überprüfen. Doch selbst dann besteht die Notwendigkeit, dass man sich bei der Rechtschreibprüfung
nicht vom Inhalt ablenken lassen darf oder bedenken sollte, dass sich
Füllwörter schlecht ohne Beachtung des Inhalts streichen lassen. Für
Sie heißt das: Entweder Sie haben eine Person in Ihrem Umfeld, die
alle Schritte des Lektorierens gleichermaßen beherrscht, oder Sie ver-
teilen die Aufgaben auf unterschiedliche Personen und geben Ihren
Text an einen inhaltlichen Experten, und zusätzlich an jemand anderen, der sicher in Zeichensetzung ist, gegebenenfalls noch an eine
dritte Person, die jeden Rechtschreibfehler aufspürt usw. Aber auch
wenn mehrere Leser an Ihrem Text Unterschiedliches beobachten, so
machen sie letztlich doch alle dasselbe: Sie beurteilen die Qualität
Ihres Textes und sichern sie durch Korrektur und Kritik.

Um die Qualität eines Textes beurteilen zu können, bedarf es einer
Reihe von Kriterien, an denen man seine Qualität und Güte messen
kann. Im Vergleich zu anderen Bereichen, in denen Qualität gesichert
wird, existieren für die Produktion von Texten durchaus standardi-
sierte Normen oder Qualitätskriterien, die es beim Lektorieren zu
überprüfen und einzufordern gilt – aber nicht für alle Ebenen. So
wie die Entscheidungen von Restaurantkritikern häufig umstritten
sind, die einem Lokal mal drei, mal nur zwei Sterne oder gar keinen
verleihen, gibt es bei Texten beispielsweise häufig geteilte Meinungen

Qualitätskriterien

hinsichtlich des Stils. Eine versalzene Suppe erkennt jeder, eine raffinierte nicht unbedingt.

Harte und weiche Kriterien

Hinsichtlich der Qualitätskriterien bei Texten lässt sich zwischen sogenannten „harten" und „weichen" differenzieren.

- Zu den harten Kriterien, also denen, die genau bestimm- und messbar sind, gehören jene, die die sprachliche Richtigkeit eines Textes betreffen. Das sind im Wesentlichen die geltenden Rechtschreib- und Grammatikregeln.
- Alle weiteren formalen Qualitätsmerkmale, die für die Produktion eines Textes gelten, finden sich nicht in derart standardisierten Regelwerken, wie es beispielsweise der *Duden* ist. Sie sind weitaus weniger deutlich definier- und messbar, der Grad ihrer Standardisierung ist geringer und sie können deshalb als weiche Kriterien bezeichnet werden.

Kriterien der Rhetorik

Auf einer abstrakten Ebene lassen sich die weichen Qualitätsmaßstäbe für einen Text aus den Regeln der Rhetorik ableiten (→ KAPITEL 12.1):

- Wahl der Textsorte im Verhältnis zum Ziel des Textes,
- Gliederung und Aufbau,
- Adressatenorientiertheit,
- Wirksamkeit, d. h. Überzeugungskraft des Textes, z. B. aufgrund der Stringenz und Logik seiner Argumentation und
- sprachliche (u. a. stilistische) Gestaltung.

Je nach Detaillierungsgrad kann diese Liste der Qualitätsmerkmale differenziert und ergänzt werden. Auf der konkreten Ebene von Produktion und Lektorat variieren die genannten Kriterien je nach spezifischer Ausgestaltung der folgenden Rahmenbedingungen:

- Kontext und Diskurs, denen der Text angehört,
- intendiertes Publikum sowie
- beabsichtigter Zweck bzw. Ziel des Textes.

Kritik annehmen

Es wird für Sie selbst wahrscheinlich manchmal schwierig sein hinzunehmen, was andere über Ihren Text sagen – dies zu akzeptieren, müssen Sie ebenso lernen wie Ihre eigene Kritik an den Texten anderer richtig zu kommunizieren. Bedenken Sie aber außerdem, dass Sie tatsächlich nicht jede Kritik übernehmen müssen. Lernen Sie zwischen konstruktiver Kritik und unklarer Meinungskundgebung zu unterscheiden und ziehen Sie sich, wie es so schön heißt, nicht jeden Schuh an. Sie haben Ihren Text nach reiflicher Überlegung formuliert und dafür mehr Zeit aufgewendet, als jeder Leser zum Lesen braucht – nicht jedes Urteil sollte Sie daher sofort verunsichern. Aus einem guten Text wird nicht dadurch ein sehr guter, dass man jedem

Hinweis folgt und jede Änderung übernimmt. So wie es in jeder guten Küche einen Chefkoch gibt, damit nicht alle wahllos im Brei herumrühren, so sind Sie der Chef des Textes. Wenn Sie drei Sterne wollen, nutzen Sie alle Hilfestellungen anderer Köche – das Abschmecken am Ende aber ist allein Ihre Aufgabe.

Für das Lektorat und die entsprechende Kompetenz ist die „Weichheit" der Gütekriterien eines Textes insofern von besonderer Bedeutung, als Sie bei Ihrer Kritik und vor allem bei der Kommunikation Ihrer Kritik immer davon ausgehen müssen, dass der Verfasser (zumindest in den meisten Fällen) meint, das bestmögliche Ergebnis bereits erzielt zu haben. Das bedeutet nicht, dass von einem Lektor erwartet wird, die Qualität des Textes einfach nur zu bestätigen, statt sie zu überprüfen. Es bedeutet aber sehr wohl, dass die Kritik bei einer Qualitätsprüfung, die auf nicht exakt messbaren Kriterien beruht, gut fundiert und verständlich kommuniziert werden muss, wenn sich der Autor diese zu eigen machen soll, statt sich darauf zurückzuziehen, dass das „Ansichtssache" sei.

Kritik äußern

13.2 Der Prozess des Lektorierens

Ziel des Lektorierens ist also eine Art externe Text-Evaluation bzw. Begutachtung durch eine Person, die nicht Urheber des Textes ist, um – gemessen an bestimmten Gütekriterien – das ‚Verbesserungspotenzial' des Textes, das heißt seine nachteiligen Abweichungen von diesen Kriterien aufzuzeigen und daraus Veränderungsvorschläge abzuleiten.

Dieser Evaluationsprozess kann in die folgenden Teilprozesse untergliedert werden:

Teilprozesse des Lektorierens

1. die Lektüre des Textes,
2. die analytische Betrachtung des Textes,
3. die Kritik des Textes und
4. die Kommunikation von Kritik und Verbesserungsvorschlägen gegenüber dem Autor.

Ob Sie die Schritte 1 bis 3 in einem einzigen Arbeitsgang oder in getrennten Phasen vollziehen, hängt von Ihrer Erfahrung ab.

Die Lektüre des Textes erfolgt nicht im Sinne der eigenen wissenschaftlichen Auseinandersetzung mit einer Fragestellung (→ KAPITEL 8): Sie lesen keinen fertigen, zur öffentlichen Rezeption und Besprechung autorisierten Text, sondern Ihnen wird ein noch nicht autorisierter Text zur Lektüre anvertraut. Damit nehmen Sie eine besondere Stel-

Lektüre

lung im Kommunikationsprozess ein, der durch die Triade Autor – Text – Leser bestimmt ist. Sie sind zwar Leser des Textes, rezipieren ihn aber, unabhängig davon, ob es sich um einen literarischen, einen wissenschaftlichen oder einen anderen Text handelt, nicht so, wie als ,Endverbraucher', sondern Sie überprüfen, ob der Text bestimmten Gütekriterien entspricht und dadurch in der beabsichtigten Weise vom ,Endverbraucher' gelesen, verstanden und verarbeitet werden kann.

Stellung des Lektors Als erster Leser nach dem Autor steht der Lektor auf der Schwelle von Produktion und Rezeption und vermittelt zwischen diesen beiden Seiten. Es geht also bei dieser besonderen Form der Lektüre nicht vorrangig um den eigenen Erkenntnisgewinn oder das eigene Vergnügen, sondern um das Produkt, um den Text: Er soll in einen Zustand gebracht werden, der eine anschließende Rezeption durch andere ermöglicht.

Aufgabenorientiertes Lesen Insofern ist es nötig, dass ein Lektor einen Text stets vor allem hinsichtlich der ihm gestellten Aufgabe liest. Wenn Sie gebeten wurden, eine Hausarbeit für eine Freundin Korrektur zu lesen, die Sie wegen Ihrer Sicherheit in der Zeichensetzung angesprochen hat, dann konzentrieren Sie sich zunächst auf diesen Bereich. Sollte die Verfasserin des Textes signalisiert haben, dass sie auch Ihre Meinung generell interessiert, dann nehmen Sie in einem analytischeren Blick weiche Kriterien zu Ihrer Beurteilung hinzu.

Analytische Betrachtung Im Allgemeinen erledigt man – eine gewisse Erfahrung und Sicherheit vorausgesetzt – bei einer ersten Lektüre die Überprüfung der harten Kriterien, um anschließend den Text ein weiteres Mal analysierend zu betrachten. Beim Lektorieren verschaffen Sie sich demnach durch eine erste diagonale und punktuelle Lektüre des Textes zunächst einen groben Überblick (→ KAPITEL 8.2) und versuchen anschließend die folgenden Fragen zu beantworten:

- Um welche Textsorte handelt es sich?
- Worauf zielt der Text im Wesentlichen?
- Wie wirkt der Text? (geschlossen oder lückenhaft? plausibel und überzeugend oder gerade nicht?)
- Welchen ersten Eindruck hinterlässt die sprachliche Gestaltung des Textes?

Beurteilung und kritische Rückmeldung Der Überblick, den Sie sich mit der Beantwortung dieser Fragen verschafft haben, erlaubt Ihnen eine erste Beurteilung des Textes hinsichtlich seiner Stärken und Schwächen, die mit dem Urheber des Textes direkt besprochen werden sollte. Diese kritische Rückmeldung spielt beim Lektorieren von Texten – gänzlich im Unterschied zur literaturwissenschaftlichen Lektüre, Analyse und Kritik von Texten (→ KAPITEL 8, 9, 10) – eine wichtige Rolle. Sie sollten sich für die weiteren Lektüre- und Analysetätigkeiten beim Autor über dessen grobe Zielvorstellungen und beabsichtigte Wirkungsweisen informieren sowie Zusatzinformationen einholen. Diese Informationen können sowohl fachlicher als auch textbezogener Natur sein. Zum einen sind Sie vielleicht nicht Experte auf dem behandelten Gebiet, zum anderen kann der Text noch fragmentarischen Charakter haben, z. B. wenn größere Teile der Argumentation oder des Fazits noch fehlen.

Wie eine solche, dem Lektorat eines Textes dienende Analyse aussehen kann, kann exemplarisch für das Qualitätsmerkmal Gliederung und Aufbau des Textes kurz beschrieben werden. Beide sind für die Rezeption eines Textes von entscheidender Bedeutung: Sie haben für den Leser eine wichtige Orientierungsfunktion, sie tragen zu seiner Lenkung und Steuerung bei, sie sind sinnstiftend, erzeugen also auf der formalen Ebene des Textes Bedeutung, und sie bestimmen das Gelingen des Vermittlungsprozesses in einer Weise, die vor allem von wenig geübten Schreibern häufig unterschätzt wird. Dem Lektorat eines Textes kommt die Aufgabe zu sicherzustellen, dass die jeweils gewählte Gliederung und der Aufbau des Textes diese Funktionen erfüllen. Die Überprüfung dieses Qualitätsmerkmals kann von den folgenden Fragestellungen geleitet werden:

Fallbeispiel Gliederung

Qualitätsprüfung

- Hat der Text eine klar erkennbare Makro- und Mikrostruktur, wie sehen diese aus?
- Ist der gewählte Aufbau logisch, stringent und nachvollziehbar?
- Nutzt der Text Möglichkeiten, um seine Struktur transparent zu machen (Überschriften, Markierungen, sprachliche Verweise)?
- In welchem Verhältnis stehen die gewählte Strukturierung der Gedanken und die gewählte Textsorte?
- Liegt der individuellen Gliederung des Textes eine spezifische Absicht zugrunde, welche?
- Welche Wirkung resultiert aus der gewählten Struktur und ist sie kongruent zur intendierten Wirkung und Aussage des Textes?
- Wird die eingangs gewählte oder gar explizit formulierte Gliederung durchgehalten, wo gibt es Abweichungen oder Inkonsistenzen?
- Folgt nach den jeweiligen gliedernden Elementen der angekündigte Inhalt?
- Werden Fragen, die aufgeworfen werden, im Verlauf des Textes beantwortet?

Wenn die Antworten auf diese Fragen anhand des Ihnen vorliegenden Textes Qualitätsmängel zutage treten lassen, sollten Sie diese
Beobachtung dringend an den Verfasser zurückmelden – mit aller ge-

Ziel der Kritik botenen Vorsicht. Ziel der Kritik ist es nicht, in der Auseinandersetzung mit einer fremden Position die eigene Meinung weiterzuent-
wickeln oder durch vermittelte Argumente Ihr Wissen und Ihre
Thesen zu ergänzen bzw. zu untermauern. Beim Lektorieren müssen
Sie als Person vollkommen hinter die Interessen des Textes und seines Urhebers zurücktreten. Es geht allein um die Optimierung eines
fremden Textes, über dem Ihr Name nicht stehen wird.

Neben den mehr oder weniger objektivierbaren Kriterien sollten
die Maßstäbe Ihrer Kritik deshalb – unabhängig davon, ob sie sich
auf die inhaltliche oder die formale Qualität eines Textes beziehen –
in erster Linie nicht Ihren eigenen Vorstellungen von einem guten
Text entsprechen, sondern jene des Autors sollten im Fokus Ihrer Be-
mühungen stehen. Dies gilt in besonderem Maße für den individuel-

Grenzen der Kritik len Stil eines Textes bzw. eines Autors. Diesen sollten Sie nur insoweit kritisieren, wie er die Wirkung oder Verständlichkeit eines
Textes beeinträchtigt, sprachlich inakzeptabel oder falsch ist, den
Text so sehr dominiert, dass er in der Vermittlung seines Anliegens
bedroht erscheint oder der Stil in der Vorliebe für bestimmte Wörter
oder Formulierungen monoton bzw. sprachästhetisch zur Herausforderung wird. Eingriffe in den Stil eines Anderen, die auf Ihren eigenen Vorlieben beruhen (z. B. für eher synthetisch-dichte Texte gegenüber analytisch-beschreibenden Texten), sind dagegen problematisch,
weil Sie dann Gefahr laufen, in einer Intensität in den Text einzugrei-
fen, die über das, was ein Lektorat leisten soll, weit hinaus geht.

Bei der Bewertung eines Textes gilt es weiterhin immer auch zu
entscheiden, welche Folgen Ihr Urteil für den Text hat und welche

Alternativen
aufzeigen Alternativen es geben könnte. Wenn Sie dem Produzenten eines Textes lediglich mitteilen, dass sein Text an einer bestimmten Stelle in
seiner Argumentation zu umständlich und deshalb schwer verständlich ist, ihm aber kein Angebot machen, wie es anders formuliert
werden könnte, wird seine Motivation etwas zu verändern, nicht besonders hoch sein. Wenn Sie jedoch Vorschläge machen, welche Änderungen zur Verbesserung des Textes beitragen könnten, wird dem
Verfasser nicht nur klarer, was Sie meinen, sondern er kann sich
auch mit Ihrer Kritik produktiver auseinandersetzen.

Jede kommunizierte Kritik sollte aus psychologischen Gründen

Zuerst die Stärken mit der Würdigung der Stärken des Textes beginnen, die Sie im Rahmen von Analyse und Kritik des Textes herausgearbeitet haben und

die es immer gibt. Ein solches positives Feedback zielt im Wesentlichen auf zwei Dinge:

- Zum einen ist es wichtig, das Vertrauen des Autors zu gewinnen, indem Sie ihm zeigen, dass Sie seinen Text gründlich und in seinem Sinne bearbeitet haben, um seine Bereitschaft zu stärken, sich auch Ihre kritischen Anmerkungen anzuhören und ernst zu nehmen.
- Zum anderen hat das Lob bei noch unfertigen Texten die Funktion, den Autor zum Weiterschreiben zu motivieren.

Als erster Leser nach dem Autor sind Sie in der Position, diesem ein Gefühl für die Wirkung seines Textes zu geben, ihm zu vermitteln, dass sich die harte Arbeit gelohnt hat und dass es sich auch auszahlen wird, weiterzumachen, zu verändern und zu verbessern.

Bei der Kommunikation Ihrer Kritik – ob positiver oder negativer – kommt es wesentlich darauf an, sich auf die Kritikfähigkeit des Autors einzustellen, also auf seine Fähigkeit, mit der Kritik, die an seinen Texten geübt wird, umzugehen. Natürlich möchte man grundsätzlich lieber gelobt werden, dennoch gibt es sehr unterschiedliche Arten, wie Menschen konstruktiver Kritik begegnen. Mehr oder weniger unproblematisch gestaltet sich die negative Kritik dann, wenn Sie an jemanden geraten, der dieser gegenüber aufgeschlossen ist und sie als Beitrag zur Verbesserung seines Textes zu schätzen weiß, statt sie als persönlichen Angriff zu interpretieren. In diesem Fall können und sollten Sie Ihre Einwände und Anmerkungen relativ direkt äußern. Haben Sie es aber mit jemandem zu tun, der Kritik nicht leicht annehmen kann, müssen Sie auf eine Vielfalt von Vermittlungsstrategien zurückgreifen, die in der Regel damit beginnen, dass Sie das Defizit bei sich selbst festmachen: Sagen Sie, dass Sie einen Absatz nicht verstanden haben, wenn Sie finden, dass er zu kompliziert geschrieben ist, und bitten Sie den Autor, ihn Ihnen zu erklären. Häufig gelangen Sie dann im Gespräch zu verständlicheren Formulierungen, die Sie als Alternative ins Spiel bringen können und gegen die der Autor nichts einwenden wird, weil sie von ihm selbst kommen. Fallen Ihnen sprachliche Ticks auf, machen Sie klar, dass viele damit Probleme haben. Kurz: Entkoppeln Sie Ihre Kritik von Ihrer Person, sprechen Sie ausschließlich als Modell-Leser und in Ihrer Funktion als Lektor. Und bedenken Sie diese Schwierigkeiten, wenn Sie das nächste Mal selbst kritisiert werden. Denn Kritik ist nötig, wenn man das eigene Potenzial besser ausschöpfen möchte – da geht es Köchen wie Autoren. So wie es in jeder Küche aber nur einen Chef geben kann, sind Sie – im Studium wie im Beruf – als Verfasser eines Textes die entscheidende Instanz. Sie haben das letzte Wort und

Kritikfähigkeit

Modell-Leser

müssen verhindern, dass Ihr Brei von anderen Köchen verdorben statt optimiert wird.

13.3 Lektorieren als Kompetenz

Wie man sieht, reicht es bei Weitem nicht aus, möglichst fehlerfrei schreiben zu können, um ein guter Lektor zu sein. Neben Stilsicherheit und der Fähigkeit, Argumente zu extrahieren, gehört auch eine große Portion psychologischer Kenntnisse zu einem guten Lektor. Lektorieren als Kompetenz muss lange geübt werden, denn sie umfasst eine Reihe von Fähigkeiten:

Fähigkeiten des Lektors

• umfangreiche Kenntnisse über die Qualitätskriterien von Texten und über die Prozesse der Textproduktion;
• die Fähigkeit, fremde und z. T. noch fragmentarische Texte zu lesen, zu analysieren und zu beurteilen, um ihre Qualität zu steigern;
• die Fähigkeit, Autoren beim Verfassen von Texten zu beraten, d. h. sowohl alternative Vorschläge zu unterbreiten als auch zum Schreiben zu motivieren;
• die Fähigkeit, hinter eigene Vorlieben und Eigenheiten zurückzutreten;
• die Fähigkeit, Adressatenreaktionen zu antizipieren und gegenüber dem Autor zu kommunizieren.

Lektorieren als Kompetenz spielt bei allen Berufen eine Rolle, bei denen Texte auf ihre Qualität hin gesichert werden müssen – z. B. in den Print- und Onlinemedien, wo ein Beitrag vor einer Veröffentlichung hinsichtlich seiner Qualität (Inhalt und Form) von anderen geprüft wird.

Anders aber als bei den meisten Kompetenzen, die in einem literaturwissenschaftlichen Studium erworben werden, gibt es zur Kompetenz des Lektorierens auch ein klar begrenzbares Berufsfeld, das viele Studierende anstreben: das Lektorat. Lektorate finden sich in den verschiedenen Verlagen (belletristische Verlage, Fachbuchverlage) und in Werbe- und Übersetzungsagenturen. Daneben gibt es eine Vielzahl freier Lektoren, die teilweise im Auftrag von Verlagen, aber auch für andere Auftraggeber (etwa Unternehmen, Privatpersonen etc.) arbeiten. Die Karriereleiter von Lektoren beginnt in der Regel mit Praktika und Volontariaten, führt dann weiter über Stellen als Lektoratsassistent und mündet in die Position des Lektors oder gar des Cheflektors.

Berufsziel Lektor

Die Kompetenz des Lektorierens, wie es in diesem Kapitel beschrieben wurde, ist zweifelsohne eine unabdingbare Voraussetzung für die

Arbeit als Lektor. Allerdings gehen die für die Ausübung dieses Berufs notwendigen Fähigkeiten in der Regel noch weit darüber hinaus: Als Lektor in einem Verlag sind Sie die koordinierende Schnittstelle zwischen den verschiedenen an der Produktion eines Buchs beteiligten Personen und Abteilungen, als da sind: der Autor, die Verlagsleitung, die Grafik- und die Marketingabteilung, die Buchherstellung, der Vertrieb und die Presseabteilung und nicht zuletzt der Leser, der bei der Produktion immer schon antizipiert werden muss. Zudem sind Sie verantwortlich für Programmplanung und prüfen, welche Titel neu ins Programm genommen werden könnten. Unter Umständen betreuen und gestalten Sie sogar eine ganz neue Buchreihe. In diesem Fall hätten Sie der Reihe nicht nur insgesamt ein Gesicht zu geben, sondern auch die einzelnen Bände in der Reihe als Einheit, die dennoch Teil eines Ganzen ist, zu betrachten.

Berufsanforderungen

Die mit all dem verbundene Koordination und Organisation erfordert so ein exaktes wie flexibles Zeitmanagement und hohe Stressresistenz. Sie erfordert die Fähigkeit, zwischen den verschiedenen Beteiligten zu vermitteln, indem man die je unterschiedlichen Interessen und Standpunkte eines Bereichs, insbesondere gegenüber der Verlagsleitung, zu vertreten weiß, ebenso wie die Fähigkeit, mit den jeweiligen Fachabteilungen über die jeweils unterschiedlichen Fragestellungen zu kommunizieren. Sie müssen in der Lage sein, ein Buch nicht allein auf seine inhaltliche Qualität hin zu beurteilen, sondern auch Entscheidungen zu treffen, die auf ökonomischen Überlegungen basieren, auf der Analyse von Zielgruppen und dem besonderen Profil des Verlags. Sie müssen weit im Voraus Programm und Kosten planen und ein Orchester an Beteiligten so dirigieren, dass das Programm termingerecht erscheint. Sie müssen um Autoren werben, die Kritiker pflegen und eine Vielzahl von Texten für Buchumschlag, Programm und Werbung schreiben. Um all diesen Anforderungen gerecht zu werden, bedarf es mehr als das, was als Kompetenz des Lektorierens beschrieben wurde. Man könnte also sagen, dass in diesem Fall nicht viele Köche den Brei verderben, sondern dass ein einziger Koch sich um viele Gänge gleichzeitig zu kümmern hat, um sich Sterne zu verdienen.

Lektor als Vermittler

Das heißt nun nicht, dass Sie durch ein literaturwissenschaftliches Studium – vielleicht mit Ausnahme der ökonomischen Kenntnisse – auf diese Vielfalt an Aufgaben nicht vorbereitet werden: Durchhaltevermögen und Entscheidungsfähigkeit, kommunikatives Talent, Neugierde und ein sicheres Gespür für Literatur sind Voraussetzung und (hoffentlich) Ergebnis eines literaturwissenschaftlichen Studiums. Sie sollten sich aber klar machen, dass der Beruf des Lektors Ihnen keineswegs den Traum erfüllt, für den Rest Ihrer Tage mit Lesen Geld zu verdienen. Christiane Schmidt, Programmleiterin der Belletristik bei der Deutschen Verlagsanstalt, hat in einem Artikel der Süddeutschen Zeitung 2006 den Lektor als „Gehilfen" bezeichnet:

Gehilfe des Textes

> „Von der Rolle des Lektors als Lehrer oder Mentor ist nichts mehr übrig geblieben. In manchen allgemeinen Dingen wird man noch um Rat gefragt, und man ist meist, neben dem Verleger, die erste Kontaktperson zum Verlag, vermittelt also viel Organisatorisches. Doch die Zusammenarbeit konzentriert sich wieder stärker auf den Text, das nächste Buch. Neben dem grundsätzlichen Ungleichgewicht in der Beziehung ist das Verhältnis gleichberechtigter geworden. Allerdings hat sich ein neues Ungleichgewicht eingestellt: Der Autor ist eine öffentliche Person, bekannt oder gar berühmt, der Lektor unbekannt, sein Name nur in Zusammenhang mit dem Verlagsnamen von Relevanz." (Schmidt 2006)

Unabhängig vom Lektorat kann die Kompetenz eines Lektors auch in anderen Berufsfeldern erforderlich sein: Die Sprach- und Kommunikationswissenschaftlerin Eva Jakobs hat in ihrem Beitrag *Writing at Work* (2005) auf die in vielen Unternehmen und Organisationen verbreiteten Prozesse des *document cycling* hingewiesen. Dabei entsteht ein Text als kooperatives, institutionelles Produkt zahlreicher Interaktionen verschiedener Beteiligter, zu denen auch sogenannte Reviewprozesse gehören. Als an der Textproduktion Beteiligte sichern Sie in solchen Reviewprozessen sowohl die Qualität der Texte, die Sie ursprünglich selbst verfasst haben, als auch die Qualität fremder Texte. In besonderer Weise gehören solche Reviewprozesse zu den Aufgaben von Redakteuren in den verschiedenen Bereichen der Medien, des Hör- und Rundfunks, der Print- und Onlinemedien und der Film- und Fernsehbranche. So gehört die Qualitätssicherung eingereichter Artikel, Beiträge, Reportagen oder Interviews freier Journalisten und Mitarbeiter zu einem weitaus größeren Aufgabengebiet von Redakteuren, als es das Verfassen eigener Artikel ist. Pauschal kann gesagt werden, dass der Anteil, den das Verfassen von eigenen Texten am Arbeitsalltag hat, (nicht nur) in den Medien mit aufsteigender Karriereleiter abnimmt, während Reviewprozesse – auch zunehmend strategischer Art – einen immer größer werdenden Anteil einnehmen (vgl. Jakobs 2005).

Document cycling

Fragen und Anregungen

- Was gehört Ihrer Meinung nach zur Qualitätssicherung eines Textes?

- Erläutern Sie, was man unter „harten" und „weichen" Kriterien für die Textbeurteilung versteht.

- Nennen und beschreiben Sie die Teilprozesse des Lektorierens.

- Bestimmen Sie Grundregeln und Grenzen beim Lektorieren eines Textes.

- Schätzen Sie Ihre eigene Kritikfähigkeit ein. Wie kritisieren Sie andere und wie nehmen Sie Kritik entgegen?

- Überlegen Sie, worin die Unterschiede zwischen dem Lektorieren als Kompetenz, die in vielen Bereichen gefragt ist, und dem Beruf des Lektors bestehen.

Lektüreempfehlungen

- Gunther Nickel (Hg.): Krise des Lektorats? Göttingen 2006. *In essayistischen, teils anekdotischen Abhandlungen reflektieren die 10 Autoren ihre Erfahrungen mit dem Buchmarkt und der Lektoratsarbeit. Der Band ist weniger eine wissenschaftliche Untersuchung, sondern zeigt persönliche Herangehensweisen an die Lektoratsarbeit ebenso wie Veränderungen im Verlagswesen.*

- Michael Schickerling / Birgit Menche: Bücher machen. Ein Handbuch für Lektoren und Redakteure, Frankfurt a. M. 2004. *Das Handbuch enthält alle wichtigen Bereiche, aus denen die Lektoratsarbeit besteht. Darüber hinaus gibt es praktische Tipps und begriffliche Informationen, die für die Zusammenarbeit mit den anderen, an der Entstehung eines Buches beteiligten Gruppen nützlich sind.*

- Ute Schneider: Der unsichtbare Zweite. Die Berufsgeschichte des Lektors im literarischen Verlag, Göttingen 2005. *Ute Schneider untersucht den Beruf des Lektors, wie er in den vergangenen 100 Jahren entstand und sich im Laufe der Zeit entwickelte. Sie betrachtet die Kernaufgabenbereiche des Lektors, die Funktion im*

Verlag sowie das subjektive Rollenverständnis. Es ist die erste umfassende, wissenschaftliche Studie zum Berufsbild des Lektors.

- Klaus Siblewski: Die diskreten Kritiker. Warum Lektoren schreiben – vorläufige Überlegungen zu einem Berufsbild, Aachen 2005. *Siblewski bietet ein Porträt der Lektorenarbeit anhand von drei Publikationen. Neben den Praxisdarstellungen bespricht Siblewski das Verhältnis Schriftsteller – Lektor sowie den Lektor als Schriftsteller und wie sich diese Rolle im Laufe des 20. Jahrhunderts gewandelt hat.*

14 „Habe nun, ach" – Berufsfelder

Abbildung 18: Siegfried Kracauer, Presseausweis, Vorderseite mit Passfoto (1938)

Häufig kann man beobachten, dass Menschen, die mit Literatur und Worten arbeiten, in vielen Berufen gleichzeitig tätig sind. Siegfried Kracauer, der als Jude 1933 ins Exil gehen musste, ist ein solches Beispiel für ungeheure Flexibilität. Das Bild zeigt seinen Presseausweis, der ihn im Pariser Exil als Mitarbeiter der Neuen Züricher Zeitung ausweist. In literaturwissenschaftlichen Veranstaltungen an Universitäten ist Kracauer vor allem wegen seiner Essays präsent. Daneben kennt man ihn aber ebenso als Journalist, Kulturtheoretiker, Filmwissenschaftler und Schriftsteller, obwohl er als Begründer der Filmsoziologie eher im Gedächtnis geblieben ist denn als Verfasser des Romans „Georg" (1934 fertig gestellt; 1973 posthum gedruckt). Dabei hat Kracauer noch nicht einmal eine Geisteswissenschaft studiert. Er promovierte 1914 in den Ingenieurwissenschaften und arbeitete während des Zweiten Weltkriegs als Architekt. Von einer zielgerichteten Karriere kann hier also nicht gesprochen werden, von einer trotz der widrigen Zeitumstände und gerade jenseits des ursprünglich angepeilten Berufsziels inhaltlich äußerst ertragreichen dagegen schon.

Wenn literaturwissenschaftliche Studiengänge darüber Auskunft geben sollen, für welche Berufe sie qualifizieren, tun sie sich in der Regel schwer. Stattdessen ist häufig die Rede von mehr oder weniger klaren Berufsfeldern, auf die ein literaturwissenschaftliches Studium vorbereitet: Wissenschaft, Verlagswesen und Literaturmarkt im Allgemeinen, Kultur, Bildung, Journalismus, Medien und einiges mehr. Die wenigsten Studienanfänger haben zu Beginn ihres Studiums ein klares Berufsziel vor Augen, sondern nutzen die Zeit an der Universität zu einer Orientierung. Wer ein literaturwissenschaftliches Studium wählt, weiß zu Beginn häufig noch nicht so genau, wohin die Reise führt. Dies ist aber noch lange kein Grund, wie Goethes Figur Faust das eigene Studium mit einem „Habe nun, ach" im Nachhinein als nutzlos für die Praxis einzuschätzen und zu dem Schluss zu kommen „Da steh' ich nun, ich armer Tor! Und bin so klug als wie zuvor" (Goethe 1999, S. 33). Dieses Kapitel soll bei der ersten Orientierung helfen und dazu anregen, schon während des Studiums nach potenziellen Berufszielen zu suchen.

14.1 Geisteswissenschaftliche Ausbildung und Arbeitsmärkte
14.2 Berufsfelder für Literaturwissenschaftler
14.3 Wie funktioniert Berufsorientierung?

14.1 Geisteswissenschaftliche Ausbildung und Arbeitsmärkte

„„Geisteswissenschaftler zeichnen sich dadurch aus, dass sie im Studium früh einüben, sich selbständig in Problemlösungen einzuarbeiten', sagt Marion Rang von der Bundesagentur für Arbeit. ‚Sie lernen die schnelle Verarbeitung von Informationen, blicken eher über den Tellerrand als andere Studierende, sind besonders kreativ und kommunikationsfähig.' Die meisten neuen Jobs für Geisteswissenschaftler werden zurzeit im Sozialwesen, in der Erwachsenenbildung, aber auch in der Verwaltung, in Museen und in der Öffentlichkeitsarbeit geschaffen. Aber: ‚Einen wirklichen Arbeitsmarkt für Geisteswissenschaftler außerhalb von Hochschulen oder der öffentlichen Hand gibt es eher nicht', sagt Rang. Die vorhandenen beruflichen Nischen sind mitunter so klein, dass sie kaum identifizierbar sind. Unter den 30 Unternehmen, die im Aktienindex Dax gelistet sind, sind fachfremd angestellte Geisteswissenschaftler die Ausnahme [...].'" (Christ 2007, S. 68)

Solche Aussagen können erschrecken, müssen sie aber nicht. Denn eigentlich sagt die Mitarbeiterin der Bundesagentur für Arbeit nichts anderes, als dass die Berufe, die für Geisteswissenschaftler infrage kommen, in den meisten Fällen höchst individuell gestaltet sind, weshalb man sie nicht unter einem griffigen Namen zusammenfassen kann. Auch wenn es sich um Nischen handelt – es kann ja durchaus viele solcher Nischen geben. Und eine davon gilt es, für Sie zu finden.

Nischen

Wenn die zitierte Mitarbeiterin davon spricht, dass Geisteswissenschaftler vor allem an Hochschulen oder in Institutionen unterkommen, dann liegt das daran, dass nur diese Bereiche eine direkte Anwendung des im Studium erworbenen Wissens voraussetzen. Ein Architekturstudent lernt im Studium, was er in seinem späteren Berufsleben als Architekt braucht. Ein Medizinstudent spezialisiert sich nach dem Studium eventuell, erhält jedoch eine grundständige medizinische Ausbildung, die ihm das Behandeln von Patienten schrittweise beibringt. Ein Literaturwissenschaftler jedoch beschäftigt sich mit Inhalten, die nicht unmittelbar in Praxis umgesetzt werden können. Aus der intensiven Lektüre eines Romans können Analysen von gesellschaftlichen Konstellationen erwachsen, das Lesen des Romans selbst ermöglicht jedoch keine Handlung im Rahmen eines Berufes – außer man wird selbst Hochschuldozent und spricht im Rahmen einer Veranstaltung erneut über den Text.

Praktische Umsetzung des Fachwissens

Berufsrelevant sind daher für die meisten Studierenden gerade die Schlüsselkompetenzen, die sie im Rahmen der Fachveranstaltungen ihrer Studiengänge erwerben (→ KAPITEL 7–13). Die Ausbildung von Schlüsselkompetenzen ist ein übergreifendes Ziel aller Hochschulstudiengänge – gerade weil klar ist, dass sie im Leben nach der Universität wichtig sein werden. Es ist also überhaupt nicht schädlich, ein Fach zu studieren, bei dem man während des Studiums noch nicht weiß, ob man die Fachinhalte später wirklich brauchen wird. Vom Studium eines Faches, das man für zukunftsträchtiger hält, raten die meisten, die heute im Beruf Erfolg haben, ab: „Am Ende ist es richtig, erst mal seinen Neigungen gefolgt zu sein – zu gezielt berufsorientierte Wahl, davon bin ich überzeugt, ist zu enttäuschungsanfällig." (Fragebogen 2007, Verlagsleiter)

Schlüssel-
kompetenzenDie Schlüsselkompetenzen, die Sie in literaturwissenschaftlichen Studiengängen erwerben, haben in den vergangenen Jahren enorm an Bedeutung gewonnen, denn:

- die Halbwertszeit von Wissen nimmt ab. In immer mehr Berufszweigen ergibt sich daraus die Anforderung, sich kontinuierlich und selbstständig Wissen erarbeiten und aneignen zu können;
- die Arbeitsmärkte und die damit zusammenhängenden Berufsbilder sind einer raschen Bildung, Ausdifferenzierung und Weiterentwicklung unterworfen. Eine gezielte Ausbildung für einen bestimmten Beruf wird inzwischen seltener gefordert als die Fähigkeit, sich schnell in neue Zusammenhänge einzuarbeiten und an anderen Beispielen erworbene Kenntnisse und Handlungsfertigkeiten auf neue Probleme zu übertragen.

Abseits der universitären Wissenschaft in Universitäten oder außeruniversitären Forschungseinrichtungen sowie dem Lehrberuf gibt es durchaus Berufsfelder, in der Literaturwissenschaftler in der Hauptsache das tun, womit sie ihr Studium verbracht haben: literarische Texte lesen, analysieren und interpretieren sowie sich über all das mit Gleichgesinnten auszutauschen. Viele Literaturwissenschaftler haben jedoch nach dem Studium mitunter nur noch selten beruflich mit Literatur zu tun. Im Vergleich zu ihrer Ausbildung können sie daher Fremdbeschäftigung
von Literaturwissen-
schaftlernals ‚fremdbeschäftigt' gelten. Sie übertragen Kompetenzen, die sie anhand von Texten und Fragestellungen erworben haben, auf andere Einsatzgebiete. Und noch ein Tipp vom Fachmann:

„Bei Stellenbewerbungen ist der Sympathiefaktor, das persönliche Auftreten, der Umgang mit Menschen fast genauso wichtig wie die fachliche Qualifikation (die viele zweifellos haben)." (Fragebogen 2007, Verlagsleiter)

14.2 Berufsfelder für Literaturwissenschaftler

Die Offenheit und Vielfalt der potenziellen Berufsfelder für Literaturwissenschaftler macht deren systematische Darstellung zu einer Herausforderung. Bereits der Begriff „Berufsfelder" erzeugt definitorische
Schwierigkeiten. Zum Teil handelt es bei dem, was darunter sub-
sumiert wird, um Branchen, in denen viele Geisteswissenschaftler beschäftigt sind (z. B. Verlag oder Werbung), zum Teil handelt es sich
aber auch um Institutionen oder Einrichtungen, in denen Geisteswissenschaftler gute Beschäftigungschancen haben (z. B. Theater oder
Museen). Literaturwissenschaftler ergreifen weniger bestimme Berufe,
für die sie sich ausbilden lassen, sie üben vielmehr eine Tätigkeit aus, **Tätigkeit vs. Beruf**
wie z. B. die Arbeit in einer Öffentlichkeitsabteilung. Daraus folgt,
dass Tätigkeitsprofile oder klarer abgrenzbare Aufgabenbereiche Absolventen geisteswissenschaftlicher Studiengänge häufig besser zugeordnet werden können als bestimmte Berufsfelder. Die folgende Darstellung versucht diese verschiedenen Abgrenzungsschwierigkeiten
aufzugreifen, indem Berufsfelder, Institutionen und spezifische Tätig-
keitsbereiche miteinander verknüpft werden, ohne dass ein Anspruch
auf Vollständigkeit besteht.

Wissenschaft / Wissenschaftsmanagement

Beim Berufsfeld Wissenschaft ist für Absolventen der Literaturwissenschaft zunächst einmal an eine Beschäftigung als Wissenschaftler **Wissenschaftler**
an einer Universität oder, wenn auch seltener, in außeruniversitären
Forschungseinrichtungen (z. B. der Akademie der Wissenschaften) zu
denken. Ein (geradliniger) wissenschaftlicher Karriereverlauf umfasst
mehrere Qualifikationsstufen, denen verschiedene mögliche Stellen
entsprechen (→ ABBILDUNG 19).

Seien Sie aber unmittelbar gewarnt: Eine wissenschaftliche Karriere
lässt sich nicht von Anfang an planen und jeder Qualifikationsschritt
muss sorgfältig überdacht werden. Mit jeder Stufe auf der wissen-

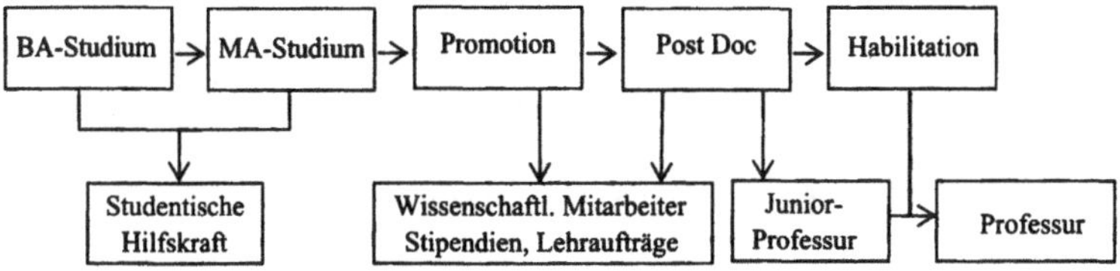

Abbildung 19: Der wissenschaftliche Karriereverlauf

schaftlichen Karriereleiter (→ KAPITEL 1.2) wird der Ausstieg in andere Berufsfelder schwieriger, das Angebot an Stellen aber weniger. Das soll Sie nicht erschrecken, nur wappnen. Wenn Sie sehr viel Freude am wissenschaftlichen Arbeiten haben, dann verfolgen Sie diesen Weg – wer weiß, vielleicht ist die Professur näher, als Sie heute glauben.

Das Tätigkeitsfeld von Wissenschaftlern an Universitäten erstreckt sich im Wesentlichen auf die drei Bereiche Forschung, Lehre und Selbstverwaltung (→ KAPITEL 1).

Forschung, Lehre, Administration

- Im Rahmen der Forschung beschäftigt sich der Wissenschaftler mit wissenschaftlichen Fragestellungen und Problemen, setzt sich mit der Arbeit anderer Wissenschaftler auseinander, veröffentlicht eigene wissenschaftliche Beiträge und präsentiert seine Ideen den Fachkollegen (Vorträge in Colloquien, auf Tagungen und Konferenzen). Mehr und mehr gehört zur Forschungsarbeit aber auch die Akquise und Verwaltung sogenannter Drittmittel. Damit sind Gelder gemeint, die außeruniversitäre öffentliche oder private Einrichtungen für bestimmte Forschungsprojekte bereitstellen.
- In den Bereich der Lehre gehören Aufgaben wie der akademische Unterricht, die Betreuung von Studierenden oder das Abnehmen von Prüfungen.
- Die Selbstverwaltung umfasst Tätigkeiten wie die Mitarbeit in Gremien und Kommissionen (z. B. Fachbereichs- und Fakultätsräte, Senat, Berufungskommissionen) und die Übernahme von Wahlämtern in den Gremien und Kommissionen (z. B. Dekan oder Rektor).

Außeruniversitäre Forschung

Außeruniversitäre Forschungseinrichtungen, wie z. B. die Akademie der Wissenschaften oder die Max Planck-Institute, bieten vorrangig Forschungsprojekte als wissenschaftliche Aufgabenbereiche, während die wissenschaftliche Lehre keine bzw. eine untergeordnete Rolle spielt. Jedoch sind sowohl die Universitäten als auch die außeruniversitären Forschungseinrichtungen daran interessiert, den dort Beschäftigten die Möglichkeit zu geben, zur universitären Lehre beizutragen. Dies geschieht in der Regel über Lehraufträge.

Wissenschaftsmanagement

Über genuin wissenschaftliche Tätigkeiten hinaus bietet das Berufsfeld Wissenschaft auch eine Vielfalt an Beschäftigungsmöglichkeiten im sogenannten Wissenschaftsmanagement. Dabei handelt es sich um ein breit gefächertes Berufsfeld, das sowohl an den Hochschulen als auch in hochschulstützenden Einrichtungen (z. B. dem Centrum für Hochschulentwicklung, CHE) etabliert ist und das in den letzten Jahren an Bedeutung gewonnen hat. Wissenschaftsmanagement baut auf der Überzeugung auf, dass einzelne Hochschulen und die universitäre Landschaft überhaupt in ihrer Entwicklung nicht allein gelassen werden sollten. Mitarbeiter im Wissenschaftsmanagement erarbeiten beispielsweise Strategiepapiere und beraten Hochschulleitungen.

Kulturwirtschaft, Kulturmanagement und Kulturvermittlung

Der Begriff „Kulturwirtschaft" bezeichnet kein Berufsfeld, sondern Wirtschaftsbranchen mit Kulturbezug, in denen eine Vielzahl attraktiver kulturbezogener Berufsfelder für Literaturwissenschaftler angesiedelt ist. Als wachsender Wirtschaftssektor erfährt die Kulturwirtschaft seit den 1990er-Jahren wachsende (wirtschafts-)politische Aufmerksamkeit. *Kulturbezogene Berufe*

Seit den 1970er-Jahren gibt es an deutschsprachigen Hochschulen zunehmend eigenständige Studiengänge im Bereich der Kulturwirtschaft bzw. des Kulturmanagements. Dennoch muss man kein diplomierter Kulturwirt sein, um in diesem Feld arbeiten zu können. Die Kulturwirtschaft steht allen offen. Im engeren Sinn beinhaltet dieser Bereich die Organisation und Führung von Kulturprojekten (z. B. von kommunalen Kulturprojekten, kulturellen Großveranstaltungen wie Festivals, Konzerte oder Messen, Ausstellungsprojekten, Veranstaltungsreihen) und Kultureinrichtungen (z. B. Museen und Stiftungen, darunter auch Schloss- und Gartenlandschaften, Kulturinstitute, Gedenkstätten, private kulturfördernde Gesellschaften, Archive). *Kulturmanagement*

Dass in diesem Berufsfeld Managementkenntnisse hilfreich sind, leuchtet unmittelbar ein, sollte Sie aber nicht davon abhalten, eine Tätigkeit in diesem Feld anzustreben. Dazulernen kann man, wie Sie schließlich bereits in Ihrem Studium erleben, immer. Und glauben Sie nur nicht, die Absolventen anderer Fächer müssten sich in ihrer jeweiligen Arbeitsstelle nicht völlig neu zurechtfinden und weiterbilden. Warum also sollten Sie das nicht auch tun?

Kulturmanagement besteht zu einem Großteil aus Kulturvermittlung. Damit ist gemeint, dass Sie versuchen, Menschen mit verschiedenen Interessen und Hintergründen unterschiedliche Zugänge zu Kultur zu verschaffen und sie für ästhetische Erfahrung zu sensibilisieren. Hierfür bedarf es der zielgruppenorientierten „Vermarktung" von Kultur, d. h. der Konzeption spezieller Programme und Angebote, der Entwicklung individueller Marketing- und Öffentlichkeitskampagnen, der Akquise von privaten und öffentlichen Mitteln (Fundraising) und anderem mehr. Somit gehen Projektmanagement und Kulturvermittlung Hand in Hand. *Kulturvermittlung*

Medien

Medienbranche   Die Medienbranche ist ein Arbeitsmarkt mit zahlreichen attraktiven Berufsfeldern. Nicht umsonst ist der Satz „Ich will irgendwas mit Medien machen" inzwischen gängig unter den literaturwissenschaftlichen Studierenden. Die folgenden Zweige lassen sich von einander unterscheiden:

- Literatur- und Buchmarkt,
- Printmedien (Tages-, Wochen- und Monatszeitschriften),
- Hörfunk,
- Film- und Fernsehen,
- Onlineredaktionen / Internet,
- Public Relations.

Literatur- und Buchmarkt   Der Literatur- und Buchmarkt ist als Beschäftigungssektor eng an das Verlagswesen und den Buchhandel gebunden. Für Literaturwissenschaftler eröffnet sich hier ein weites Tätigkeitsspektrum in der Übersetzung, als Literaturagent, der zwischen Autoren und Verlagen vermittelt, in den verschiedenen Bereichen des Verlags (Lektorat (→ KAPITEL 13), Herstellung, Marketing, Vertrieb, Öffentlichkeitsarbeit, Rechtsabteilung etc.), dem Vertrieb außerhalb des Verlages (Sortiments- und Onlinebuchhandel) und nicht zuletzt im Bereich des Literaturjournalismus (z. B. als Kritiker). Für die Tätigkeitsfelder des Literatur- und Buchmarkts übergreifende Anforderungen sind zweifelsohne die Begeisterung für Literatur und das Interesse am gedruckten Wort. Davon ausgehend bietet das Berufsfeld exzellente Voraussetzungen für den Quereinstieg z. B. in die Bereiche der Gestaltung oder des Marketings im weiteren Sinne.

Verlagsarbeit   Sehr viele Studierende in literaturwissenschaftlichen Studiengängen wünschen sich eine Anstellung in einem Verlag – meist ohne besondere Priorität für einen bestimmten Beruf. Das ist auch richtig, denn: „Es gibt keinen Ausbildungsweg zum Lektor oder Verleger – Literaturwissenschaft studieren, eventuell Allgemeine und Vergleichende Literaturwissenschaft, eventuell eine Buchhändlerlehre machen vorweg, eventuell ein Studium der Bibliothekswissenschaft, dann aber sind Praktika wichtig. Und bei all dem gibt es keine sicheren Ergebnisse." (Fragebogen 2007, Verlagsleiter) Die Arbeit im Verlag setzt – zumindest bei den Berufen, bei denen man es mit der Programmgestaltung und den Büchern selbst zu tun hat – Fähigkeiten voraus, die Sie in einem literaturwissenschaftlichen Studium erlangen: umfassende literarische Kenntnisse (jedenfalls in einem belletristischen Verlag), kommunikative Kompetenz, Präsentation. Sollten Sie in einen Verlag wirklich wollen, dann sollten Sie bereits jetzt mit dem intensiven Lesen und der Suche eines eigenen Tätigkeitsfeldes beginnen:

„Ich rate den Studierenden: Lesen, lesen, lesen – alles: Bücher und Zeitungen. Außerdem Fremdsprachen lernen und praktizieren. Praktika und Volontariate nutzen, um sich selbst zu profilieren und Kontakte zu knüpfen." (Fragebogen 2007, Presseleiterin in einem belletristischen Verlag)

Ebenfalls ganz oben auf der Berufswunschliste von Literaturwissenschaftlern findet sich der Journalismus, der sich schon lange nicht mehr auf die gedruckte Zeitung beschränkt. Ob man sich in einer Radio-, einer Fernseh- oder einer Online-Redaktion am besten aufgehoben fühlt, weiß man selten wirklich im Vorfeld. Welches Medium einem liegt, muss man ausprobieren. Praktika gelten daher im Journalismus als dringend notwendig. Das journalistische Arbeiten hat sehr viel mit Zeitdruck und Stress zu tun – wie viel, das variiert mit der Art des Mediums, für das man arbeitet. Auch die Art des Schreibens unterscheidet sich wesentlich. In der Zeitung hat man mitunter Gelegenheit, einen Sachverhalt breiter auszuführen. Im Radio bekommt man häufig nur eine Minute für einen Bericht zugeteilt. Online-Zeitungen erwarten demgegenüber eine bestimmte Art des Schreibens, die auf die Rezeption am Bildschirm abgestimmt ist.

Journalismus

Über den Journalismus selbst hinaus gibt es aber auch in anderen Tätigkeitsbereichen der Medien interessante Aufgaben für Literaturwissenschaftler, wie z. B. Public Relations (Öffentlichkeitsarbeit). Die Herstellung einer Beziehung zur Öffentlichkeit ist für Kultureinrichtungen und andere Unternehmen von großer Bedeutung. Zu den klassischen Aufgabenbereichen der PR gehören z. B. das Schreiben von Pressemitteilungen, die Kontaktpflege zu Journalisten, die öffentliche Darstellung der Institutionen sowie ferner Medienanalyse und -konzeption.

Public Relations

Neben den Beziehungen zu Gruppen außerhalb des Unternehmens ist mittlerweile auch der Bereich der internen Unternehmenskommunikation ein Teil der Öffentlichkeitsarbeit. Die interne Unternehmenskommunikation sieht die Angestellten als Unternehmensöffentlichkeit und möchte diese über die Entscheidungen und Ziele der Geschäftsleitung informieren. Sie beruht auf dem Gedanken, dass auch die Mitarbeiter – insbesondere größerer Firmen mit z. B. geografisch weit verzweigten Strukturen – über die Ziele und Tätigkeiten des gesamten Unternehmens informiert sein sollen. Für die in diesem Bereich anfallenden Tätigkeiten sind mündliche wie schriftliche

Interne Unternehmenskommunikation

kommunikative Fähigkeiten unabdingbare Voraussetzung, wie Sie sie in Ihrem literaturwissenschaftlichen Studium als Schlüsselkompetenzen erwerben (→ KAPITEL 7-13). Kommunikationstheoretische und betriebswirtschaftliche Fachkenntnisse auf dem Gebiet der Unternehmenssoziologie und Wirtschaftspsychologie sind von Vorteil. Für die umfassenden vermittelnden Tätigkeiten ist es wichtig, sich in andere Standpunkte und Rollen hineinversetzen zu können, diese zu respektieren, aber auch diese weiterentwickeln zu können. Praktische Erfahrungen in Bereichen der internen oder externen Unternehmenskommunikation oder der Organisationsentwicklung sind vor allem für Quereinsteiger von zentraler Bedeutung.

Werbung

Werbung ist nach wie vor ein wichtiges Mittel für den Absatz, also für den Verkauf von Produkten. Wer ‚in der Werbung' arbeiten will, kann das in eigenen Werbe- und Mediaagenturen oder unternehmensintern in der Marketingabteilung tun. Literaturwissenschaftler finden im Bereich der Werbung vorrangig als Werbetexter Beschäftigung.

Werbetexter Zum alltäglichen Geschäft der Werbetexter gehören neben der Entwicklung, Planung und Umsetzung von Werbestrategien und Konzepten auch der Verkauf dieser Konzepte an Kunden und die Pflege potenzieller Kunden. Hierfür sind der kreative Umgang mit Wort und Bild, kommunikative Kompetenzen und die Fähigkeit, kundenorientiert und unter Termindruck zu arbeiten, von besonderer Bedeutung. Für die strategische Planung benötigt der Werbetexter umfangreiche Zuarbeiten von anderen Abteilungen. Literaturwissenschaftler haben in diesem Berufsfeld aufgrund ihrer Fachkenntnisse im Umgang mit und der Wirkung von Sprache besondere Vorteile.

Mediaagenturen Mediaagenturen bieten spezielle Dienstleistungen bei der Planung und Durchführung von Werbekampagnen. Im Vordergrund steht die Analyse der Zielgruppe und der Mitwettbewerber eines Produktes. Mediaagenturen beraten ein Unternehmen bzw. die zuständige Werbeagentur, in welchen Medien (TV, Radio, Plakate, Internet) Anzeigen geschaltet werden sollen, um den bestmöglichen Erfolg einer Kampagne zu gewährleisten.

Marketingabteilung Vor allem größere Unternehmen besitzen eine eigene Marketingabteilung, die weitaus mehr als eine „Werbeabteilung" ist. Hier werden die Absatzchancen analysiert (z. B. Analyse des Käufer-, Konkurrenz- oder Umweltverhaltens), Absatzziele und Preise festgelegt, der

Einsatz absatzpolitischer Instrumente und Maßnahmen geplant und aufeinander abgestimmt (Marketing-Mix). In vielen Unternehmen ist somit die Marketingabteilung mittlerweile ein zentraler Bereich. Public Relations und Werbung sind die wichtigsten kommunikativen Instrumente des Marketing-Mix. Literaturwissenschaftler, die hier arbeiten wollen, erwartet ein äußerst vielfältiges Berufsfeld, für das wirtschaftswissenschaftliche Kenntnisse, mindestens aber das Interesse an Kundenbeziehungen und ökonomischen Sachverhalten Voraussetzung sind.

Pädagogische Berufsfelder

Zu den wenigen klar definierten Berufsfeldern von Literaturwissenschaftlern gehört der Beruf des Lehrers. Wenn Sie Literaturwissenschaft oder Deutsche Philologie studieren wollen, um Deutschlehrer zu werden, ist es notwendig, ein zweites, sogenanntes lehrerbildendes Fach zu wählen. Traditionellerweise sind dies Fächer wie Geschichte, Politik oder, für die Grundschule, Mathematik. Über die genauen Möglichkeiten können Sie sich vor Beginn des Studiums bei Ihrer Hochschule informieren, denn die konkrete Ausgestaltung des Lehramtsstudiums als Qualifikationsweg, der in den Schuldienst führt, unterscheidet sich je nach Bundesland. Zu den eigentlichen Fächern kommen pädagogische, didaktische und in manchen Bundesländern psychologische Veranstaltungen. Das Studium schließt mit dem ersten Staatsexamen ab. Im Anschluss daran folgen das Referendariat und das zweite Staatsexamen. Mit der Umstellung auf eine mehrstufige Studienstruktur (Bachelor und Master) unterliegt das Lehramtsstudium jedoch seit einigen Jahren der grundlegenden Überarbeitung. Teilweise legen Sie sich bereits zum Beginn des Studiums (dem Bachelor) auf den Schultyp fest, in dem Sie später unterrichten werden.

Lehrerausbildung

Das Aufgabenspektrum des Lehrberufs ist umfangreich und bietet eine abwechslungsreiche Tätigkeit, bei der die Vermittlung von Fachwissen nur einer von vielen Aspekten ist. Der Lehrberuf umfasst auch die Vermittlung fachübergreifender Kompetenzen und Lernstrategien im Allgemeinen, die Unterstützung bei der Persönlichkeitsentwicklung und -entfaltung der Schüler, manchmal die Betreuung der Schüler außerhalb des Unterrichts sowie die Übernahme zahlreicher Verwaltungsaufgaben. Deshalb genügt es für den Einstieg in den Lehrberuf nicht, ein guter Fachwissenschaftler zu sein. Man muss über didaktische und pädagogische Fähigkeiten verfügen und bereit

Lehrer sein ist mehr als lehren

sein, sich selbst kontinuierlich weiterzubilden. Hier sind kommunikative Fähigkeiten und eine hohe nervliche Belastbarkeit nötig.

Erwachsenenbildung   Ähnliche Voraussetzungen und Aufgabenfelder prägen die Erwachsenenbildung. Während der Schuldienst in der Regel ein öffentlich finanzierter Sektor ist, findet Erwachsenen- bzw. Weiterbildung sowohl in öffentlichen als auch in privaten Bereichen statt. Allerdings muss man bedenken, dass der Weiterbildungssektor kaum mit Festanstellungen arbeitet. Die Lehrkräfte an Volkshochschulen beispielsweise lehren aufgrund von Lehrverträgen, die ihnen einen Stundenlohn sichern, der häufig erst nach Ende des Veranstaltungszyklus ausbezahlt wird.

DaF und DaZ   Angesichts wachsender Mobilität und Migration werden die Bereiche Deutsch als Fremdsprache (DaF) und Deutsch als Zweitsprache (DaZ) in den letzten Jahren immer wichtiger. In spezialisierten Kursen lernen DaF-Lehrer, wie man Schülern aus unterschiedlichen Ländern deutsche Sprache und Kultur vermittelt, und DaZ-Lehrer, wie man Migranten Deutsch als zweite Sprache beibringt. Eine DaF/DaZ-Ausbildung kann man an manchen Universitäten studienbegleitend machen, immer häufiger werden jedoch auch Masterstudiengänge angeboten. Lehrer für Deutsch als Fremdsprache haben sehr gute Aussichten auf eine Anstellung – allerdings ist diese meistens zeitlich befristet und oft mit einem Auslandsaufenthalt verbunden.

Politik und öffentliche Verwaltung

Im Umkreis politischer Verbände und Institutionen (Parteien, Parlamente und internationale Regierungsorganisationen), die häufig an Bereiche der öffentlichen Verwaltung (Bundesministerien, Landes- und Kommunalverwaltung) gebunden sind, sowie im Umfeld politiknaher Institutionen (Verbände, Nicht-Regierungsorganisationen und Stiftungen) finden sich zahlreiche Beschäftigungsmöglichkeiten für Literaturwissenschaftler. Parteien (Bundes- und Landesverbände) und Organe (Bundestag- und Bundesrat, Europäische Union, Vereinten Nationen und deren Organisationen) bieten sowohl in ihren Verwaltungen, aber auch in der direkten Tätigkeit für einen Abgeordneten interessante Aufgabengebiete.

Parteien und Regierungsorganisationen

Hohe Anforderungen   Der Weg in dieses Berufsfeld führt häufig über politisches Engagement in Parteien oder Verbänden. Der Zugang zur Europäischen Union und den Vereinten Nationen sowie anderen internationalen Organisationen ist in der Regel nur über mehrteilige Auswahlprozesse möglich. Der Einstieg in internationale Regierungsorganisationen kann auch über eine Tätigkeit als „Beigeordneter Sachverständiger" bei einer der internationalen Organisationen, mit denen Deutschland ein entsprechendes Programm abgeschlossen hat, erfolgen.

14.3 Wie funktioniert Berufsorientierung?

In der Einleitung des Kapitels wurde bereits der Zusammenhang zwischen der Vielfalt und Offenheit geistes- bzw. literaturwissenschaftlicher Berufsfelder und einem besonders hohen Maß an Berufsorientierung durch die Studierenden dieser Fächer formuliert. Aber was genau beinhaltet Berufsorientierung und wie funktioniert sie? Wie gewinnt man einen Überblick und gleichzeitig tiefer gehende Erfahrungen in einem oder mehreren Bereichen? **Berufsorientierung**

Der erste Schritt zur Orientierung ist die Information. Das ist bei einem breit gefächerten Beschäftigungsfeld leichter gesagt als getan. In der Regel haben Universitäten spezielle Einrichtungen (meist nennen sie sich *Career Service*), in denen Sie sich beraten lassen können, eine Vielzahl an Informationsmaterial oder auch dokumentierte Erfahrungsberichte oder konkrete Praktikumsangebote finden. Im Zuge der Entwicklung und Einführung der Bachelor- und Master-Studiengänge wurden auch die Anforderungen an den Praxisbezug der Studiengänge auf den Prüfstand gestellt und ausgebaut. In den meisten Fällen sind Berufsorientierung und Praktika in unterschiedlicher Ausprägung zum integralen Bestandteil von Bachelor-Studiengängen geworden. Zu solchen Angeboten gehören neben Seminaren und Trainings zur Ausbildung von Schlüsselkompetenzen üblicherweise auch Ringvorlesungen, in denen Personen eingeladen werden, um einen Über- und Einblick in ihre Tätigkeiten zu geben. Nutzen Sie solche Gelegenheiten nicht nur für Fragen und zur Information, sondern auch zum Knüpfen erster Kontakte. Sprechen Sie die Referenten, an deren Berufsfeldern sie besonderes Interesse haben, an und fragen Sie nach Einstiegs- bzw. Praktikumsmöglichkeiten. Diese Form der Netzwerkbildung ist insbesondere für Quereinsteiger wichtig. **Informations-beschaffung**

Über die Orientierungsphase hinaus gewinnt man Orientierung im Berufsfelddschungel am besten durch Praxis. Studienbegleitende Praktika waren für Studierende der Literaturwissenschaft schon immer von elementarer Bedeutung. Hier sind sechs Gründe, weshalb Sie Ihr Studium unbedingt nutzen sollten, um berufspraktische Erfahrungen sammeln – selbst dann, wenn es mal wieder länger dauert: **Orientierung durch Praxis**

Was will ich? 1. Man findet heraus, was man will und was man nicht will. Zu wissen, was man will und was man nicht will, wofür man sich interessiert und was einen eher kalt lässt, ist nicht immer leicht. Gerade bei Studierenden der Literaturwissenschaft, kommt es häufig vor, dass sie viele Interessen und Neigungen haben. Berufsorientierung erfordert immer auch Selektion, Konzentration und Spezialisierung. Diese erfolgt nicht ausschließlich über positive Erlebnisse und manchmal ist das Fazit aus einem Praktikum auch einfach nur, dass man sich darüber klar geworden ist, was man auf gar keinen Fall will.

Zusätzliches Wissen 2. Man erweitert seine Fachkenntnisse über die literaturwissenschaftlichen hinaus. Hier werden zumeist ganz vorn betriebswirtschaftliche Kenntnisse genannt. Die gegebene Beschreibung der Berufsfelder untermauert dies – allerdings ist die berufliche Praxis für die Entwicklung gerade betriebswirtschaftlicher Kenntnisse in vielen Fällen einer der besten Orte zum Lernen. Die fachspezifisch literaturwissenschaftliche Kompetenz, sich regelmäßig in unbekannte Wissensbereiche einzuarbeiten und dabei problemorientiert vorzugehen (→ KAPITEL 7), begünstigt Literaturwissenschaftler bei der schnellen Aneignung von Fachkenntnissen im Berufsalltag.

Erfahrung von Betriebskultur 3. Man gewinnt praktische Erfahrungen in der Arbeit in Organisationen und Teams. Verschiedene Organisationskulturen kennenzulernen und herauszufinden, ob man in ihnen arbeiten möchte, ist integraler Bestandteil beruflicher Orientierung. Die Universität selbst bietet nur einen direkten Einblick in wissenschaftliche und wissenschaftsnahe Berufsfelder. Gerade im Hinblick auf Faktoren wie Organisationskultur, Arbeitsumfeld, Arbeitszeit, aber auch Karriere- und Laufbahngestaltung sind diese Berufsfelder durch besonders charakteristische Merkmale geprägt. Anderes kennenzulernen, sollte wesentlicher Bestandteil eines Studiums sein.

Arbeitsabläufe 4. Man informiert sich über Arbeitsabläufe, über das Arbeitsumfeld, den Arbeitsplatz und die Arbeitszeit. Perfektionisten, Menschen, die jedem Detail auf den Grund gehen wollen oder sich gerne lange, intensiv und konzentriert mit einer Frage auseinandersetzen wollen, werden es in der Redaktion einer Tageszeitung schwer haben. Wer sich nicht festbeißen kann oder bisweilen die Isolation von anderen zur Lösung einer Frage nicht ertragen kann, sollte um die Wissenschaft einen großen Bogen machen. Wer nicht in ausgeprägten Hierarchien arbeiten will, wird gerade in etablierten Kulturinstitutionen böse Überraschungen erleben. Wer in den Theaterbetrieb einsteigen will, sollte sich klar machen, dass er an vielen Abenden erst sehr spät oder gar nicht nach Hause kommen wird.

5. Man bildet Netzwerke und knüpft Kontakte zu potenziellen Arbeitgebern. Meistens nämlich werden Leute für Stellen gesucht, die ein ganz bestimmtes Profil aufweisen müssen, das man nur selten findet. Wenn Ihr Profil bekannt und Ihr Name in solchen Momenten präsent ist, dann haben Sie Ihre Stelle fast sicher. Mit dem berühmten Vitamin B oder mit ,Einschleimen' hat das nichts zu tun. Jeder passt an irgendeinem Ort auf seine ganz persönliche Stelle – durch Kontaktpflege helfen Sie sich und Ihrem Arbeitgeber, diese eine Stelle optimal zu besetzen. **Netzwerkbildung**

6. Man entwickelt ein eigenes Profil. Im Vergleich zu anderen Berufsgruppen ist der Berufseinstieg für Literaturwissenschaftler oft schwerer planbar. Dennoch sollte in Ihrer Berufsorientierung ein roter Faden erkennbar sein. Einen solchen können Sie insbesondere durch das Absolvieren von Praktika entwickeln und später nachweisen. Hüten Sie sich aber davor, wahllos irgendwelche Kenntnisse zu erwerben, die überhaupt nicht in Ihr Profil passen. **Profilbildung**

Insgesamt kommt es darauf an, dass Sie die gewonnenen Erfahrungen reflektieren, dass Sie lernen, eigene Schwächen und Stärken zu erkennen sowie Vorlieben und Abneigungen zu identifizieren. Darüber hinaus müssen Sie sich, Ihre Erfahrungen und Kenntnisse angemessen ,verkaufen'. Die Selbstdarstellung fällt Literaturwissenschaftlern häufig schwer. Dies hat mit dem nicht unkomplizierten Selbstverständnis der Geisteswissenschaften, dem Bild, das sie von sich nach außen vermitteln und der Art und Weise, wie sie von der Gesellschaft (und damit auch von der Wirtschaft) rezipiert werden, zu tun (→ KAPITEL 6). Dabei ist vor allem das Verhältnis der Geisteswissenschaften zu ihrem gesellschaftlichen Nutzen in mitunter seltsamer Weise gestört. Die Idee von (Allgemein-)Bildung als Gut und Wert an sich verstellt den Geisteswissenschaftlern von Zeit zu Zeit den Blick dafür, welchen Nutzen sie der Gesellschaft durch ihre Fähigkeiten tatsächlich erbringen. Lernen Sie Ihre Fähigkeiten zu artikulieren und zu präsentieren und scheuen Sie nicht davor zurück, Ihren konkreten Wert für ein Projekt darzustellen. **Sich ,verkaufen'**

Mit der Selbstdarstellung ist auch die Frage nach der richtigen Bewerbung verbunden, was allerdings ein eigenes Kapitel wert wäre und hier in keiner Weise angemessen behandelt werden kann, was angesichts der Vielzahl an Ratgebern und Informationsmöglichkeiten aber auch nicht erforderlich ist. Nur so viel sei gesagt: Es ist unerlässlich, dass Sie die Formalia guter Bewerbungen kennen und sich daran **Richtig bewerben** orientieren. Mindestens genauso wichtig ist es aber, dass Sie die üblichen Bewerbungsgepflogenheiten der jeweiligen Branche kennen und ihnen Respekt zollen. Mit einer flippigen Bewerbung werden Sie beispielsweise in einer öffentlichen Verwaltung vermutlich nicht punkten. Und: Bleiben Sie sich unter allen Umständen selbst treu.

Fragen und Anregungen

- Machen Sie eine Stärken- und Schwächenanalyse – was glauben Sie recht gut zu können, wo glauben Sie, ihr Potenzial noch ausschöpfen zu können?

- Informieren Sie sich über das Anforderungsprofil Ihres Traumberufs und die Marktsituation des betreffenden Berufsfeldes.

- Fertigen Sie eine Ausschreibung für Ihre Traumstelle an.

- Skizzieren Sie Ihren bisherigen Karriereweg schriftlich und vergleichen Sie Ihre Aufzeichnungen mit der von Ihnen erstellten Ausschreibung.

- Notieren Sie die nächsten notwendigen Schritte für Ihre persönliche Berufsorientierung.

Lektüreempfehlungen

- Heinz Ickstadt (Hg.): Berufe für Philologen, Darmstadt 2004. *Zwölf Absolventen literaturwissenschaftlicher Studiengänge schildern ihre Karriere, geben dabei wertvolle Ratschläge und machen Mut.*

- Simone Janson: Der optimale Berufseinstieg: Perspektiven für Geisteswissenschaftler, Darmstadt 2006. *Beliebter Ratgeber, der zu den Themen Promotion, Aufbaustudiengänge, Berufliche Weiterbildung, Berufserfahrung und Existenzgründung differenzierte Darstellungen und viele Hinweise bietet. Ziel ist es, Geisteswissenschaftlern ihre Fähigkeiten vor Augen zu führen und ihnen so Mut für die Zeit nach dem Abschluss zu machen.*

- Peter Jüde: Berufsplanung für Geistes- und Sozialwissenschaftler: Oder die Kunst, eine Karriere zu planen. Auch für Künstler, Köln 1999. *Ratgeber mit Tipps, wie bereits während des Studiums da-*

rauf hingearbeitet werden kann, nach dem Abschluss in der Wirtschaft einen Beruf zu finden. Kapitel zur Praktikums- und Nebenjobsuche sowie zur Bewerbung.

- **Claudia Ziehm: Selbstständig arbeiten als Geistes- und Sozialwissenschaftler,** Bielefeld 2003. *Ratgeber zur Existenzgründung, der viele Fragen und Probleme anspricht, die außerhalb des geisteswissenschaftlichen Fachwissens liegen, wie z. B. Finanzierung oder Marketingstrategien. Darüber hinaus gibt es Erfahrungsberichte und viele weitere Links, Adressen und Literatur.*

15 Serviceteil

15.1 Allgemeine literaturwissenschaftliche Hilfsmittel

Studien- und Berufswahl

- Portal zur Studienwahl, Web-Adresse: www.studienwahl.de. *Portal der Länder der Bundesrepublik mit allen Informationen und vielen Tipps, die bei der Wahl für das geeignete Studienfach helfen. Hier werden alle Studiengänge an den jeweiligen Standorten mit weiterführenden Links aufgeführt, die bequem über die Suche abgefragt werden können.*

Einführungen, Lexika, Handbücher

- Thomas Anz (Hg.): Handbuch Literaturwissenschaft. Gegenstände – Konzepte – Institutionen, 3 Bände, Stuttgart 2007. *In drei Bänden wird ein vielschichtiges Grundlagenwissen für die Literaturwissenschaft präsentiert. Behandelt werden Begriffe zu Autor, Text, Leser, Analyse, Theorien und Methoden sowie Institutionen. Das Handbuch hat das Potenzial, zu einem Standardwerk der Literaturwissenschaft zu werden.*

- Heinz Ludwig Arnold / Heinrich Detering (Hg.): Grundzüge der Literaturwissenschaft, München 1973, 8. Auflage 2005. *Dieser Band vermittelt auf eingängige Weise alle relevanten Aspekte der Literaturwissenschaft. Er kann sowohl als Überblick über die gesamte Disziplin wie auch als Einstieg in die jeweiligen Themengebiete genutzt werden.*

- Vladimir Biti: Literatur- und Kulturtheorie. Ein Handbuch gegenwärtiger Begriffe, Hamburg 2001. *Das Handbuch konzentriert sich auf Begriffe und Konzepte der Literatur- und Kulturtheorie, die aus dem gesamten europäischen und dem US-amerikanischen Sprachraum zusammengetragen wurden. ,Der Biti' enthält viele Begriffe, die ,im Metzler' (Nünning, Metzler Lexikon Literatur- und Kulturtheorie, s. u.) nicht behandelt werden, sodass sich beide Lexika wunderbar ergänzen.*

- Hansjürgen Blinn: Informationshandbuch deutsche Literaturwissenschaft: mit Internet- und CD-ROM-Recherche, Frankfurt am

Main 1982, 4. Auflage 2005. *Das Handbuch enthält eine umfang-reiche kommentierte Bibliografie zu den Teilgebieten der Literatur-wissenschaft. Darüber hinaus werden Archive, Datenbanken, lite-raturwissenschaftliche Institutionen u. ä. vorgestellt.*

- Thomas Eicher / Volker Wiemann (Hg.): Arbeitsbuch: Literaturwis-senschaft, Paderborn 1996, 3. Auflage 2001. *Das Arbeitsbuch bie-tet zu den Themen Text-, Erzähltext-, Lyrik- und Dramenanalyse jeweils kurze Darstellungen der wichtigsten methodischen Begriffe. Dazu gibt es viele Übungsaufgaben.*

- Ansgar Nünning (Hg.): Metzler Lexikon Literatur- und Kultur-theorie, Stuttgart 1998, 4. Auflage 2008. *Mittlerweile in der 4. Auflage auf über 760 Artikel angewachsen, ist das Lexikon ein Standardwerk für die Literaturwissenschaft. Neben zentralen Be-griffen sind wichtige Theoretiker und Schulen enthalten.*

- Peter M. Steiner: Effektiv arbeiten mit dem Internet, Darmstadt 2006. *Diese Einführung ist für Studierende geeignet, die einen ers-ten Überblick über Recherchemöglichkeiten (Suchmaschinen, Kata-loge und Bibliotheken) sowie über Onlineportale erhalten wollen. Es gibt eine ausführliche Linkliste mit kurzen Kommentaren sowie weitere Literaturhinweise und ein Glossar.*

Einführungskurse online

- Literaturwissenschaft Online, Web-Adresse: www.literaturwissen-schaft-online.uni-kiel.de. *Das Projekt entwickelt ein fächerübergrei-fendes Online-Lehrangebot, welches eine Einführung in die Literaturwissenschaft bieten soll. Das Angebot besteht aus Vor-lesungen der Philosophischen Fakultät, die aufgezeichnet wurden, und E-Learning-Modulen. Des Weiteren gibt es eine Bibliografie, ein Glossar und eine Linkliste. Das Projekt ist noch im Aufbau befindlich.*

- Einladung zur Literaturwissenschaft – Ein Vertiefungsprogramm zum Selbststudium, Web-Adresse: www.uni-essen.de/einladung. *Hier können Grundbegriffe und Methoden im Selbststudium gele-sen werden. Dazu gibt es ein Glossar für die Begriffe, Personen und theoretischen Strömungen aus germanistischer Sicht.*

- Literaturtheorien im Netz, Web-Adresse: www.literaturtheorien.de. *Das E-Learning-Projekt, das an der Freien Universität angesiedelt ist, bietet Darstellungen zu wichtigen literaturtheoretischen Richtungen, intellektuelle Biografien und ein Glossar. Bemerkenswert ist, dass für diese Internetseite Dozenten ebenso wie Studierende schreiben. Die Seite wird daher laufend ergänzt.*

Literaturverwaltungssoftware

- Citavi, Web-Adresse: www.citavi.com. *Literaturverwaltungsprogramm für Windows. Als zusätzliches Tool gibt es den Citavi Picker, mit dem bibliografische Daten direkt aus dem Browser (derzeit Firefox und Internet Explorer), aus Microsoft Word und aus dem Adobe Reader bzw. Adobe Acrobat in Citavi importiert werden können.*

- EndNote, Web-Adresse: www.endnote.com. *Literaturverwaltungsprogramm für Mac und Windows. Ermöglicht neben den typischen Merkmalen auch die Einbindung in Microsoft Word.*

- JabRef, Web-Adressen: http://jabref.sourceforge.net/; http://de.wikipedia.org/wiki/JabRef. *Open-Source-Literaturverwaltungsprogramm, welches das BibTeX-Format einsetzt. Damit ist eine einfache Weiterverarbeitung in den auf TeX basierenden Programmen möglich.*

15.2 Institutionen und Web-Adressen zur Berufsorientierung

Wissenschaft

- academics.de, Web-Adresse: www.academics.de. *Auf dem Portal, das gemeinsam von der Wochenzeitung „Die Zeit" und dem Deutschen Hochschulverband betrieben wird, finden sich praktische Informationen zu Karriereberatung, Bewerbung, Berufseinstieg und Weiterbildung.*

- DFG – Deutsche Forschungsgemeinschaft, Web-Adresse: www.dfg.de/wissenschaftliche_karriere. *Auf dieser Seite finden sich viele Informationen zu einer wissenschaftlichen Karriere und zur Nachwuchsförderung der DFG.*

- **Research Explorer**, Web-Adresse: http://research-explorer.dfg.de/ research_explorer.de.html. *Der Research Explorer ist ein Verzeichnis, das aus einer Kooperation der Deutschen Forschungsgemeinschaft (DFG) und des Deutschen Akademischen Austauschdienstes (DAAD) resultiert, laufend aktualisiert wird und nach unterschiedlichen Kriterien durchsucht werden kann. Aufgenommen wurden mehr als 17 000 universitäre und außeruniversitäre Forschungseinrichtungen in Deutschland.*

Kultur

- **Goethe Institut**, Web-Adresse: www.goethe.de. *Das weltweit agierende Goethe-Institut ist als Vermittler der deutschen Kultur mit zahlreichen Projekten und Veranstaltungen aktiv. Des Weiteren ist die Vermittlung von „Deutsch als Fremdsprache" ein Hauptaufgabengebiet. Hier gibt es vielfältige Möglichkeiten, im In- oder Ausland im Bereich der Erwachsenenbildung tätig zu werden.*

- **Kulturmanagement Network**, Web-Adresse: www.kulturmanagement.net. *Portal mit Neuigkeiten und Berichten aus allen Sparten der Kulturwirtschaft, Informationen zu Ausbildung, einer Praktikumsbörse und einem Stellenmarkt sowie einem Forum.*

- **literaturhaeuser.net**, Web-Adresse: www.literaturhaeuser.net. *Zusammenschluss der Literaturhäuser Berlin, Hamburg, Frankfurt am Main, Salzburg, Köln, Stuttgart und Leipzig, die als Koordinationsstelle gemeinsame Projekte realisiert.*
  Daneben gibt es eine in vielen weiteren Städten Literaturhäuser, -büros oder -zentren. Eine stetig aktualisierte Liste findet sich unter www.uschtrin.de/litbueros.html.

Medien

- **Bundesverband Deutscher Zeitungsverleger e.V.**, Web-Adresse: www.bdzv.de.
  Verband Deutscher Zeitschriftenverleger, Web-Adresse: www.vdz.de.
  Beide Verbände vertreten die Interessen der Verleger. Insbesondere die jeweiligen Nachrichtenseiten geben einen guten Einblick in aktuelle Geschehnisse auf dem Zeitungsmarkt.

- **Bundesverband Digitale Wirtschaft,** Web-Adresse: www.bvdw.org. *Interessenvertretung für sämtliche Unternehmen, die in der digitalen Welt zu Hause sind. Es finden sich u. a. aktuelle Branchen-infos, Hintergrundwissen sowie Stellenangebote.*

- **mediaculture online,** Web-Adresse: http://mediaculture-online.de. *Mediaculture ist ein Portal für Medienpädagogik und Medienkultur, welches u. a. eine umfangreiche Bibliothek, ein Audioportal und viele praktische Tipps zur Medienpädagogik bietet.*

- **Mediendienstleister,** Web-Adresse: www.mediendienstleister.com. *Verzeichnis von Unternehmen, die im Bereich Print, Radio, TV, Internet, Telekommunikation, Werbung / Marketing / PR und Beratung tätig sind.*

Verlag / Lektorat

- **Börsenverein des Deutschen Buchhandels,** Web-Adresse: www.boersenverein.de. *Branchenverband für den deutschen Buchmarkt mit Nachrichten aus der Branche und zu den eigenen Aktivitäten (z. B. Frankfurter und Leipziger Buchmesse) und Informationen zu Aus- und Weiterbildung sowie Existenzgründung.*

- **Verband der Freien Lektorinnen und Lektoren (VFLL) e.V.,** Web-Adresse: www.vfll.de. *Verband, der als Interessenvertretung und für den Informationsaustausch freier Lektoren agiert. Der VFLL und seine Ländergruppen bieten umfangreiche Informationen, Tipps sowie Seminare und Workshops.*

Journalismus

- **Deutscher Journalisten-Verband,** Web-Adresse: www.djv.de. *Als Gewerkschaft und Berufsverband bietet der DJV umfassende Informationen für Journalisten und solche, die es werden wollen.*

- **DFJV Deutscher Fachjournalisten-Verband,** Web-Adresse: www.dfjv.de. *Verband für fachlich spezialisierte Journalisten mit Infopool, ausführlicher Linkliste zu anderen fachjournalistischen Institutionen und vielen weiteren Angeboten.*

- DPV Deutscher Presse Verband e.V. , Web-Adresse: www.dpv.org. *Verband für hauptberufliche Journalisten mit Informationen und Beratungsangeboten zur journalistischen Arbeit.*

- Magazin zum Thema Onlinejournalismus, Web-Adresse: www.on-linejournalismus.de. *Beiträge mit Analysen, Kritik und Praxisbeispielen, die die Entwicklung des Onlinejournalismus dokumentieren. Ferner werden Vorträge und Seminare zum elektronischen Publizieren angeboten.*

Lehrer / Pädagogik, Erwachsenenbildung

- Arbeitsgemeinschaft Deutscher Junglehrer ADJ, Web-Adresse: http://vbe.de/adj_im_vbe.html. *Der ADJ setzt sich speziell für Studierende, Lehramtsanwärter, Referendare und Junglehrer ein.*

- Deutscher Bildungsserver, Web-Adresse: www.bildungsserver.de. *Der Bildungsserver bietet Kontaktdaten zu sämtlichen Bildungsbereichen.*

- Gewerkschaft Erziehung und Wissenschaft, Web-Adresse: www.gew.de. *Auf der Seite der Gewerkschaft finden sich zahlreiche Informationen zum Thema Bildung & Politik.*

- Verband Bildung und Erziehung, Web-Adresse: www.vbe.de. *Bundesverband, der die Arbeit der jeweiligen Landesverbände koordiniert und unterstützt.*

Personalwesen

- Deutsche Gesellschaft für Personalführung e.V., Web-Adresse: www.dgfp.com. *Hier gibt es u. a. ausführliche Informationen zu den Aufgaben und Kompetenzen, die im Personalmanagement relevant sind.*

- Personaler Online, Web-Adresse: www.personaler-online.de. *Portal für im Personalwesen Tätige mit zahlreichen Artikeln und Hintergrundinformationen.*

Werbung / Marketing / PR

- **Deutsche Gesellschaft für Publizistik- und Kommunikationswissenschaft**, Web-Adresse: www.dgpuk.de. *Insbesondere über die Fachgruppen der DG PuK lassen sich viele Anknüpfungspunkte zu den hier im Buch vorgestellten Kompetenzen finden.*

- **Deutsche Public Relations Gesellschaft e.V.**, Web-Adresse: www.dprg.de. *Die DPRG bietet als Dachverband für Öffentlichkeitsarbeit und Public Relation Informationen zur Branche und zum Berufsfeld sowie eine Praktikumsbörse.*

- **Gesamtverband Kommunikationsagenturen GWA**, Web-Adresse: www.gwa.de. *Verband für Marketing- und Werbeagenturen.*

- **ZAW Zentralverband der deutschen Werbewirtschaft e.V.**, Web-Adresse: www.zaw.de. *Aktuelle Nachrichten aus der Werbebranche. Darüber hinaus gibt es Kurzdossiers zu politischen und ökonomischen Themen.*

Selbstständigkeit

- **GründerZentrum Kulturwirtschaft**, Web-Adresse: www.kulturunternehmen.info. *An der Schnittstelle von Kultur und Wirtschaft berät das GründerZentrum bei der Gründung eigener Unternehmungen.*

- **Unternehmensgeist.de**, Web-Adresse: www.unternehmensgeist.de. *UnternehmensGeist: Blog, das Geistes- und Sozialwissenschaften und betriebswirtschaftliches Management zusammenbringt.*

15.3 Finanzierung des Studiums im In- und Ausland

Einige Stiftungen und Institutionen haben sich darauf spezialisiert, Studierende finanziell und ideell zu unterstützen und zu fördern. Die Anforderungen, die sie bei einer Bewerbung stellen, sind recht unterschiedlich. Sie können über die entsprechenden Webseiten ermittelt werden. Dort werden auch weitere Ansprechpartner genannt. Alle Einrichtungen haben zudem Repräsentanten an den Hochschulen, bei denen Sie sich persönlich informieren können.

Inländische, überregionale Stiftungen

- Bundesverband Deutscher Stiftungen, Web-Adresse: www.stiftungen.org/. *Enthält einen Suchdienst.*

- Cusanuswerk Bischöfliche Studienförderung, Web-Adresse: www.cusanuswerk.de.

- Evangelisches Studienwerk Villigst, Web-Adresse: www.evstudienwerk.de.

- Friedrich-Ebert-Stiftung, Web-Adresse: www.fes.de.

- Friedrich-Naumann-Stiftung, Web-Adresse: www.fnst.de.

- Hanns-Seidel-Stiftung, Web-Adresse: www.hss.de.

- Hans-Böckler-Stiftung, Web-Adresse: www.boeckler.de.

- Heinrich-Böll-Stiftung, Web-Adresse: www.boell.de.

- Konrad-Adenauer-Stiftung, Web-Adresse: www.kas.de.

- Rosa-Luxemburg-Stiftung, Web-Adresse: www.rosalux.de.

- Studienförderwerk Klaus Murmann der Stiftung der Deutschen Wirtschaft, Web-Adresse: www.sdw.org.

- Studienstiftung des deutschen Volkes, Web-Adresse: www.studienstiftung.de.

Auslandsprogramme

- Deutscher Akademischer Austauschdienst (DAAD), Web-Adresse: www.daad.de/ausland/index.de.html. *Enthält eine Stipendiendatenbank.*

- Erasmus, Web-Adresse: http://eu.daad.de/. *Das Erasmusprogramm vermittelt Studienplätze im und Stipendien für das europäische Ausland.*

- Pädagogischer Austauschdienst (PAD), Web-Adresse: www.kmk-pad.org/. *Der PAD organisiert u. a. das Comenius-Programm für Sprachassistenten.*

- Stiftung Deutsche Geisteswissenschaftliche Institute im Ausland, Web-Adresse: www.stiftung-dgia.de/. *Vermittlung und Finanzhilfen für Praktika; Forschungsstipendien werden an den Partnerinstituten meist für Postgraduierte vergeben*

16 Anhang

→ ASB
Akademie Studienbücher, auf die der vorliegende Band verweist

ASB AJOURI Philip Ajouri: Literatur um 1900, Berlin 2009.

ASB D'APRILE / SIEBERS Iwan-Michelangelo D'Aprile / Winfried Siebers: Das 18. Jahrhundert. Zeitalter der Aufklärung, Berlin 2008.

ASB FELSNER / HELBIG / MANZ Kristin Felsner / Holger Helbig / Therese Manz: Arbeitsbuch Lyrik. Berlin 2008.

ASB JOISTEN Karen Joisten: Philosophische Hermeneutik. Berlin 2008.

ASB KELLER Andreas Keller: Frühe Neuzeit. Das rhetorische Zeitalter, Berlin 2008.

ASB SCHÖSSLER Franziska Schößler: Einführung in die Gender Studies, Berlin 2008.

ASB KOCHER Ursula Kocher: Literaturtheorien und -methoden. Berlin 2010.

Informationen zu weiteren Bänden finden Sie unter www.akademie-studienbuch.de

16.1 Zitierte Literatur

Anz 2004 Thomas Anz: Theorien und Analysen zur Literaturkritik und zur Wertung, in: ders. / Rainer Baasner (Hg.), Literaturkritik. Geschichte – Theorie – Praxis, München 2004, S. 194–219.

Baasner / Zens 2005 Rainer Baasner / Maria Zens: Methoden und Modelle der Literaturwissenschaft: eine Einführung, Berlin 1996, 3., überarb. und erw. Aufl. 2005.

Barner 1997 Winfried Barner: Kommt der Literaturwissenschaft ihr Gegenstand abhanden? Vorüberlegungen zu einer Dimension, in: Jahrbuch der deutschen Schillergesellschaft, 41, 1997, S. 1–8.

Barthes 1990 Roland Barthes: Arcimboldo oder Rhétoriqueur und Magier, in: ders., Der entgegenkommende und der stumpfe Sinn. Kritische Essays III, Frankfurt a. M. 1990, S. 136–154.

Barthes 2000 Roland Barthes: Der Tod des Autors, in: Fotis Jannidis u. a. (Hg.), Texte zur Theorie der Autorschaft, Stuttgart 2000, S. 185–193. (engl. Original: The Death of the Author, 1967).

Beaufort 2005 Anne Beaufort: Adapting to New Writing Situations. How Writers Gain New Skills, in: Eva-Maria Jakobs / Katrin Lehnen / Kirsten Schindler (Hg.), Schreiben am Arbeitsplatz, Wiesbaden 2005, S. 201–216.

Benjamin 1980 Walter Benjamin: Das Kunstwerk im Zeitalter seiner technischen Reproduzierbarkeit, in: ders., Gesammelte Schriften I, 2, hg. v. Rolf Tiedemann und Hermann Schweppenhäuser, Frankfurt a. M. 1980, S. 471–508.

Christ 2007 Sebastian Christ: Die Nachdenker, in: Die Zeit Campus, 2007, Heft 2, S. 68.

Christmann / Groeben 1999 Ursula Christmann / Norbert Groeben: Psychologie des Lesens, in: Bodo Franzmann u. a. (Hg.), Handbuch Lesen, München 1999, S. 145–223.

Culler 2002 Jonathan Culler: Literaturtheorie. Eine kurze Einführung, Stuttgart 2002.

Döblin 1963 Alfred Döblin: Der Bau des epischen Werks, in: ders., Aufsätze zur Literatur. Ausgewählte Werke in Einzelbänden, in Verbindung mit den Söhnen des Dichters hg. von Walter Muschg, Olten / Freiburg i. Br. 1963, S. 103–132.

Dückers 2004 Tanja Dückers: Abschied vom Aktivismus. Die Literatur ist politischer als ihr Ruf, Süddeutsche Zeitung Nr. 70 vom 24. März 2004, S. 16.

Eckermann 1999 Johann Peter Eckermann: Gespräche mit Goethe in den letzten Jahren seines Lebens, hg. von Christoph Michel, Frankfurt a. M. 1999.

Eco 1987a Umberto Eco: Die Bibliothek, München 1987.

Eco 1987b Umberto Eco: Lector in fabula. Die Mitarbeit der Interpretation in erzählenden Texten, München 1987.

Fragebögen 2007 Ergebnisse einer Umfrage, die von den Verfasserinnen des vorliegenden Bandes erhoben wurde; die Fragebögen sind unveröffentlicht.

Geertz 2002 Clifford Geertz: Thick description: Toward an Interpretive Theory of Culture. in: ders., The Interpretation of Cultures. Selected Essays, New York 2002, S. 3–30.

Goethe 1994 Johann Wolfgang Goethe: West-östlicher Divan. Teil 1, in: ders., Sämtliche Werke. Briefe, Tagebücher und Gespräche, I. Abteilung, Bd. 3 / 1, hg. von Hendrik Birus, Frankfurt a. M. 1994.

Goethe 1999 Johann Wolfgang Goethe: Faust, in: ders., Sämtliche Werke. Briefe, Tagebücher und Gespräche, I. Abteilung, Bd. 7 / 1, hg. von Albrecht Schöne, Frankfurt a. M. 1994, 4., überarbeitete Aufl. 1999.

Griesheimer 1991 Frank Griesheimer: Unmut nach innen. Ein Abriß über das Enttäuschende an der gegenwärtigen Literaturwissenschaft, in: ders. / Alois Prinz (Hg.), Wozu Literaturwissenschaft? Kritik und Perspektiven, Tübingen 1991, S. 11–43.

Hall 1992 Stuart Hall: Cultural Studies and its Theoretical Legacies, in: Cultural Studies, hg. von Lawrence Grossberg / Cary Nelson / Paula A. Treichler, New York / London 1992, S. 277–294.

Handke 1969 Peter Handke: Die Innenwelt der Außenwelt der Innenwelt, Frankfurt a. M. 1969.

Hansen 2003 Klaus P. Hansen: Kultur und Kulturwissenschaft. Eine Einführung, Tübingen / Basel 1995, 3. Auflage 2003.

Huyssen 2007 Andreas Huyssen: Februar 1778. Jakob Michael Reinhold Lenz unternimmt einen halbherzigen Selbstmordversuch. Vermischung der Genres, in: David E. Wellbery / Judith Ryan u. a. (Hg.), Eine neue Geschichte der deutschen Literatur, Berlin 2007, S. 510–516.

Jakobs 2005 Eva-Maria Jakobs: Writing at Work. Fragen, Methoden und Perspektiven einer Forschungsrichtung, in: dies. / Katrin Lehnen / Kirsten Schindler (Hg.), Schreiben am Arbeitsplatz, Wiesbaden 2005, S. 13–40.

Jakobs / Knorr 1997 Eva-Maria Jakobs / Dagmar Knorr (Hg.): Schreiben in den Wissenschaften, Frankfurt a. M. 1997.

Jakobs / Lehnen / Schindler 2005 Eva-Maria Jakobs / Katrin Lehnen / Kirsten Schindler (Hg.): Schreiben am Arbeitsplatz, Wiesbaden 2005.

Klausnitzer 2004 Ralf Klausnitzer: Literaturwissenschaft. Begriffe – Verfahren – Arbeitstechniken, Berlin / New York 2004.

Mann 2004 Thomas Mann: Schwere Stunde, in: ders., Frühe Erzählungen. Große kommentierte Frankfurter Ausgabe. Werke – Briefe – Tagebücher, Bd. 2 / 1, hg. von Terence J. Reed, Frankfurt a. M., S. 419–428.

Mattenklott 1991   Gert Mattenklott: Kanon und Neugier, in: Frank Griesheimer / Alois Prinz (Hg.), Wozu Literaturwissenschaft? Kritik und Perspektiven, Tübingen 1991, S. 353–364.

Menasse 2004   Wir brauchen Ketzer. Ein Zeit-Gespräch mit dem Schriftsteller Robert Menasse über Literatur und politische Leidenschaft, in: Die Zeit, Nr. 11 vom 04.3.2004, S. 53.

Moennighoff / Meyer-Krentler 2003   Burkhard Moennighoff / Eckhardt Meyer-Krentler: Arbeitstechniken Literaturwissenschaft, München 1990, 10. Auflage 2003.

Murakami 2008   Haruki Murakami: Wovon ich rede, wenn ich vom Laufen rede, Köln 2008.

Rosenberg 1990   Rainer Rosenberg: Eine verworrene Geschichte. Vorüberlegungen zu einer Biographie des Literaturbegriffs, in: Literaturwissenschaft und Linguistik 20, Heft 77, 1990, S. 36–65.

Sandig 1997   Barbara Sandig: Formulieren und Textmuster. Am Beispiel von Wissenschaftstexten, in: Eva-Maria Jakobs / Dagmar Knorr (Hg.), Schreiben in den Wissenschaften, Frankfurt a. M. 1997, S. 25–44.

Sartre 1958   Jean-Paul Sartre: Was ist Literatur? Ein Essay, Hamburg 1958.

Scheck 2008   Denis Scheck: Gute Bücher, schlechte Bücher. Radiofeuilleton – Im Gespräch (mit Gisela Steinhauer), Deutschlandradio Kultur, 15.3.2008, Web-Adresse (Audio on demand): www.dradio.de/aod/html (erweiterte Suche, Begriff „Scheck", Datum „15.3.2008"). Zugriff vom 4.8.2008.

Schlaffer 1999   Heinz Schlaffer: Der Umgang mit Literatur. Diesseits und jenseits der Lektüre, in: Poetica 31, 1999, S. 1–25.

Schmid 2005   Wolf Schmid: Elemente der Narratologie, Berlin / New York 2005.

Schmidt 2006   Christiane Schmidt: Die Geschichte des Gehilfen. Was tut und wie arbeitet eigentlich ein Lektor?, in: Süddeutsche Zeitung vom 18./19.3.2006, S. 16.

Schmitz 2006   Rainer Schmitz: Was geschah mit Schillers Schädel? Alles, was Sie über Literatur nicht wissen, Frankfurt a. M. 2006.

Schmitz-Emans 2001   Monika Schmitz-Emans: Operation Münchhausen oder: Wie entsteht Literatur?, in: Rüdiger Zymner (Hg.), Allgemeine Literaturwissenschaft – Grundfragen einer besonderen Disziplin, Berlin 1999, 2., durchges. Aufl. 2001, S. 11–22.

Simmel 2001   Georg Simmel: Der Begriff und die Tragödie der Kultur, in: ders., Aufsätze und Abhandlungen 1909–1918, hg. von Rüdiger Kramme und Angela Rammstedt, Frankfurt a. M. 2001, S. 194–223.

Stanat / Artelt 2002   Petra Stanat / Cordula Artelt u.a.: Pisa 2000: Die Studie im Überblick. Grundlagen, Methoden und Ergebnisse. Berlin 2002. PISA-Studie. Web-Adresse: www.mpib-berlin.mpg.de/pisa/PISA_im_Ueberblick.pdf. Zugriff vom 19.6.2008.

Tucholsky 1975   Kurt Tucholsky: Ratschläge für einen schlechten Redner, in: ders., Gesammelte Werke in 10 Bänden, Bd. 8, hg. von Mary Gerold-Tucholsky und Fritz J. Raddatz, Reinbek bei Hamburg 1975, S. 290–292.

Vanderbeke 1997   Birgit Vanderbeke: Alberta empfängt einen Liebhaber, Berlin 1997.

Weimar 2003   Klaus Weimar: Geschichte der deutschen Literaturwissenschaft bis zum Ende des 19. Jahrhunderts, München 2003.

Welzer 2007   Harald Welzer: Schluss mit nutzlos! Die Geisteswissenschaften werden gebraucht, um die Welt neu zu denken. Doch dafür müssen sie mutiger werden, in: Die Zeit, Nr. 5 vom 25. Januar 2007, S. 43.

Werndl 2005   Kristina Werndl: Dem Tod vor Augen. Über Josef Winklers literarische Autobiographie „Leichnam, seine Familie belauernd", Wien 2005.

Wrobel 1997   Arne Wrobel: Zur Modellierung von Formulierungsprozessen, in: Eva-Maria Jakobs / Dagmar Knorr (Hg.): Schreiben in den Wissenschaften. Frankfurt a. M. / Berlin 1997, S. 15–24.

16.2 Abbildungsverzeichnis

Abbildung 1:   M.(aurits) C.(ornelis) Escher: *Relativity (Relativität)*, (1953), Lithografie. picture-alliance / KPA / TopFoto.

Abbildung 2:   Sebastian Brant: *Der Büchernarr* (1494), Holzschnitt aus: ders., Narrenschiff, 1494.

Abbildung 3:   Emil Brenner: *Deutsche Literaturgeschichte. Der Ablauf der deutschen Kultur* (1920), aus: ders., Deutsche Literaturgeschichte, Wunsiedel / Wels / Zürich 1920, 13. Auflage 1952.

Abbildung 4:   Giuseppe Arcimboldo: *Der Sommer* (1563), Öl auf Leinwand.

Abbildung 5:   Pieter Brueghel d. Ä.: *Turmbau zu Babel* (1563), Öl auf Leinwand.

Abbildung 6:   Carl Rohde: *Die Göttinger Sieben* (1837 / 38), Lithografie.

Abbildung 7:   Bookstore am Caunnaught Place in Neu-Delhi, Indien (2008), Fotografie. Sanju Kumari, Delhi.

Abbildung 8:   Die vier Schritte der Recherche.

Abbildung 9:   Recherchemethoden und -techniken im Vergleich.

Abbildung 10:   (Michelangelo da) Caravaggio, Heiliger Hieronymus beim Schreiben (1605 / 06), Öl auf Leinwand, aus: www.zeno.org – Zenodot Verlagsgesellschaft mbH.

Abbildung 11:   Die SQ3R-Methode, nach: Ursula Christmann / Norbert Groeben: Psychologie des Lesens, in: Bodo Franzmann u. a. (Hg.), Handbuch Lesen, München 1999, S. 192.

Abbildung 12:   Charles Joseph Traviès: *La Critique* (ohne Jahr). aus: Album Maciet Allégorie-Mythologie Con-Cy, f. 57, Cote 1 / 19.

Abbildung 13:   Martin Luther: 95 Thesen in lateinischer Sprache (1517), Erstdruck, Holzschnitt. akg-images.

Abbildung 14:   Franz Kafka: *Der Proceß*, Erste Seite des Manuskriptes (1915). Deutsches Literaturarchiv Marbach.

Abbildung 15:   Kreativitätstechniken: Brainstorming, Clustering, Mindmapping.

Abbildung 16:   Gustave Doré: Jesus im Tempel (1865), Holzstich. akg-images.

Abbildung 17:   Ernst Kahl: *Viele Köche verderben den Brei* (1993). Ernst Kahl, Schwabstedt.

Abbildung 18:   Siegfried Kracauer: Presseausweis, Vorderseite mit Passfoto (1938). Deutsches Literaturarchiv Marbach.

Abbildung 19:   Der wissenschaftliche Karriereverlauf.

(Der Verlag hat sich um die Einholung der Abbildungsrechte bemüht. Da in einigen Fällen die Inhaber der Rechte nicht zu ermitteln waren, werden rechtmäßige Ansprüche nach Geltendmachung ausgeglichen.)

16.3 Personenverzeichnis

16.4 Glossar

Allegorie Form von Komplexer Bildlichkeit, bei der eine Bedeutung auf eine andere verweist, die auf den ersten Blick mit der ersten nichts zu tun zu haben scheint. → KAPITEL 4, 5.3

Analyse Zergliedern von Objekten, Situationen oder Problemen in ihre Einzelbestandteile und genaue sowie systematische Betrachtung derselben. → KAPITEL 9

Archiv Ort der Aufbewahrung von Wissen; nicht nur ein Gebäude, in dem Unterlagen aufbewahrt werden, sondern auch ein virtueller Bereich der Erinnerung, auf den eine Kultur zurückgreifen kann. → KAPITEL 3.2, 6.2

Argumentation Beweisführung; Aufeinanderfolge von Sätzen zur Begründung einer These. → KAPITEL 10.2, 12

Assoziation Scheinbar willkürliche Verbindung unterschiedlicher Inhalte und Ideen aufgrund von Ähnlichkeit miteinander, wobei diese Ähnlichkeit von der Situation gelenkt wird. → KAPITEL 11.2

Autor Produzent und Urheber eines Textes; seine Bedeutung für die Betrachtung des Textes ist umstritten. → KAPITEL 4.2

Autoreflexion Reflexion eines Textes über seinen eigenen Stellenwert als Literatur und die Literatur als solche. → KAPITEL 2.1

Belletristik *Belles lettres*, schöne Wissenschaften; der Begriff bezeichnete ab dem 18. Jahrhundert Literatur allgemein; heutzutage benennt er Unterhaltungsliteratur. → KAPITEL 2

Bildersprache Sprache, die sich Bildern bedient, das heißt durch rhetorische Figuren und Tropen das, was eigentlich ausgedrückt werden soll, uneigentlich wiedergibt. → KAPITEL 2.2

Deskriptiv Beschreibend; Gegenteil von → normativ. → KAPITEL 2

Didaktik Teilfach, das die angemessene Vermittlung von Lehrinhalten zum Gegenstand hat. → KAPITEL 3.2, 5.2, 14.2

Diskurs Aussageformationen, die in einer Gemeinschaft zugelassen sind und markieren, was gesagt bzw. nicht gesagt werden darf. Ein Diskurs bestimmt sich folglich über das Wissen und seine Ordnung in einer Gruppe, die sich durch festgefügte Inhalte und Verhaltensweisen von anderen Diskursen abgrenzen.

Diskurstheorie Theorie, die sich mit Beschreibung und Definition von Diskursen beschäftigt. → KAPITEL 4.1

Editionswissenschaft Wissenschaft, deren Gegenstand die Konzeption und Erstellung von Editionen (Textausgaben) ist. → KAPITEL 3.2

Epochen Von griechisch *epoché*, Zäsur; historische Abschnitte (nicht nur) der (Literatur-)Geschichte; die Einteilung der Literatur in Epochen dient der Systematisierung und Ordnung und geht von der Grundannahme aus, dass Texte, die zeitlich nah beieinander entstanden sind, ähnliche Merkmale aufweisen. → KAPITEL 3.3

Erzähltheorie → Narratologie.

Fiktion, fiktional Von lateinisch *fingere*, erdichten; Bezeichnung für die Eigenschaft von Texten, sich zwar auf die Realität zu beziehen, sie aber nicht abzubilden. → KAPITEL 2

Formalismus Literaturtheoretische Strömung (v. a. Russland zu Beginn des 20. Jahrhunderts), die sich um eine autorunabhängige Beschreibung und Definition von Literatur bemühte. → KAPITEL 4.2

Gattung Literarisches Ordnungssystem, das dazu dient, eine Vielzahl von Texten zu Gruppen zusammenzufassen. → KAPITEL 3.3

Genie Person, die zu außerordentlichen Taten befähigt ist, ohne je Regeln für die Handlung gelernt zu haben. → KAPITEL 4.2

Hermeneutik Theorie des Verstehens und Interpretierens von Texten. → KAPITEL 4.3

Interpretation Prozess des Zuweisens von Bedeutung an einen Text. → KAPITEL 2.2, 3.1, 4.3, 8.2, 9.1

Intertextualität Bezug eines Textes auf einen oder mehrere andere und die sich daraus ergebenden Bedeutungsveränderungen. → KAPITEL 4.4, 8.1

Kanon Ansammlung von Texten, die als besonders beispielhaft gelten und daher Vorbildcharakter besitzen. → KAPITEL 3.3

Kommunikation Vermitteln von Inhalten durch das Austauschen von Zeichen zwischen Kommunikationspartnern. → KAPITEL 4.1, 7.3, 8.2, 12.3

Konnotation Durch Zeichen angeregte Assoziationen.

Kultur → KAPITEL 5

Lesen → KAPITEL 8

Literarizität → Poetizität

Literaturkritik Kritische Behandlung von literarischen Texten mit dem Ziel, sie zu werten. → KAPITEL 2.1, 10.1

Medien Mittel und Träger von Kommunikation. → KAPITEL 6.2, 14.2

Metaphysik Lehre, die sich mit dem Bereich beschäftigt, der jenseits der sinnlich erfahrbaren Welt liegt. → KAPITEL 3.1

Methode Von theoretischen Positionen abgeleitete Vorgehensweise bei der Behandlung von Texten. → KAPITEL 4

Monografie Wissenschaftliches Werk, das sich einem einzelnen Gegenstand, einem Problem oder einer Fragestellung widmet.

Narratologie Theorie des Erzählens (lateinisch *narrare*). → KAPITEL 4.4, 9

Nationalliteratur Alle Literatur, die in einer Sprache verfasst ist und daher einer Nation zugerechnet wird. → KAPITEL 3.2, 5.2

Normativ Gegenteil von → deskriptiv; es geht nicht um das Beschreiben von Literatur, sondern um die Ableitung von Regeln und die Bestimmung von Regelhaftigkeit. → KAPITEL 2

Philologie Die Liebe zum Wort, die systematische und gründliche wissenschaftliche Beschäftigung mit literarischen Texten, Synonym für Literaturwissenschaft. → KAPITEL 3

Poetische Funktion der Sprache In der Poetik hat die Sprache nicht primär die Funktion, Inhalte, deren Bezug zur Außenwelt oder die Interessen der Kommunikationspartner zu vermitteln; die poetische Sprache betont ihre Sonderstellung, indem sie sich als poetisch und damit nicht alltäglich ausweist. → KAPITEL 2.2

Poetizität Poetische Funktion von Sprache und die ästhetische Qualität eines Textes. → KAPITEL 2.2

Pragmatik Richtung der Literaturwissenschaft, die die kommunikative Funktion von Literatur besonders betont. → KAPITEL 2

Primärliteratur Literarische Texte, die Gegenstand literaturwissenschaftlicher Arbeit sind (im Gegensatz zu → Sekundärliteratur). → KAPITEL 2.1

Rezeption Aufnahme eines Textes durch das Publikum (durch Hören oder Lesen). → KAPITEL 4.3

Rezeptionsästhetik Theorie, die sich mit der Art und Weise der Rezeption literarischer Werke beschäftigt. → KAPITEL 4.3

Rhetorik Lehre vom guten und erfolgreichen Kommunizieren, die bereits in der Antike ausgebildet wurde. → KAPITEL 12.1

Schlüsselkompetenz Die Fähigkeit, etwas zu tun, das in einem bestimmten (beruflichen) Zusammenhang besonders wichtig ist. (→ KAPITEL 7–13)

Schlüsselliteratur Literatur, die verschlüsselt auf die Realität verweist; wenn man den Schlüssel kennt, erkennt man Personen, Orte oder Sachverhalte aus der Realität wieder. → KAPITEL 2.2

Sekundärliteratur Texte *über* literarische Texte; meist wissenschaftliche Texte, die sich mit Literatur und literaturwissenschaftlichen Themen beschäftigen (im Gegensatz zu → Primärliteratur). → KAPITEL 2

Selbstrefenzialität Bezug eines Textes oder Zeichens auf sich selbst; selbstreflexive Texte stehen außerhalb kommunikativer Zusammenhänge. → KAPITEL 2.2

Semantik Lehre von der Bedeutung der sprachlichen Zeichen. → KAPITEL 5.4

Semiotik Wissenschaft von den Zeichen und Zeichenprozessen sowie von der Verwendung von Zeichen in kommunikativen Zusammenhängen. → KAPITEL 4.3

Stilistik Wissenschaft vom Stil; Stilisitik beschäftigt sich mit der sprachlichen Gestaltung von geschriebenen und gesprochenen Texten. → KAPITEL 12.1

System Verbindung von Elementen in größerem Zusammenhang.

Text Von lateinisch *textus*, Gewebe; kohärenter Zusammenhang mehrerer sprachlicher Einheiten. → KAPITEL 4.4

These Eine Behauptung, die durch → Argumentation begründet werden muss. → **KAPITEL 10**

Weltliteratur → Nationalliteratur.

Weltwissen Alltags- und Erfahrungswissen, mit dem der Leser an einen Text herangeht. → **KAPITEL 4.3**

Werk Umstrittener Begriff; meint entweder einen einzelnen Text eines Autors oder die Gesamtheit der von ihm geschriebenen Texte. → **KAPITEL 4**

Zeichen Etwas, das für etwas steht; Verbindung von Ausdruck (z. B. das Wort ‚Baum‘) und Inhalt (die Bedeutung ‚Baum‘). → Semiotik

Nachbemerkung und Dank

Dass in diesem Buch stets nur männliche Formen verwendet werden, ist allein der Lesbarkeit geschuldet. Zu danken für vielfältige Unterstützung ist in erster Linie Katrin Kampfrath. Zur Verbesserung des Manuskripts durch genaue Lektüre haben beigetragen: Kristian Kopp, Jana Reulen, Robert Walter und selbstverständlich die Lektorin Katja Leuchtenberger. Herzlichen Dank auch ihnen.